NU IK JE ZIE

www.boekerij.nl

I know where I'm going and I know the truth,
and I don't have to be what you want me to be.
I'm free to be what I want.

– Muhammad Ali

Inhoud

PROLOOG
Zonder dat het pijn doet

Precies twee weken voor mijn twaalfde verjaardag pleegde mijn vader zelfmoord. In de tien jaar dat hij nu dood is, ben ik niet met hem bezig geweest en ik ben ook niet met mezelf bezig geweest. Dat wil ik de komende jaren anders gaan doen. Want overal waar ik kom, word ik met hem geassocieerd. De naam Kamerling voelt soms niet eens als mijn eigen naam. Voor veel mensen heb ik een langere naam. Niet Merlijn Kamerling, maar Merlijn de zoon van Antonie Kamerling. Het is niet dat ik dat heel erg vind, maar het is gek om voortdurend vergeleken te worden met iemand die ik niet zo goed ken. Of maar voor de helft ken. Daarom wil ik hem opnieuw leren kennen. Omdat ik voel dat ik daar zin in heb en ik benieuwd ben naar de leuke herinneringen die ik aan hem moet hebben. Want dat kan haast niet anders, die zitten ergens verstopt in een hokje in mijn hoofd. Dat hokje wil ik gaan vinden en met een beetje geluk vind ik in dat hokje ook iets van mezelf. Het is tijd om me in hem te verdiepen, zowel in zijn leven als in zijn dood. Want dat ik hem niks meer kan vragen, betekent niet dat er geen antwoorden zijn.

•

Met een vriend zit ik in de kroeg. Ik ken hem nog niet zo heel lang, maar het klikt tussen ons. Hij is wat ouder dan ik, misschien heb ik daardoor andere gesprekken. Of misschien klikt het gewoon omdat hij ook een dode vader heeft. Die van hem stierf na negen maanden aan kanker, die van mij stierf na vierenveertig jaar aan zelfmoord.

We drinken wat en praten uiteindelijk weer over onze vaders. Of we op ze lijken, of we ze missen. Het zijn gesprekken die ik verder nooit voer, want ik praat in principe niet over mijn vader. Dat ben ik door deze vriend weer een beetje gaan doen. Hij zegt dat hij wel eens jaloers is, omdat ik wanneer ik maar wil even naar mijn vader kan kijken en luisteren, zelfs tien jaar na zijn dood. Dat ik alleen maar zijn naam hoef in te typen, dat ik nooit bang hoef te zijn dat ik me mijn vaders stem niet meer kan herinneren. Ik vertel de vriend dat ik geen idee heb hoe die stem klinkt, omdat ik de naam Antonie Kamerling de afgelopen tien jaar nooit online heb opgezocht. Ik had er tot vanavond eigenlijk niet eens bij stilgestaan dat mijn vader daar ook te vinden is. De vriend kijkt me lang aan en gaat bier voor ons halen.

Als iemand me nu een video van mijn vader zou laten zien, heb ik geen idee hoe ik daarop zou reageren. Misschien voelt het meteen vertrouwd, misschien moet ik huilen. Of misschien schrik ik gewoon even en ga ik daarna rustig naar hem kijken. Laatst schrok ik ook al van hem. In de telefoon van een vriend scrolde ik door een afspeellijst en zag ik ineens een liedje van mijn vader staan. Ik heb hem blijkbaar zo diep weggestopt dat ik al kan schrikken van zijn naam. Eigenlijk weet ik niet zoveel van hem. Dat schijnt nogal gek te zijn aangezien hij overal op internet en in het collectieve geheugen te vinden is. Als zanger en als hoofdrolspeler in films als *All Stars* en *De kleine blonde dood*. Die films heb ik samen met mijn vader wel gekeken, maar ik snapte er als kind weinig van dat hij in die films ineens een andere naam en een ander leven had. Sinds de dood van mijn vader heb ik in ieder geval nooit meer iets teruggekeken waar hij in speelde. Ik heb nooit de behoefte gevoeld om daarnaar te kijken of om op internet dingen over hem te lezen. Ook omdat ik bang ben dat er toch vooral zal staan dat hij zelfmoord heeft gepleegd en dat hij depressief was. Dit is niet het beeld dat ik van mijn vader wil hebben. De vriend vraagt of ik wel weet hoe mijn vader heette in *Goede tijden, slechte tijden*. Ik val stil en gok uiteindelijk op Arnie, de enige naam die in me opkomt. Het blijkt Peter te zijn. 'Peter Kelder,' zeg ik, ik herinner het me weer. Ook mijn moeder zat in de eerste aflevering, ze hadden toen nog niet eens verkering. Alles wat nu mijn leven is, bestond toen nog niet. Hun roem, hun geluk, mijn geboorte, de geboorte van mijn zusje, zijn dood en mijn leven zonder hem.

Toen mijn vader overleed, heb ik eerst twee jaar lang gehuild. We zijn meteen vertrokken uit ons huis in Zevenhoven naar een etage op de Tweede Constantijn Huygensstraat in Amsterdam. Mijn zusje was toen vijf, ik bijna twaalf. We hadden een kleine woonkamer, een minikeuken en een douche en wc op de gang. In de slaapkamer sliepen we met z'n drieën. Mijn moeder probeerde me een beetje privacy te geven door een kledingkast naast mijn bed te plaatsen, want we hadden er eigenlijk geen ruimte voor onszelf. Als een van ons verdrietig was, staken we elkaar aan. Ik kon zomaar uren huilend op bed liggen, m'n moeder nam dat over en daarna ook mijn zusje. Toch miste ik ons grote huis in Zevenhoven niet. Na de dood van mijn vader wilde mijn moeder er geen dag langer blijven. Eigenlijk wilde zij er al langer weg. Mijn ouders hadden het huis een aantal keer te koop gezet maar telkens haalden ze het weer van de markt. Dat begreep ik toen niet, maar inmiddels snap ik dat het ingewikkeld moet zijn geweest door de stemmingswisselingen van mijn vader. Het ene moment wilde hij weg uit het stille Zevenhoven om naar levendig Amsterdam te gaan, het volgende moment durfde hij dat toch niet dus dan bleven we maar weer. Toen mijn vader overleed, twijfelde mijn moeder geen moment en verlieten we het huis alsnog, een dag nadat mijn vader uit het leven was gestapt.

Dat mijn vader manisch-depressief was, heb ik nooit geweten. Er werd niet met ons over gepraat en dat snap ik ook wel. Maar daardoor snapte ik veel andere dingen niet. Eigenlijk heb ik mijn vader altijd best wel raar gevonden. Bij ons ging niets zoals het hoorde, m'n vader had schijt aan alles. Hij bracht me naar school met de Cadillac en liep in z'n badjas mee het schoolplein op, op zijn blote voeten. Het liefst liep hij de hele dag zo rond, dat vond hij het fijnst. De andere vaders waren gewoon aangekleed, of hadden in ieder geval schoenen aan. Ik voelde me enorm voor lul gezet, en al was dat waarschijnlijk niet zijn bedoeling, ik neem hem dat nog steeds kwalijk. Ik herinner me een dag dat ik door de school liep en mijn vader in de aula achter de piano vond. Ik zat net in groep acht en hoorde eindelijk bij de stoerste kinderen van de school. Het was in de pauze, dus de hele school was daar. Mijn vader was weer op zijn blote voeten en zong luidkeels. Iedereen keek naar hem. Een 'normale' vader doet dat soort dingen niet, daar was ik me toen heel bewust van. Voor de deur van ons huis hadden we een parkeerplaats die bezaaid lag met grind en ik snapte niet hoe hij daar zonder schoenen overheen kon lopen. Daarom wilde hij me dat leren, hij stond erop dat ik ook zonder schoenen over het grind zou lopen. Dan zei ik: 'Waarom zou je dat doen, papa? Dat doet hartstikke veel pijn.' Maar dat ontkende hij. 'Het doet geen pijn,' zei hij. 'Doe het maar gewoon en zeg tegen jezelf dat het geen pijn doet. Je zult het gevoel vanzelf waarderen.' Ik denk dat iedereen van die leeftijd zijn eigen vader behoorlijk gek had gevonden en ik was geen uitzondering. Pas veel later begreep ik dat hij voor veel mensen een idool was en zelfs een held. Dat hij daarom ook de naam Hero kreeg in *All Stars*. Voor mij is hij dat nooit geweest. Ik schaamde me juist voor hem.

Na de dood van mijn vader heb ik als kind wel veel met mijn moeder over depressies gepraat. Ze wilde me uitleggen wat het precies was, ze zei dat er een stofje ontbrak in zijn hoofd. Degene die het meest zijn best deed om mijn vader levend te houden, was mijn oom Kristiaan. Hij lijkt niet sprekend op mijn vader, maar je kunt goed zien dat ze broers zijn. Hij haalde me regelmatig op en dan gingen we naar de bioscoop. In eerste instantie vond ik dat leuk, want het betekende afleiding en het zorgde ervoor dat ik even weg was van die kleine zolder. Maar hij begon ook vaak uit het niets te vertellen over zijn herinneringen. En hij wilde weten wat ik daarvan vond, of ik iets herkende, of ik op mijn vader leek. Ik vind het niet gemakkelijk om iemand af te kappen, maar ik praat ook niet makkelijk over mijn gevoelens, zeker als ik daar geen zin in heb. Dus gaf ik korte antwoorden. Dat doe ik nu nog steeds wel eens als iemand te dichtbij komt. Als ik thuiskwam, vertelde ik het aan mijn moeder. Dat ik een leuke middag had willen hebben, dat ik het gewoon gezellig wilde hebben met mijn oom. Ik had het gevoel dat mensen alleen maar mijn vader zagen als ze naar mij keken.

Daarom heb ik sinds zijn dood een aantal dingen besloten. Eerst heb ik na twee jaar tegen mezelf gezegd: ik stop met verdrietig zijn. Ik heb er geen zin meer in. Omdat ik het gewoon niet meer aankon, denk ik. Alles wat met mijn vader te maken had, stopte ik weg. Er volgden jaren waarin ik onhandelbaar was op school, tot diep in de nacht uitging, overal baantjes aannam en weer ontslagen werd omdat ik niet op kwam dagen of ruziemaakte. Op mijn vijftiende besloot ik dat ik ook stopte met over mijn vader te praten. Dat mensen me niets meer hoefden te vragen, omdat ik geen antwoord zou geven. Dat ik zelf wilde bepalen wanneer ik bezig zou zijn met mijn dode vader. Waardoor ik uiteindelijk nooit meer over hem praatte. Wanneer ik per ongeluk wel aan hem denk, neem ik hem kwalijk dat hij uit het leven is gestapt. Maar als het allemaal komt door het ontbreken van een stofje in zijn hoofd, kan ik hem natuurlijk niets kwalijk nemen. Maar het is ook niet zo dat ik het iemand anders kwalijk kan nemen. Hij is degene geweest die ervoor koos om zelfmoord te plegen, mijn zusje en ik mochten niet meebeslissen of we dat een goed idee vonden. Die beslissing nam hij zelf, zonder te overleggen. Dat soort gedachtes vind ik zo zwaar dat het beter voelt om er helemaal niet meer aan te denken. Als ik op een dag iets leuks kan doen, doe ik dat altijd liever dan met mijn vader bezig zijn of naar zijn graf gaan. Anderen doen dat nog wel. Mijn moeder en mijn zusje hebben het nog wel eens over hem en op zijn verjaardag en op zijn sterfdag komen er nog steeds mensen bij elkaar. Ook mijn moeder en mijn zusje zijn daarbij. Ik blijf thuis of ik ga naar mijn vrienden om er niet aan te hoeven denken. Bij zijn graf ben ik al jaren niet geweest.

Ondertussen heeft niets me sinds de dood van mijn vader iets gebracht. Er is niets wat ik zelf heb gepresteerd, waar ik trots op ben, wat simpelweg van mij is. En inmiddels ben ik ervan overtuigd dat het verdriet om mijn vader, of het niet toelaten van dat verdriet, me tegenhoudt om iets van mezelf te maken. Ook omdat dat niet kan als ik mezelf niet ken. En dat wil ik niet meer, ik wil wat gaan doen met mijn leven. Inmiddels ben ik eenentwintig, ik ben volwassen en ik ben benieuwd naar mijn vader. Naar papa. Niet alleen naar wie hij was, maar ook naar wie ik voor hem was. Want al vind ik mezelf nu niet de moeite waard, misschien vond mijn vader mij wel de moeite waard. Niet voldoende om voor te blijven leven, maar wel om van te houden. Ik sta er geloof ik wel voor open om hem opnieuw te leren kennen. Hij heeft mij nooit iets verteld over zijn depressies, zijn gekke buien en zijn drijfveren, maar hij heeft er wel met andere mensen over gesproken. Ik begreep van mijn moeder dat hij ondanks zijn roem altijd heel nuchter en eerlijk was, dat hij gewoon vertelde wat hij dacht en hoe het met hem ging. Dat bleek vooral achteraf, dat hij over zijn depressies heel open was geweest in interviews bijvoorbeeld. Maar ook tegen vrienden, tegen journalisten, als ze er echt naar vroegen. Ik heb hem er zelf nooit naar kunnen vragen, maar ik kan wel bij zijn vrienden en in archieven op zoek gaan naar zijn antwoorden. En misschien vertelt hij dan niet alleen hoe hij in elkaar steekt, hopelijk leert het me ook iets over mezelf.

1
Blauwe woorden

Kristiaan Kamerling

'Anthonie Willem Constantijn Gneomar Kamerling' staat er in het eerste zoekresultaat op Google. Het is mijn vaders Wikipedia-pagina die vertelt dat hij een Nederlandse acteur en zanger was. Ik blijf even hangen bij het woordje 'was,' maar laat het snel los. Dat staat er omdat hij dood is, dat weet ik wel, maar ik snap niet waarom je niet in de tegenwoordige tijd dood mag zijn. Ik was alweer vergeten dat hij eigenlijk Anthonie met een h heette. Waarom hij die letter uit zijn voornaam wilde hebben, weet ik niet meer. Ik weet alleen nog dat hij dat graag wilde, misschien wist hij zelf niet eens waarom.

Er worden op de pagina twee regels gewijd aan *Goede tijden, slechte tijden* en er wordt vermeld dat hij bij het Amsterdamsch Studenten Corps zat. Daar vind ik hem niet echt een type voor. Vervolgens worden zijn films opgenoemd. *De kleine blonde dood,* die ik dus vroeger wel eens samen met hem heb gekeken. Ik snapte toen niet waarom dat jongetje hem in de film steeds papa noemde. *Suite 16* is een internationale film waarin hij de hoofdrol speelde met Pete Postlethwaite. Als ik op zijn naam klik, herken ik hem van Hollywood-films: *The Usual Suspects, Inception* en *Romeo + Juliet.* Wat cool dat m'n vader met hem een film heeft gemaakt. Net als ik me afvraag of deze meneer me iets over mijn vader zou kunnen vertellen, zie ik dat hij al dood is. Hij overleed drie maanden na mijn vader aan kanker. *All Stars* wordt ook vermeld, dat is die film over dat voetbalteam. De filmposter hangt ingelijst in m'n woonkamer omdat m'n moeder er ook in meespeelde. Ik klik op de naam Ruud van Hemert, dat is een regisseur die twee films van m'n vader heeft geregisseerd: *Ik ook van jou* en *Feestje!* Van allebei de films heb ik nog nooit gehoord. Die regisseur is ook al dood, dus dat schiet niet op. Over *Ik ook van jou* wordt geschreven dat het gebaseerd is op een boek van Ronald Giphart, dat de film een groot succes was en veel seksscènes bevat. Dan sla ik hem graag even over, sorry pap.

In de laatste alinea wordt gezegd dat papa tot zijn overlijden met Isa Hoes was getrouwd en twee kinderen kreeg. Dat zijn Vlinder en ik. Er staat verder een naam van een ex-vriendin waar ik niet op wil klikken en de naam van mijn tante Liesbeth omdat zij ook in films speelt, daarna wordt vermeld dat hij een einde aan zijn leven maakte en op Zorgvlied begraven ligt. Als ik op de blauwe woorden 'een einde aan zijn leven' klik, beland ik op een pagina die 'Zelfmoord' heet met daaronder de benamingen 'zelfdoding' en 'suïcide'. Ik weet zelf nog steeds niet hoe ik het noem, ik vind geen enkele benaming prettig. Er wordt uitgelegd dat suïcide afkomstig is van het Latijn. *Sui* is 'zelf' en *caedere* is 'doden'. Ik vraag me af of mijn vader dat ook wist, maar aangezien hij bij het corps heeft gezeten, zat het met zijn Latijn vast wel goed.

Ik ga terug naar de zoekresultaten van Google. Er staat dat mijn moeder zich na zijn dood nog steeds kan ergeren aan mijn vader. Ik klik op de link. Het is een interview uit de *Metro* waarin mijn moeder vertelt dat mijn vader slecht tegen de zon kon. Dat hij dan klaagde dat het te warm was.

Ah ja, denkt ze dan, dat gezeur van hem.

Ik zoek verder. Er staan video's waar ik niet op wil klikken, omdat ik zijn stem nog niet durf te horen. Er zijn foto's van zijn uitvaart in het Amstel Hotel. Ik herinner me daar niet veel van, behalve dat er veel cameraploegen op de stoep stonden en er foto's van me werden gemaakt toen ik met mijn zusje op de achterbank van de Cadillac zat. Ik herinner me de geur van Amsterdam nog, want die kende ik nog niet, en ik voelde dat de wind anders was dan de wind van een dorp. Zachter leek het. Tussen de hoge gebouwen door kwam de wind maar van één kant, waardoor de lange haren die ik als kind had niet alle kanten tegelijk op waaiden.

Op de website van *Libelle* staat dat papa een interview heeft afgezegd. De redacteur schrijft dat ze net een mailtje van mijn vader zit te lezen waarin hij zegt dat hij toch niet kan afspreken. Op datzelfde moment komt haar baas binnenlopen en zegt dat hij is overleden.

'Antonie Kamerling,' schrijft ze. 'Mijn generatie is groot met hem geworden, want wie kende Peter Kelder uit *GTST* niet? Ik weet nog dat ik zwijmelde over deze knappe jongen met zijn warrige blonde haar.'

Wat gek dat hij wel een mailtje stuurt naar de *Libelle* dat er iets tussen is gekomen – of gaat komen – maar dat hij niet even een briefje voor mij heeft achtergelaten. Ik weet niet waarom hij niet een paar minuutjes uittrok om even iets voor mij en Vlinder op een papiertje of ansichtkaart te schrijven. Ik klik verder. 'Knipsels Antonie Kamerling, supermooi pakket,' staat op Google. Ik beland op Marktplaats. Moniek biedt het aan. Er staan foto's bij, maar ik kan niet goed zien wat het is. Ik maak een account aan zonder een achternaam in te vullen.

'Hoi Moniek,' schrijf ik, 'zijn je knipsels van Antonie Kamerling nog te koop? Ik hoop het! Groetjes, Merlijn.'

Ze reageert binnen twee minuten. 'Interesse?' vraagt ze.

'Absoluut! Wat wil je ervoor hebben?'

'Is een mooi pakket, hoor,' schrijft Moniek. 'Ik wil er graag € 5 voor krijgen. Inclusief verzenden € 7,50. Gaat u hiermee akkoord?'

Ik stuur terug dat het goed is en geef Moniek mijn adres. Ik klik op de betaalbalk.

'Ik heb het naar je overgemaakt, dank je wel,' stuur ik.

'Gaat vandaag op de bus, heeft u het morgen! Veel plezier ermee,' schrijft Moniek.

'Drie mooie XL-posters van Antonie Kamerling,' biedt Marja in een volgende advertentie aan.

‘Hoi Marja!’ stuur ik. ‘Heb je de posters van Antonie Kamerling nog te koop? Hoor het heel graag, dank je wel!’

Marja reageert binnen drie minuten. Ook zij wil er vijf euro voor, maar de verzendkosten vallen elf cent duurder uit dan bij Moniek. Ik betaal en geef haar mijn adres.

‘Mag ik je achternaam nog even?’ vraagt ze. Ik klik Marja weg.

‘ANTONIE KAMERLING 4X HITKRANT’ staat boven de volgende advertentie. De aanbieder heet Zonnenstraaltje. Of, zoals ze zelf zegt, ZONNENSTRAALTJE.

‘Hallo Zonnenstraaltje! Heel graag neem ik de Hitkranten met Antonie Kamerling van je over! Wat wil je ervoor hebben?’

Zonnenstraaltje reageert in tien minuten: ‘Wat wil je ervoor betalen??’

‘€ 10?’ stel ik voor.

‘Het zijn 5 bladen. 12,50 vind ik een mooi bedrag excl. verzenden.’

Het is dat ik een kater heb, anders had ik ruzie met haar gemaakt. Daar heb ik nu geen zin in. Als het me niet lukt om met mijn familie te praten over mijn vader, ga ik ook geen ruzie om hem maken met wildvreemden. ‘O, ik dacht dat het er vier zouden zijn, maar vijf is natuurlijk helemaal mooi. Ik maak het naar je over, dank je wel,’ stuur ik.

‘Je krijgt een betaalverzoek van me,’ zegt ze.

Mijn vader is handelswaar geworden, mensen doen moeilijk om een paar euro voordat ze elkaar een klein stukje van hem gunnen. Ik maak het bedrag over en klap mijn laptop dicht. Ik ben genoeg in mijn vaders wereld geweest voor vandaag, maar ik dwing mezelf hem de volgende dag weer onder ogen te komen. Ik pak nog even mijn telefoon. ‘Ik ben er klaar voor om over papa te praten,’ stuur ik naar mijn oom Kristiaan. ‘Wat goed van je,’ stuurt hij terug. Ik vraag of ik morgen bij hem langs mag komen. Hij zegt dat dat kan, in de ochtend. Het is morgen woensdag, hij vraagt of ik daarna kan blijven om op de kinderen te passen. Samen met tante Sanne heeft Kris twee dochters, Isis en Benthe, en een zoontje, Sep. Ik pers eruit dat ik met vrienden op een festival ben geweest dit weekend en te brak ben om te babysitten. Het is niet gelogen, maar toch kost het me moeite om mijn oom teleur te stellen. 'Oké,' stuurt hij terug, 'andere keer dan.' Ik reageer niet. Ik durf niet te zeggen dat ik niet meer wil babysitten, dat ik inmiddels eenentwintig ben en dat hij daar iemand anders voor moet vinden. 'Tot morgen,' app ik hem, 'ik ben om elf uur bij je.' Ik gooi m'n telefoon op de bank en loop de deur uit. Ik wil even niks meer horen, lezen of voelen. Ik wil gewoon naar de coffeeshop.

De omgeving rond Kristiaans huis ken ik goed. Als je er nooit eerder bent geweest, denk je minstens tien minuten dat je verkeerd rijdt. Zijn huis lijkt in het grote niets te staan, op nog geen half uur van Amsterdam.

Ik parkeer de auto van mijn moeder op de oprit. Kristiaan staat al in de deuropening. Op blote voeten.

'Ha!' roept hij met een arm in de lucht.

'Hoi,' zeg ik en ik sla twee armen om hem heen. We zijn precies even groot.

'Goed je te zien,' zegt hij in mijn oor.

In mijn linkerooghoek zie ik achter het raam mijn vader op een schilderijtje aan de muur. In de keuken maakt Kristiaan koffie. De keuken is een soort ontplofte woonkamer. Aan de muren hangen pannen en pollepels, op een kookeiland liggen boeken en tijdschriften. Er staan twee luie stoelen bij een open haard, op de eettafel liggen kinderspullen. Schriftjes, jongensspeelgoed en borden waar nog hagelslag aan plakt.

'Hoe gaat het?' roept Kristiaan boven de herrie van het koffieapparaat uit.

'Goed,' zeg ik. 'Met jou?' Ik loop de gang in om mijn jas op te hangen en ga de kamer in waar het schilderijtje hangt.

'Ook goed!' roept Kris.

Het is een soort werkkamer met een bureautje en boekenplanken. Het schilderijtje is ongeveer dertig bij dertig centimeter groot. Papa is gemaakt van felle kleuren. Zijn haren zijn geel en zijn gezicht is knalroze. Ik ken de foto waar het op lijkt, die hing heel lang boven mijn bed toen ik nog bij mijn moeder woonde. Ik weet eigenlijk niet waar die foto nu is.

Kristiaan komt naast me staan en zegt niks. Samen kijken we naar het schilderijtje. Over papa's gezicht lopen rode en paarse lijnen die iets moderns of abstracts aan het werk geven. De achtergrond is blauw, terwijl dat op de foto niet zo was.

'Was mijn vader een leuke broer?' vraag ik.

'Hij was een grappige, veelzijdige, soms moeilijk bereikbare broer; hij kon heel lief en zorgzaam zijn, maar ook zo nu en dan cynisch naar mij toe, waar ik niet altijd goed mee om kon gaan. Maar ik had een diepe zielsband met hem. Hij was echt een oudere broer. Een soort baken dat ik nog steeds mis. Hij is maar drie jaar ouder dan ik – ik heb een vriend met wie ik nog meer scheel en bij wie ik dat niet merk – en toch voelde Antonie als iemand die een stuk ouder is. Nog steeds eigenlijk, terwijl ik nu ongeveer zes jaar ouder ben dan hij is geworden. Het komt doordat hij zo slim is, denk ik, slimmer dan ik. Ik vond hem ook grappiger. Ik heb hem op een voetstuk geplaatst.'

'Is dat wel goed, als er één op een voetstuk staat?'

'Nou, niet echt natuurlijk. Maar hij kon er niks aan doen dat ik dat deed. Hoewel hij dus wel heel cynisch tegen me kon doen, vooral toen we in onze middelbareschooltijd zaten. Dan zei ik 's avonds aan tafel iets wat niet klopte en dan kon hij me echt hard aanpakken op mijn algemene ontwikkeling en daar scherpe grappen over maken.'

Ik moet lachen, al voelt het een beetje ongepast.

'Ik doe dat ook,' zeg ik tegen Kristiaan. 'Bij mijn vrienden, die pest ik ook altijd met dat soort dingen. Als we op de bank zitten en iemand zegt iets doms, dan kan ik die vriend daar echt op pakken.'

Kristiaan moet lachen. 'Nou,' zegt hij, 'niet gedacht dat ik het leuk zou vinden dat je die eigenschap van hem hebt geërfd. Kom, we gaan de tuin in.'

Kristiaan loopt voor me uit. Het huis is stil. Sanne en de kinderen zijn op het strand, zegt hij. En dat we daar ook heen kunnen als ik dat leuk vind. Ik merk nu pas dat het heel lekker weer is en dat ik voor niks een jas aanhad in de auto.

'Toen hij bekend werd,' zegt Kristiaan terwijl hij op een tuinbank gaat zitten, 'keken mensen constant naar hem. Dat maakte hem gek genoeg een nog grotere broer. Hij was een positieve zichtbare kracht naast mij, waardoor ik me automatisch zelfverzekerder voelde.'

'Heb je er gebruik van gemaakt dat hij je broer was?'

Kristiaan grijnst. 'Met meisjes, bedoel je?'

Ik knik.

'Tuurlijk,' zegt Kris lachend. 'Ik was toen eenentwintig en studeerde net in Groningen. *Goede tijden, slechte tijden* was immens populair onder studenten en ineens was ik de broer van Peter Kelder. Het klinkt heel stom, maar ik voelde me er toch een beetje groter door, zelfverzekerder. Mijn achternaam opende deuren, als je begrijpt wat ik bedoel.'

'Je vond het niet erg dat je met meisjes in bed lag die dat deden vanwege je achternaam?'

Kris lacht hard. 'Nee hoor, en dat was ook echt niet altijd zo! Maar het kon me niks schelen. Later, na mijn studententijd, had ik er ook profijt van toen ik in het vastgoed ging werken. Doordat Antonie mijn broer was, startte ik gesprekken regelmatig met een voorsprong. Mensen vonden hem nu eenmaal heel leuk en daardoor vonden ze mij automatisch ook leuker dan gebruikelijk zou zijn bij een eerste ontmoeting.'

'Maar waren papa en jij close met elkaar?'

'Toen we jong waren minder, denk ik. Als je jong bent, is drie jaar een groot leeftijdsverschil. We voetbalden bijvoorbeeld wel veel samen, maar als zijn vriendjes kwamen voetballen, mocht ik meestal niet meespelen. Anique zat qua leeftijd precies tussen Antonie en mij in en de vriendjes van Antonie waren verliefd op haar of vonden haar wel spannend. Dus als ze kwamen voetballen, sloofden ze zich natuurlijk enorm uit. En ik zat dan vanaf de zijlijn toe te kijken.'

'Dat klinkt best zielig.'

'Welnee, ik was gewoon de jongste toen. Zeker vanaf de middelbareschoolperiode hebben we veel lol gemaakt en fijn contact gehad – samen, in ons gezin en met vrienden. Uiteindelijk ontwikkelden we die enorme zielsband met elkaar.'

Om ons heen ligt een grasveld dat als tuin dient. Er staat een oud schuurtje en er liggen ballen en hoepels, eromheen staan bomen. Het is warm en windstil. De laatste keer dat ik hier was, moet met een verjaardag zijn geweest. Ik was er met mama en Vlinder, we woonden toen nog samen. Nu ik Vlinder niet meer dagelijks om me heen heb, is onze band veranderd. Maar eigenlijk ook weer niet. Als ik haar na twee weken zonder contact weer zie, is alles net zo goed als daarvoor. Dan geven we elkaar een knuffel en weten we precies waar we staan. Ik geloof dat ik om niemand zoveel geef als om haar, ook al zijn we totaal verschillend en schelen we zes jaar. Ik denk dat ze nog maar één keer bij me thuis is geweest, terwijl ik er bijna twee jaar woon. Maar dat vind ik niet erg, ik weet dat dat niks betekent. Het is gewoon hoe het leven loopt. Dus ik snap wel wat Kristiaan bedoelt met die enorme zielsband.

'Wat ik wel een tijdje moeilijk vond...' Kristiaan laat een stilte vallen en trekt zijn knieën op.

Zijn voeten zijn bruin van de zon en van het vuil. Het kan haast niet anders dan dat hij net als mijn vader een hekel heeft aan schoenen.

'... is dat als ik hem belde – ik heb het over twee of drie jaar voor zijn dood – en ik vroeg hem: "Zullen we een keer afspreken voor de gezelligheid?", dan zei hij dat dat voor hem niet hoefde. Hij wilde dat er een reden was om af te spreken. Liefdesverdriet of andere problemen waar ik mee zou kunnen zitten. Als dat zo was, dan konden we afspreken. Maar niet zomaar voor de gezelligheid.'

'Wat raar,' zeg ik.

'Ja, daar kreeg ik toen ook mijn vinger niet achter. Terwijl er ook een avond is geweest, een paar jaar voor zijn dood, dat we samen uit eten waren. Hoe heette dat restaurant ook alweer? Een heel mooi interieur uit de jaren zestig had het en een prachtige Franse keuken, aan de Noordermarkt in Amsterdam. Daar hebben we toen ontzettend lekker gegeten met z'n tweetjes. Het moet zijn verjaardag zijn geweest, of die van mij. Dat was een heel leuke, fijne avond en daarna ging voor mijn gevoel de deur weer dicht voor gewone gezelligheid. Dat kon hij er niet bij hebben, leek het. Na zo'n avond trok hij zich toch ook weer terug.'

'Wist je toen niet waardoor het kwam? Dat het misschien met zijn depressiviteit te maken had?'

'Nee, dat zag ik niet. Hij was er gewoon vaak niet. Toen ik nog in Groningen studeerde en met kerst naar huis zou gaan, verheugde ik me erop om hem eindelijk weer te zien. Maar dan liet hij als enige van de familie verstek gaan. Dat vond ik ontzettend jammer, maar hij vond de groep te groot, denk ik. Vader, moeder, broer, zussen, aanhang. Hij vond het niet fijn om in zo'n grote groep te zijn. Op een gegeven moment confronteerde ik hem ermee en dat zorgde voor spanningen tussen ons. Hij zei dat hij er niet zo bij getrokken wilde worden door mij, dat hij niet mee wilde doen in het systeem waarin de dingen zouden moeten gaan zoals ze altijd gaan. Ik voelde me aangevallen. Het is voor mij een beetje te vergelijken met het moment waarop je tegen mij zei dat je niet meer over Antonie wilde praten. Er wordt daarmee een band doorgesneden, zo voelt het. Maar hij gaf gewoon zijn grens aan, wat goed is natuurlijk. Ik wilde Antonie te graag overal bij hebben. En compleet zijn als gezin. Vervolgens, toen hij was overleden, wilde ik zijn herinnering levend houden. Onder andere door er met jou over te praten. Ik had niet door dat ik hem en later jou iets oplegde waar jullie geen zin in hadden, dat ik te hard mijn best deed.'

Hij neemt een slok koffie.

'Ik heb een vriend die elke week met zijn broer ging eten,' zegt hij, 'elke maandagavond. Daar was ik jaloers op, in positieve zin. Dat wilde ik ook wel.'

'Ik zou ook wel het liefst elke week met Vlinder eten,' zeg ik. 'Toch doen we dat niet. Ik weet eigenlijk niet waarom.'

'Misschien is dat inderdaad vergelijkbaar. Het gekke is dat ik hem ontzettend mis, al weet ik dus niet precies wat ik mis. Het moet die zielsverwantschap zijn. Die sterke band die we hadden, ondanks het feit dat hij soms ook zo onaardig kon doen.'

'Onaardig?' vraag ik.

'Ja,' zegt hij. 'Tegen je broer zeggen dat je niet af wilt spreken voor de gezelligheid, dat je daar geen zin in hebt, kwam op mij onaardig over. Hij gaf vrij helder en eerlijk zijn grenzen aan, al zag ik dat toen niet. Waarschijnlijk was het gewoon druk in zijn hoofd en kon hij ons er niet bij hebben, en gaf hij dat aan. Maar met de boodschap dat als we hem echt nodig hebben, hij er zou zijn. Dus hij stond wel voor ons klaar, maar gezelligheid lukte dan niet. Tegenwoordig staan zelfhulpboeken er vol mee, dat je grenzen aan moet geven, niet constant je omgeving moet *pleasen*, dat breekt je op. Hij zag dat toen al heel goed in, zo'n dertig jaar geleden al. Je werk, je relatie, je kinderen, het kost allemaal energie. Als je dat niet hebt, moet je bezuinigen op andere vlakken: vrienden, familie. En dat deed hij. Hij koos voor jou, Vlinder, Isa en zichzelf. Dat hij die grenzen zo duidelijk durfde aan te geven, vind ik achteraf eigenlijk heel knap.'

'Wanneer zag je hem wel?'

'Ik zag hem bijvoorbeeld als hij voor werk in Amsterdam moest zijn. Jullie woonden in Zevenhoven, dat was zeker drie kwartier rijden. Als hij tot laat had gewerkt in het theater, kwam hij wel eens bij mij logeren. In Amsterdam had ik een kantoor, samen met mijn twee compagnons. Dat was een paar jaar voor zijn dood. In dat kantoor hadden we ook een bed and breakfast gemaakt en na de repetities voor die musical met Simone Kleinsma, *Sunset Boulevard*, kwam hij daar vaak slapen. Hij werkte tot laat, vaak tot na middernacht, terwijl wij om negen uur 's morgens begonnen. Wanneer hij wakker werd, kwam hij even bij ons hangen in het kantoor. Dat was heel gezellig en relaxed. Als we elkaar zagen, hadden we direct goed contact. Hij vond die musical heel zwaar om te doen, hij werd er oververmoeid van, had geen energie meer over. Toch moest hij doorzetten van zichzelf. Hij had in series gespeeld, films, toneel, muziek gemaakt en nu wilde hij ook dit kunnen. Hij wilde iets bewijzen aan zichzelf, leek het wel. Ik snapte dat niet goed. Als het je zoveel moeite kost, waarom doe je het dan? Hij zag mij lekker klooien en werken met vrienden. Dat benijdde hij wel, dat ik het leven veel luchtiger nam. Tenminste, dat sprak hij wel eens uit. Ook het contact met onze vader was bij mij in die tijd zonder noemenswaardige spanning, terwijl Antonie nog steeds regelmatig de strijd aanging op een in mijn ogen onnodige en onredelijke manier. Terwijl zij elkaar juist ook heel erg konden vinden, bijvoorbeeld in de muziek; mijn vader op de cello en jouw vader op de piano. Ze konden prachtig spelen samen. Dat is ook iets wat ik enorm mis, het was zo mooi en fijn om naar te luisteren. Ik denk dat Antonie zich nooit helemaal heeft losgemaakt uit de vader-kindrelatie. Wanneer je volwassen wordt, ga je je ouders normaal gezien loslaten en ga je je eigen weg. Hij bleef in zijn strijd met onze vader te veel vastzitten, denk ik. En toch, terwijl we op de momenten dat we elkaar zagen over wezenlijke dingen praatten – relatie, werk en familie – werd het contact ook weer moeilijker. Er kwam de laatste paar jaar voor zijn dood regelmatig spanning bij. Achteraf kan ik dat aan zijn ziekte wijten.'

Kristiaan staat ineens op. 'Zullen we naar het strand gaan?'

Hij heeft een huisje op het strand van IJmuiden. Een soort woning in containerformaat, vertelt hij in de auto, dat in de herfst wordt weggehaald door een trekker en wordt opgeslagen op een parkeerplaats achter de duinen. In de lente wordt het weer op het strand gezet. Ze passen er precies in met z'n vijven.

'Dat hij suïcidaal was, wist ik niet,' zegt Kristiaan op de snelweg.

Het is inmiddels zo'n zes jaar geleden dat ik in deze auto tegen hem zei dat ik niet meer over papa wilde praten. Vandaag pakken we de draad weer op.

'Gek hè, want hij praatte in bijvoorbeeld een interview met Theo van Gogh wel over zijn zelfmoordgedachtes en in andere interviews over zijn regelmatig zware gemoedstoestand. Maar hij zei dan dat het inderdaad even niet goed ging en dat het nu weer prima was. In mijn gesprekken met hem kwam dat depressieve gevoel eigenlijk alleen het laatste jaar voor zijn dood echt ter sprake. En als hij dan zei dat het wel goed kwam, dan neem je dat aan of zo. Het schijnt ook zo te zijn dat het voor de eerste ring, dus een gezin en dichtbij staande familie en vrienden, het moeilijkst is om problemen te herkennen. Misschien omdat je niet wilt dat het slecht gaat met iemand van wie je houdt, maar ook omdat hij vertelde dat het dan weer goed ging. Ik heb hem in de laatste maanden van zijn leven wel manisch gezien. We waren bijvoorbeeld op een familiediner te gast en hij was dan overdreven opvallend aanwezig. Heel onrustig. Dan nam hij jou en je zusje hier mee naartoe terwijl het een diner met zo'n honderd volwassenen zonder kleine kinderen was. En dan ging hij speechen terwijl de afspraak was dat er niet gespeecht zou worden. Het voelde allemaal heel vreemd, ook al deed hij dat wel heel leuk, met veel flair en charme. Ik zag toen wel dat het niet goed met hem ging, maar ik wist ook niet precies wat er aan de hand was. Het woord "manisch-depressief" kwam niet in me op, dat kwartje viel pas toen hij dood was. Ik constateerde op zo'n moment gewoon dat hij te druk was, niet per se ziek. Ik ging hem dan wel een beetje uit de weg, ik werd er ongemakkelijk van. Voor de tweede en derde ring – vrienden, kennissen, vage bekenden, interviewers – is het misschien gemakkelijker om te zien dat er een ander mens voor ze staat dan een aantal maanden geleden. Met ons praatte hij echt niet over zijn suïcidale gedachtes, over zijn depressies wel. Af en toe kwam hij naar mij en Sanne, om een avondje met ons te kaarten. Ik kan me de avond in januari nog goed herinneren, een maand of negen voor zijn dood. Hij wilde niet praten, maar wel kaarten. Dat was heel fijn, thuis aan onze keukentafel. Maar ook gek, want ik wist dat we niet écht zouden gaan praten. Ik kon niks vragen, zeg maar. En tegen middernacht kwam er toch een gesprek op gang. Over dat het niet goed ging, dat hij somber was. Sanne begon hem toen eindelijk wat beter te leren kennen, ik was nog maar een jaar of vier met haar samen en zij ervaarde hem dikwijls als ontoegankelijk en complex, wat hij sterk kon uitstralen, waardoor Sanne afstand hield. Totdat hij deelde wat er allemaal in zijn hoofd gebeurde.'

In de verte zie ik de duinen al. Ik wil aan Kris vragen of hij zachter wil rijden, want dan duurt de autorit langer. Straks, achter die duinen, zien we zijn gezin. Dan gaan de gesprekken over andere dingen. Over school, over meisjesdingen, dan wil Sep met me voetballen in het zand. Maar ik wil nog even over papa praten. Ik vind het fijn om over hem te praten, al doet het ook pijn. Omdat ik denk dat ik me klote voel als de gesprekken straks stoppen, als ik weer naar huis ga, als ik weer bij m'n vrienden ben die papa niet kennen. Dan wordt er niet meer over hem gepraat. Dan is hij ineens weer dood. Ik heb geen zin in dat gevoel, dat gevoel duurt al zo lang.

'Na die avond,' zegt Kristiaan, 'heb ik hem nog een mail gestuurd. Om te zeggen hoe fijn ik het vond om hem te spreken. En ik adviseerde hem om naar een psychiater te gaan, omdat dat andere inzichten geeft. Hij had een ziekte waar ik niet goed mee om kon gaan, die ik niet goed snapte. Meerdere mensen gaven hem in zijn laatste jaren dat advies: ga praten, ga naar een professional. Niet lang na die avond in januari is hij in een manische periode terechtgekomen, vooral die zomer, en toen vanaf ergens begin september in een diepe depressie. In oktober was hij dood.'

Kristiaan zet de auto in een parkeervak en laat zijn handen nog lang op het stuur liggen. Hij staart voor zich uit. Dan draait hij zijn hoofd naar me toe, glimlacht, en zegt: 'Kom.'

We lopen via duinweggetjes met scherpe bochten naar beneden in de richting van het strand. Kristiaan kent de weg. Hij snijdt af via het hoge gras waardoor we sneller op een lager liggend paadje komen. Er staan paaltjes langs het pad die met elkaar verbonden zijn door ijzerdraad. Op sommige plekken is het ijzerdraad naar beneden gedrukt, alsof iemand er met zijn volle gewicht op is gaan staan. Ik hoef niet aan Kris te vragen of hij dat heeft gedaan – ik weet dat hij zoiets niet zou doen – maar hij maakt er wel handig gebruik van.

'Jij bent nu ouder dan mijn vader was,' zeg ik als we bijna bij het strand zijn. 'Zie je hem nog steeds als je oudere broer of zie je hem nu als je jongere broertje?'

'Nee,' zegt Kris lachend, 'wat een lieve vraag. Het is inderdaad gek, hij was vierenveertig toen hij overleed, ik ben nu vijftig. Maar toch zie ik hem nog steeds als die oudere broer, hij blijft altijd een paar jaar ouder.'

Ik had me niet gerealiseerd dat het een stranddag was. Ik heb het bloedheet en baal van mijn festivalkater.

'Jezus, wat is het warm,' zeg ik en ik blijf even staan om op adem te komen.

Ik trek aan m'n T-shirt om er lucht onder te krijgen, maar het maakt geen verschil. Kristiaan staat op me te wachten, hij lijkt geen enkele last van de hitte te hebben.

'Ik wist niet dat het zo warm zou worden,' zeg ik. 'Wist jij dat wel?'

'Dat was wel aangekondigd, ja,' zegt Kris.

'Hadden we dit dan niet een andere keer kunnen doen? Het is veel te warm voor het strand.'

'Het is juist perfect weer voor het strand.'

Kristiaan loopt verder, met een snellere pas dan net. Ik herinner me het stukje dat ik gisteren las over papa's hekel aan hitte. Wat zou het gezellig zijn geweest als we nu samen liepen te klagen, dan had m'n moeder zich nog meer kunnen ergeren.

Als we op het strand staan, zie ik lange rijen witte houten huisjes. Kleine kinderen rennen rond met schepjes en emmertjes.

'Daar staat ons huisje. Daar zullen de kinderen ook wel zijn, tenzij ze in zee liggen. En die huisjes in de verte, daar is *De kleine blonde dood* opgenomen. Die scènes waarin Antonie een gezin probeert te zijn en waarin je Olivier Tuinier, zijn zoontje, voor het eerst ziet in de film.'

Ik kijk naar de huisjes, maar het zegt me niks. Ik kan me de scènes op het strand niet herinneren.

'Mooie film was dat,' zegt Kristiaan. 'Ik was zo trots op hem toen. De nieuwe Rutger Hauer werd hij genoemd. Hij heeft zoveel gedaan en zoveel meegemaakt dat hij sowieso veel ouder is geworden dan vierenveertig. Hij was wijzer dan iemand van vierenveertig. Hij heeft meer gezien en gevoeld dan op die leeftijd gebruikelijk is.'

In plaats van rechtdoor in de richting van de huisjes, loopt Kris de andere kant op. Ik trap mijn gympen uit en volg hem door het zand, naar een strandtent.

'Ik kwam laatst een briefje tegen,' zegt Kris wanneer hij op een bankje in de schaduw gaat zitten. 'Het was een briefje voor mijn vader, waarin Antonie schrijft dat hij zijn eigen pad wil volgen. Dat hij zijn kinderen nooit in een richting zal duwen, dat hij wil dat zijn kinderen zelf hun richting bepalen. Dat vond ik mooi. Sommige mensen voeden hun kinderen strikt op en proberen veel te bepalen in het leven van hun kinderen, totdat ze volwassen zijn. Antonie vond dat jij en je zusje meteen al jullie eigen richting mochten kiezen. Daardoor ben ik ook anders naar de opvoeding van mijn kinderen gaan kijken. Ik dacht: hij heeft gewoon gelijk. En door dat briefje ben ik me ook meer aan het richten op wat ik belangrijk vind. Mijn eigen pad en mijn gezin, dat is het belangrijkste. Dat heeft hij me geleerd, tien jaar na zijn dood.'

'Wilde opa hem een kant op sturen dan? Was dat de reden dat papa dat briefje schreef?'

'Weet ik niet, misschien probeerde hij meer van hem los te komen,' zegt Kris.

Er wordt een karaf water op tafel gezet. Kris bedankt de serveerster en bestelt zonder overleg met mij twee smoothies.

'Wat ik wel weet, is dat we uit een vrij traditioneel gezin kwamen. Voor mijn vader was studeren normaal, een goede school gebruikelijk en waren goede cijfers belangrijk. En een beetje naar de buitenkant leven, doen zoals het hoort in de omgeving van de mensen met wie we omgingen. Zo werden we opgevoed door hem – althans, zo heb ik het opgepikt. Empathisch zijn, betrokken zijn, maar eigenlijk te weinig vanuit jezelf dus. Dat heeft Antonie wel veranderd.'

'Dat je dus aan jezelf mag denken?'

'Ja. En toch... misschien is dit meer iets wat ik zo ervaar, want mijn ouders leefden ook hun eigen droom, hun eigen leven. Zo is mijn vader de oprichter van Dille & Kamille, winkelbedrijf met producten zo veel mogelijk vervaardigd met natuurlijke materialen voor huis-tuin-en-keukengebruik. Dat was echt zijn droom, niet per se iets wat in zijn omgeving gebruikelijk was. Eigenlijk was hij zijn tijd ver vooruit door een tegengeluid te geven aan de opkomst van de grote massawinkels en de plasticindustrie. Het bedrijf is organisch gegroeid en papa's wens was dat het een familiebedrijf zou blijven. Daarom verspreidde hij boeken onder de kinderen. Om te bestuderen, zodat we meer betrokken konden worden bij het reilen en zeilen van het bedrijf. Laatst kwam ik een oud sms'je van je vader tegen, even kijken.'

Kristiaan opent zijn telefoon en toetst de A in. Onder de naam Antonie is een enorme sms-geschiedenis bewaard gebleven.

'Mijn vader had een familieoverleg over het bedrijf gepland, voor het eerst, en we kwamen op een speciale locatie bij elkaar. Ruim van tevoren kregen we een boek over familiebedrijven opgestuurd met de boodschap zes hoofdstukken ervan te lezen. Hij sms'te me: "Kan ik om half tien dat boek bij je op komen halen? Ik kan het mijne niet vinden en ik moet nog een hoofdstuk." Dat was dan een uur voordat we hadden afgesproken, dan ging hij nog snel dat ene hoofdstuk lezen.'

Hij scrolt verder door zijn telefoon.

'Hier stuur ik hem een sms voor zijn verjaardag. Om zes minuten voor twaalf 's nachts, op zijn verjaardag zelf. "Broer, zeker niet op de valreep, maar gefeliciteerd!!" Dan stuurt hij terug: "Dit noem jij níét op de valreep? Waar zit jouw valreep?!"'

Kris begint hard te lachen, met zijn hoofd gebogen over zijn telefoon. 'Hij was zo grappig,' zegt hij, 'zo slim en grappig. Zo was hij. Zoveel humor. Maar anderhalve maand later was hij er niet meer.'

De smoothies worden op tafel gezet. Uit het glas steekt een rietje waar '#noplastic' op staat. De smoothie is rood, maar smaakt naar banaan.

'Nu opa ook dood is,' zeg ik, 'jouw vader dus, ben je daardoor meer gaan begrijpen hoe het voor mij moet zijn geweest om geen vader te hebben?'

'Dat is niet te vergelijken, denk ik.'

Kristiaan tilt zijn glas op en steekt het rietje in zijn mond. In de stilte hoor ik nu voor het eerst de zee. En Bob Marley. Ik ken niet veel oude muziek, maar ik ken wel Bob Marley. Pas door mijn vraag heb ik door dat we hier niet zitten als een oom en zijn neefje, maar als twee volwassen mannen die allebei een vader hebben verloren. Mijn opa is nu een jaar dood. Hij kreeg kanker en overleed met zijn kinderen om zich heen. Zo was het gepland. Alleen zijn drie levende kinderen en mijn grootmoeder waren erbij. Mama, Vlinder en ik waren in Amsterdam en zeiden niet veel tegen elkaar op het tijdstip dat de euthanasie gepland stond. Vlak daarvoor waren mijn moeder en ik nog bij hem. Zij praatte met hem en haalde herinneringen op, ik zocht boven op zolder naar spullen van papa. Het was vlak nadat ik had bedacht dat ik dit boek wilde schrijven. Ik zette twee kisten met spullen van papa op de achterbank – zonder dat ik durfde te kijken wat het precies was – en ging terug naar binnen om afscheid te nemen. Niet door veel te zeggen maar door er gewoon te zijn. Dat vond hij waarschijnlijk ook het fijnst, want hij zei ook niet veel. Hij keek alleen maar naar me.

'De situatie van jou en mij is anders,' zegt Kristiaan, 'omdat ik al volwassen ben. Ik heb een vaderfiguur gehad. Mijn vader heeft me opgevoed, wat jouw vader niet meer kon doen na jouw elfde. Antonie was zo ziek en voelde zich daardoor zo slecht, dat hij dacht dat jullie beter af waren zonder hem. Hij stond jullie geluk in de weg met zijn manische buien en depressies. Zo zag hij het, dat denk ik. Ik zie dat niet zo; hij was in beginsel een supervader, hij ging helemaal voor jullie. Met de juiste hulplijnen had hij zijn manische en depressieve periodes kunnen ombuigen, daar ben ik van overtuigd. Feitelijk is hun hetzelfde overkomen: jouw vader en mijn vader waren allebei ziek en ze hadden allebei een zelfgekozen dood. Alleen kon mijn vader dat doen omringd door geliefden en moest jouw vader het in zijn eentje doen.'

Zo heb ik het nog nooit bekeken. Misschien is dat dan het woord dat ik kan gebruiken. Ik noem het gewoon euthanasie. Dat is geaccepteerd. Dan aait iedereen even over je arm en lopen ze weer door.

Niemand vindt het heftig wanneer je overlijdt aan euthanasie. Zelfmoord is iets engs en raars en daar moet iedereen iets van vinden.

'Ik heb tijdens mijn hele jeugd een vader gehad aan wie ik alles kon vragen. Dat had jij niet. Maar aan de andere kant heb ik ook in therapie gezeten door die vader. Ik wilde leren om hem te bereiken, om eerlijke gesprekken met hem te voeren, mijn grenzen aan te geven en om afstand te kunnen nemen. Ik had moeite met mijn vaders hoge verwachtingspatroon. Als ik een zes of een zeven haalde op school vroeg hij waarom het geen negen was.'

'Had papa dat probleem ook?'

'Nee,' zegt Kristiaan lachend. 'Antonie haalde altijd negens. Totdat hij dat niet meer wilde, omdat hij dat niet stoer vond, en toen zessen ging halen.'

'Hoe was papa met opa? Was dat een goede band?'

'Het was een goede en een lastige band,' zegt Kristiaan. 'Dat kwam vooral doordat ze vergelijkbare karakters hadden, denk ik. Het waren allebei heel slimme, creatieve, muzikale mannen, maar ook wel eigenwijs. Het veeleisende, soms dominante van mijn vader had Antonie niet, hij verzette zich er zelfs tegen. Daardoor konden ze ontzettend botsen. Een beetje wat jij na Antonie ook hebt gehad met mijn vader.'

'Dat soort gesprekken heb ik wel met opa gevoerd, ja. Hij zei dat ik een kant op moest, terwijl ik een andere kant op wilde. Dat was ik dan niet met hem eens. Het gaat over mij, dus dan weet ik beter dan hij wat goed voor me is, lijkt me.'

'Maar op school deed je het ook. Als je ruzie had met een leraar, dan vertelde je dat je allerlei dingen onredelijk vond en oneerlijk behandeld werd. En ik dacht alleen maar: hoezo? Wat loop je nou moeilijk te doen? Het is je leraar, werk gewoon mee.'

'Hoezo?' vraag ik.

Kristiaan lacht hard.

'Ik meen het!' zeg ik. 'Als ik uit de klas gestuurd word omdat ik volgens een docent iets verkeerd heb gedaan, terwijl ik dat niet vind, dan blijf ik zitten. En als de leraar dan zegt dat hij de leraar is en dat ik daarom moet luisteren, zeg ik dat ik een mens ben. Dat hij ook een mens is. Waarom zou hij de baas zijn over de ander? Daar snap ik niks van. We zijn toch allemaal hetzelfde?'

'Dat, precies dat. Die strijd voerde Antonie ook. Je ziet dan niet goed wat er aan jouw kant niet schort wat mij betreft, want zo eenzijdig is het gewoonweg niet. Ik ben zo helemaal niet, ik ga weer te veel de andere kant op: ik heb mezelf aangeleerd om overal tussendoor te laveren zonder altijd te zeggen waar het op staat. Jij kan dat wel en Antonie kon dat ook. Ik ben dat gaan leren, mijn grenzen aangeven bij mijn vader. Tot hier en niet verder. Ik werd er uiteindelijk beter in dan Antonie, want hij bleef de strijd aangaan. Terwijl ik had geleerd om "Stop!" te zeggen. Dan houdt het op. In het interview dat Theo van Gogh met Antonie deed, vertelt hij hier wel wat dingen over. Dan kun je het uit zijn eigen mond horen. Ik denk dat hij toen een jaar of zesentwintig was, dus hij zit op dat moment nog midden in de strijd met je grootvader. Pas een jaar voor zijn dood zei Antonie dat het goed was, dat hij oké was met papa. En dat sprak hij ook uit naar onze vader, daar ben ik heel erg blij om en ik weet zeker dat papa dat ook was.'

Ik toets op mijn telefoon de naam Theo van Gogh in met de toevoeging 'interview papa', zodat ik niet vergeet ernaar te kijken. Ik begin een beetje te snappen dat mensen het gek vinden dat ik de afgelopen jaren nooit iets heb opgezocht. In oude interviews kan ik gewoon horen wat hij te zeggen heeft. Over zichzelf, het leven, onze familie, misschien zelfs over mij. Maar ik wilde niet. En dat is volgens mij niet eens zo heel gek. Geen één puber luistert naar zijn ouders, of die ouders nou dood zijn of levend.

De kinderen van Kristiaan komen het terras op lopen, ze zijn nat en dragen zwemkleding.

'Ha!' roept Kris met zijn arm in de lucht. 'Komen jullie een ijsje halen?'

De kinderen komen naar me toe en slaan om de beurt hun armen om me heen.

'Ze verheugden zich heel erg op je komst,' zegt Kris.

Isis lijkt precies op Vlinder. Dezelfde blik, lange blonde haren, smal gezichtje.

'Vind je niet dat Benthe ontzettend op jou lijkt?' vraagt Kris.

Ik zeg dat ik dat zelf niet zie. Met drie ijsjes rennen ze weer het strand op.

'Ik was net vader van Isis, die was een jaar oud,' zegt Kris. 'Sanne was zeven maanden zwanger van Benthe. En toen kwam die klap van Antonie, dat was natuurlijk helemaal niet goed. De schok om zijn dood en de stress die volgde, waren niet goed voor Sannes buik, denken we achteraf.'

'Vond je het asociaal van mijn vader? Dat hij midden in jouw roze wolk uit het leven stapte?'

'Nee, dat staat er los van. Hij had vanuit zijn blikveld geen keus, zo zie ik dat echt. En hij was gek op kinderen. Op jou en op Vlinder en op Isis, die toen nog een baby was. Hij belde me een keer overdag en zei dat hij Isis even wilde zien. "Dat kan niet," zei ik, "ik ben aan het werk en Isis is op de crèche." "Geeft niks," zei hij, "dan ga ik daar wel even langs." Dat vond ik heel grappig, want dat doet niemand. Dat hij dan gewoon dat kinderdagverblijf in loopt om zijn nichtje een knuffel te geven. Andere mensen wachten tot het weekend en komen dan even langs. Die impulsen vind ik heel mooi, dat hij zich niet liet belemmeren.'

'Maar Benthe werd dus geboren terwijl je midden in de rouw zat.'

'Ja. Die periode kan ik me ook niet zo goed herinneren. Van een roze wolk was sowieso geen sprake. Bovendien kwam jij toen heel snel bij ons wonen in Amsterdam met je moeder en je zusje, op die tussenverdieping waar ons kantoor en de logeerkamer zaten. Jullie hebben Benthe zelfs als eerste gezien. Maar ik heb me wel zorgen gemaakt dat ze te weinig liefde van mij kreeg, omdat ik zo druk was met andere dingen. Na vijf weken moest ze ook ineens het ziekenhuis in omdat ze door een virus zuurstofgebrek had. Er gebeurde te veel toen, we konden het niet behappen. Het leven stopte toen Antonie stierf, maar er moest nog wel een kindje worden geboren en verzorgd. Het merendeel van die tijd kan ik me gewoon niet meer herinneren.'

‘Ben je nooit boos geweest op papa?’

‘Nee, nooit. Hoewel... ja, eventjes. Niet op hem, maar op het feit dat hij er niet meer is. Woede schijnt bij een rouwproces te horen, dus dat liet ik dan ook maar toe. Dan dacht ik: het zal wel. Kijk, ik kan niet boos op hem zijn om wat hij heeft gedaan, wel om wat hij niet heeft gedaan. Ik ben boos geweest dat hij niet alle hulplijnen heeft ingezet. Als je zelfmoord beschouwt als euthanasie – wat ik probeer te doen – dan probeer je eerst alles uit wat mogelijk is, in overleg met specialisten en je familie of vrienden. Als je echt alles hebt geprobeerd, maar niets maakt het leven draaglijker, dan kan ik me een euthanasie voorstellen. Ken je de dichter Rogi Wieg?’

‘Nee,’ zeg ik.

‘Hij kreeg in 2015 euthanasie vanwege ondraaglijk geestelijk lijden, dat was het oordeel van de arts. Rogi was een vriend van Joost Zwagerman. Ik kan me daar zeker iets bij voorstellen en ik zou Antonie daar ook in begeleid hebben, als het echt zijn laatste uitweg was. Maar dat was het niet. Hij had nog een wereld aan psychiaters, alternatieve geneeskunde en medicijnen te ontdekken. Hij heeft pas twee weken voor zijn dood een psychiater gesproken, omdat Isa hem daarheen heeft gesleurd. Dus dat nam ik hem wel kwalijk, dat hij het al had opgegeven. En als de dood alsnog de enige oplossing was geweest, dan hadden we zijn hand vast kunnen houden. Dan hadden we om hem heen kunnen zitten – net als bij mijn vader – in plaats van dat hij het alleen moest doen die middag. Dat kan ik soms nog moeilijk accepteren, vooral omdat hij er al zo lang bewust mee bezig was geweest in zijn eentje. Hij is in die laatste weken nog allemaal klusjes af gaan maken. Hij is het kantoor in jullie huis op gaan ruimen, in de tuin aan de slag gegaan en hij heeft het netje van de badmintontafel vervangen. Dat was al een tijd kapot. Hij wilde jullie goed achterlaten, dat kan niet anders.’

Ik denk aan het mailtje dat hij heeft gestuurd naar de redactie van *Libelle*, waarin hij zich vlak voor zijn dood netjes heeft afgemeld.

‘Ben je nog steeds in de rouw?’ vraag ik.

‘Dat weet ik niet. Liesbeth zei laatst tegen me dat ik het nog steeds niet heb geaccepteerd. Dat klopt misschien wel. Ik probeer hem nog te vaak terug te halen. Dan wil ik de psychiater opzoeken bij wie Antonie twee weken voor zijn dood de eerste therapiesessie had. Vragen wat er mis is gegaan, waarom hij niet meteen lithium heeft gegeven en waarom we hem als naasten een beetje met rust moesten laten. Wat we achteraf natuurlijk anders hadden gewild, dan was er steeds iemand bij hem geweest in die heel slechte dagen van hem. Terwijl ik zo'n soort gesprek al met die man heb gehad, Isa ook trouwens. En toch wil ik hem weer opzoeken. Als je echt accepteert dat iemand er niet meer is, dan laat je het ook los, denk ik.'

'Huil je nog wel eens om papa?'

'Ja. Maar het lukt me vooral in mijn eentje. In de auto naar zijn interviews luisteren als ik naar mijn ouders... mijn moeder rij. Of naar Amsterdam. Er is één radio-interview van Martin Šimek dat ik je ontzettend kan aanraden.'

'Wil je dan gewoon weer even doen alsof hij er is,' vraag ik, 'door naar zijn stem te luisteren?'

'Ja, dat denk ik wel. En ook om zijn gedachtes te horen, hem eigenlijk nog beter te leren kennen. Wat dat betreft hebben we de luxe dat we nog steeds naar hem kunnen luisteren.'

'Vond je het moeilijk dat ik destijds tegen je zei dat ik niet meer over hem wilde praten?'

'Ja en nee. Maar ik wilde die wens sowieso respecteren.'

'Waarom wilde je zo graag over hem praten?'

'Deels omdat ik hem via jou dichter bij me voelde en deels omdat ik dacht dat dat fijn voor jou zou zijn.' Kristiaan schenkt water in een glas en begint beschaamd te lachen. 'Pas vrij laat had ik door dat dat niet zo was.'

'Ik had het ook wel eerder aan mogen geven, hoor,' zeg ik. 'Ik wist alleen niet hoe.'

'Ik dacht dat het jou zou helpen. Van Isa hoorde ik dat je niet over hem praatte, dus die taak wilde ik op me nemen. Omdat het goed is om over dingen te praten. Denk je niet?'

Ik zeg niks, omdat ik niet weet of dat zo is.

'Ik wilde Antonie niet vervangen, absoluut niet. Maar ik wilde je wat mannelijke energie meegeven. Mede daarom ging ik met je op pad. Toen jij jong was, had ik nog geen kinderen. Als ik dan op jou ging passen, vroeg ik aan Antonie of ik iets specifieks moest weten wat betreft opvoeden. Dat hoefde nooit. Hij zei: "Ik vind het gewoon fijn dat je bij hem bent, dat jullie een goede band hebben. Maak maar gewoon plezier met Merlijn." Dat heb ik na zijn dood altijd onthouden. Dat ik ondertussen met je praatte over Antonie leek me logisch. Maar zo simpel zijn lastige situaties natuurlijk niet.'

'Ik weet nog dat ik die gesprekken zo snel mogelijk wilde afkappen.'

'Maar waarom?'

'Ik denk dat ik gewoon de pijn niet wilde voelen.'

'Ik weet nog dat ik op een sterfdag van Antonie aan je vroeg of je er extra mee bezig was. "Nee," zei je, "want papa is er elke dag niet meer." Toen dacht ik: jezus, dat is ook zo. Ik leef gewoon mijn leven met mijn gezin en tussendoor zijn er momenten dat ik hem mis. Maar bij jou zit dat gemis in je systeem, jij hebt je vader niet meer. Jij moest volwassen worden zonder hem.'

Zonder dat ik het aan voel komen, begin ik te huilen. Ik neem een slok water, maar het glas is leeg. Ik wil de karaf pakken, maar pak eerst mijn zonnebril en zet die op. Het is jaren geleden dat ik om papa huilde, het is voor het eerst dat ik dat als volwassene doe. Ik kijk naar Kristiaan en hoop dat hij nog iets zegt, want deze stilte maakt het alleen maar erger. Hij kijkt in mijn richting, maar langs me heen. Er liggen tranen op zijn wangen, maar hij lijkt het niet te merken.

'Het is zo zonde,' zegt hij zacht.

We rennen als twee gekken door het zand omdat het te heet is voor onze blote voeten. In de schaduw van een wit huisje komen we tot stilstand.

'Ga je nog even mee?' vraagt Kris. 'Naar Sanne en de kinderen?'

'Nee,' zeg ik, 'ik ben kapot. Leeg. Ik ga liever zelf terug. Ik snap weer waarom ik nooit over papa wilde praten. En ik ben eerlijk gezegd nu al bang voor de klap die straks komt. Hij leefde net weer even. Maar dat is natuurlijk niet zo.'

'Ik ken het gevoel,' zegt Kris.

Hij staart naar de zee. Misschien ziet hij zijn kinderen of misschien ziet hij gewoon het water. Of papa, die twee weken voor zijn dood de zee in liep om nooit meer terug te keren. Maar hij had de weersvoorspelling niet gecheckt. Het strand zat vol met gezinnen en spelende kinderen. Toen is hij toch maar weer naar huis gegaan.

'Kom binnenkort even oppassen,' zegt Kris. 'Dat vinden de kinderen leuk.'

Ik kijk naar de zee, maar ik zie ze niet. 'Nee,' zeg ik. 'Ik kom niet oppassen. Ik vind het leuk om langs te komen voor de gezelligheid, maar ik kom niet oppassen. Daar ben ik te oud voor.'

Kristiaan kijkt me vragend aan.

'Sorry voor mijn directheid,' zeg ik zacht, 'maar dat heb ik vandaag van mijn vader geleerd.'

Kris lacht voorzichtig. 'Eerlijk zijn,' zegt hij, 'en voor jezelf durven kiezen. Heel goed!' Hij pakt me vast. 'Dank je wel.'

'Jij bedankt,' zeg ik. Ik trek m'n gympen aan en loop het slingerende duinpaadje op. 'Wat een klotehitte,' vloek ik zacht.

2
Close, blond, bruin, jong

Reinout Oerlemans

In de eerste twee plaatjes herken ik meteen mijn vader, al lijkt hij amper op de vader die ik ken. Zijn haar is witblond en netjes geknipt. In het eerste plaatje praat hij met een jongen met jarennegentighaar die een bodywarmer draagt, in het tweede plaatje zie ik papa in zijn eentje. Hij danst en draagt kleren die hem niet staan: een wijd zittend overhemd en een grijze stropdas. Daarna zie ik de jongen met het haar weer en ik zie nu pas dat het Reinout Oerlemans is. Papa en hij zijn na *Goede tijden, slechte tijden* altijd bevriend gebleven. Ik zie Reinout met een blond meisje zoenen en mijn vader kijkt naar een voorbijrijdende trein. Onder al die bewegende foto's die over het beeld vliegen, klinkt een liedje.

'De tijd van onbezorgdheid is voorbij, vandaag begint de lange weg naar morgen. De dromen komen als een vlinder vrij, niet langer in geborgenheid verborgen.'

Na Reinout en mijn vader zie ik dat blonde meisje weer en dan ineens mijn moeder. Ik schiet ervan in de lach. Ze heeft een grote paardenstaart op haar hoofd in een haarbandje dat matcht met haar felrode lippenstift.

'Goede tijden, slechte tijden. Een dag die als een nacht verschijnt. Goede tijden, slechte tijden. Liefde leidt je tot het eind.'

De dvd-boxen van GTST hebben altijd op m'n jongenskamer in Amsterdam gestaan. Ik weet eigenlijk niet waarom m'n moeder die daar had neergezet, misschien dacht ze dat ik het leuk zou vinden om te bekijken. Die behoefte heb ik eerder nooit gehad. Dat was misschien anders geweest als m'n vader nog had geleefd. Dan zouden we met het hele gezin bij elkaar op de bank kruipen om te zien hoe m'n ouders er toen uitzagen, wat voor rollen ze speelden, hoe ze daarop terugkijken en hoe hun liefde daar op de set begon. Maar het voelt zo zinloos om dat nu alsnog te doen. Waarom moet ik kijken naar hoe en waar mijn ouders verliefd op elkaar werden zonder dat ik kan zien wat er van die liefde over is? Die liefde is er natuurlijk nog steeds, maar die hield tien jaar geleden toch ook een beetje op van zijn kant. Omdat hij ermee ophield. Al weet ik natuurlijk wel dat hij toen nog steeds van mijn moeder hield, want liefde leidt je tot het eind. Dat hoorde ik net.

Toen ik op mezelf ging wonen, heb ik de dvd's bij mijn moeder gelaten. Niet alleen omdat ik nog een stukje verder verwijderd raakte van de knusse winteravonden met het hele gezin, ook omdat ik geen dvd-speler heb. Mijn tv gebruik ik vooral om te gamen of om series op te streamen. Op een avond zag ik ineens het gezicht van mijn vader. Ik lag op de bank naar een nieuwe serie te zoeken op Videoland en zag hem ineens op het plaatje van *Goede tijden, slechte tijden* staan. Blijkbaar verhuist mijn vader ook mee als ik hem bewust achterlaat. Onder het plaatje stond het woord 'classics', blijkbaar zijn de seizoenen waar mijn vader in meespeelde klassiekers geworden. Mijn duim bleef op de startknop van mijn afstandsbediening liggen, maar ik klikte het toch weg. Ik heb er geen zin in, dacht ik, het komt nog wel een keer. Die keer is vandaag. Aan het einde van de middag heb ik een afspraak met Reinout Oerlemans. Ik had hem een bericht gestuurd dat als hij misschien nog eens naar Nederland komt, ik het fijn zou vinden om met hem over mijn vader te praten, want dat hebben we nooit gedaan. Hij stuurde terug dat hij toevallig binnenkort vanuit zijn woonplaats Los Angeles deze kant op kwam vliegen en me heel graag wilde zien.

In de eerste scène zie ik Arnie in de keuken van een groot huis. Hij schenkt sinaasappelsap in twee glazen en legt gekookte eieren op een bord. Hij brengt het naar boven waar het blonde meisje in bed ligt. Ze heet Linda, draagt een roze truitje en heeft blote benen. Snel pak ik een *Hitkrant* die ik op Marktplaats heb gekocht. Het is een editie van februari 1991, op de cover staat m'n vader met de tekst 'Ruim 60 persoonlijke gegevens!'. Ik blader naar de pagina's waarop het over GTST gaat. In de inleidende tekst staat dat er nog nooit een Nederlandse tv-serie zo populair was als *Goede tijden, slechte tijden*, dat zelfs de titelsong een dikke hit aan het worden is. Terwijl ik andere feitjes scan, hoor ik op de achtergrond de serie doorgaan. Ik heb m'n vader en m'n moeder nog niet gezien, dus durf ik toe te geven dat ik het verschrikkelijk slecht vind allemaal. Arnie en Linda stoppen met stoeien omdat de telefoon gaat. Hij neemt op en krijgt zijn moeder aan de lijn. Laura staat te bellen vanuit een groene telefooncel en zegt dat zij en Arnies vader eerder naar huis komen, waarna Linda boos wordt dat haar romantische weekend met Arnie voorbij is. In de *Hitkrant* zie ik dat Linda in het echt Babette van Veen heet en dat ze is geboren in 1968, ze is dus precies dertig jaar ouder dan ik. Ook zie ik plaatjes van Simon, Rien en een meisje dat Annette heet en mooie krullen heeft. Onder de foto van mijn moeder staat dat ze in de serie Myriam van der Pol heet, maar in het echt Isa Hoes heet en een negenentwintigjarige broer heeft en dat ze samen met haar vriend in een boerderijtje op het Brabantse platteland woont. Dat heeft ze me wel eens verteld, dat ze nog met een andere jongen samenwoonde toen ze papa ontmoette. Als omschrijving van haar eigen karakter staat er 'lief, maar moeilijk'.

Op de televisie zie ik nu Simon Dekker, hij is blijkbaar de huisarts van de serie. Hij heeft een vrouw in zijn praktijkruimte zitten die Helen Helmink heet en hij voert een slechtnieuwsgesprek met haar.

'Het is kwaadaardig, het kan niet erger.'

Ik vraag me af wat deze mevrouw achter de schermen geflikt heeft dat ze er in de eerste aflevering al uit wordt geschreven en ik merk dat ik hardop lach om alles wat ik zie.

'Maar er blijft natuurlijk altijd hoop,' vervolgt dokter Simon, 'en binnen onze mogelijkheden zullen we er alles aan doen wat eraan te doen valt.'

Hij zegt tegen Helen dat ze haar kinderen moet vertellen dat ze ziek is. Ineens herken ik zijn stem. Ik pak de *Hitkrant* er weer bij, Rick Engelkes heet hij in het echt. Rick! Die ken ik. Hij kwam vroeger vaak bij ons thuis, maar ik herkende hem niet zo snel als huisarts. En ik heb nooit geweten dat hij ook in *GTST* heeft gezeten. Er staat bij dat hij eenendertig jaar oud is, dan is hij nu in de zestig. Helen vertelt Rick dat ze nooit kinderen heeft gehad, dat haar enige kind stierf bij de geboorte. Wat een informatie. Ik ben nog geen tien minuten aan het kijken, maar er zijn nu al kanker en een doodgeboren kind langsgekomen. Ik vraag me af of ik mijn moeder durf te vertellen hoe vreselijk ik het vind. Dan vliegt ineens de deur van de praktijkruimte open en daar staat ze, in de deuropening. Haar stem is hoog en hysterisch, ze heeft haar teen gestoten en Simon moet er even naar kijken. Dit is toch wel erg cool. Bijna niemand heeft dit soort beelden van zijn ouders. En blijkbaar was het vroeger nogal een hit, dus misschien moet ik het een kans geven.

Na een shot van een schoolgebouw zie ik nu voor het eerst papa in een scène. Close, blond, bruin, jong. Hij zit onderuitgezakt achter het bureau van de juf of meester in een leeg klaslokaal. Hij gooit propjes papier naar een prullenbak en draagt een zwartleren jasje. Ik kijk naar mijn eigen zwartleren jasje. Wat gek dat niemand ooit tegen me heeft gezegd dat ik hetzelfde jasje als mijn vader heb.

Arnie komt binnenlopen. ‘Hé, wat doe jij nou hier?’ vraagt hij chagrijnig aan mijn vader. Nee, aan Peter. Dit is mijn vader niet. En als het al mijn vader is, dan was hij hier mijn vader absoluut nog niet, want ik was nog lang niet geboren.

‘Lekker humeurtje,’ zegt Peter terug. Het is voor het eerst in jaren dat ik zijn stem hoor. Ik weet eigenlijk niet eens meer hoe ik die voor het laatst heb gehoord. Misschien toen mijn moeder naar iets van hem aan het kijken of luisteren was en ik nog niet gelijk wegliep. Zijn stem klinkt hoger dan ik me herinner. Sowieso een stuk hoger dan mijn eigen stem.

'Ik dacht dat jij zou zweven na je lange, hete nacht met sexy Linda,' zegt Peter Kelder.

'Mijn ouders zijn terug,' antwoordt Arnie.

'Dat meen je niet!' Peter schiet lachend overeind. 'En jullie lagen in bed?'

Het valt me mee om mijn vader te zien, merk ik. Misschien omdat ik niet naar mijn vader kijk. Ik kijk naar een jongen, net iets ouder dan ik. Pas acht jaar later zou hij mij verwekken bij een vrouw die hij toen nog als zijn nieuwe collega zag. Het is raar om je ouders in *high-definition* gesprekken te zien voeren die dertig jaar geleden plaatsvonden. Toen ze mij nog niet kenden en zelfs mijn naam nog niet hadden bedacht. Waardoor deze aflevering van *Goede tijden, slechte tijden* als een soort schemergebied voelt. Waar hij bewust aan deelnam en waar ik bewust naar kijk, maar wat we nooit met elkaar hebben gedeeld. Want ik was er toen nog niet en hij is nu al weg.

Niet veel later pauzeer ik mijn tv omdat papa in de serie ruzie heeft met schooljuf Helen Helmink. Ze somt op wat hij allemaal verkeerd doet, waardoor ik erachter kom dat ik een exacte kopie van Peter Kelder blijk te zijn: gebrek aan concentratie, tegen de draad in, storend element in de klas. Elke leraar die ik ooit heb gehad, zal hetzelfde over mij zeggen. Terwijl dit niet over mij gaat, maar over Peter Kelder, het fictieve personage dat wordt gespeeld door mijn vader. En over mijn vader kon het sowieso nooit gezegd worden. Ik doe al jaren niets, terwijl hij op mijn leeftijd op de universiteit zat en rechten studeerde. Wat gek dat mijn vader ver voor mijn geboorte een kopie van mij speelt, inclusief zwartleren jas.

Aan het einde van de aflevering ligt Helen op de vloer van haar keuken met alle gaspitten open, ze maken een sissend geluid. Ze heeft besloten om zelfmoord te plegen.

Reinout stuurt dat hij vier uur niet gaat redden. Het kan ook later of anders aanstaande zondag. Omdat ik nu toch al met mijn vader bezig ben, stuur ik terug dat ik liever vandaag wil. Ik heb net zitten kijken en ik heb wel behoefte aan wat achtergrondinfo. Of misschien heb ik gewoon geen zin om mijn vader zondag weer in mijn hoofd te hebben. Ik merk dat ik er nog niet aan gewend ben dat hij daar een plekje opeist. Ik gooi mijn telefoon naast me op de bank en trek mijn laptop op schoot.

'En dan hebben we nu de twee grote vedetten uit het programma dat vanavond zijn tweehonderdtachtigste aflevering beleefde.'

Ik kijk op internet naar een oude televisie-uitzending waarin een man vertelt wie er bij hem te gast zullen zijn. Het fragment heet 'Arnie en Peter bij Ivo Niehe.'

'Het programma dat de rust in de helft van de Nederlandse gezinnen definitief heeft verstoord, maar waarvoor ook studentenhuizen tussen acht en half negen onbereikbaar zijn omdat de telefoon niet meer wordt aangenomen,' vervolgt de man. 'Uit *Goede tijden, slechte tijden* zijn hier Reinout Oerlemans en Antonie Kamerling!'

Van achter de tribune komen Reinout en papa aanlopen. Het publiek gaat staan en klapt superlang. Zelfs als ze al zitten en iemand iets wil zeggen, klapt het publiek door. Reinout draagt een lang groen jasje met zwarte revers en schoudervullingen, papa draagt een simpele bruine trui die eruitziet alsof hij hem 's morgens op de grond van de slaapkamer heeft gevonden. Ivo Niehe vertelt dat Reinout pas twintig is en dat mijn vader vijfentwintig is. Ik heb nooit geweten dat ze zoveel schelen. En al helemaal niet dat mijn vader zoveel ouder was dan Reinout. De man vraagt of ze van tevoren gewaarschuwd zijn voor de populariteit van de serie.

'Ze zeiden alleen dat we heel erg bekend zouden worden,' antwoordt mijn vader, 'daar kun je je wel iets bij voorstellen. Dat je niet meer normaal over straat kan en dat soort dingen.'

'Is de werkelijkheid erger?' vraagt de man aan mijn vader.

'Ja,' antwoordt hij, 'ik heb er dus een maand lang over na zitten denken en dan stel je je de meest vreselijke dingen voor. Maar het is veel heftiger.'

Er vliegt me iets naar de strot, maar ik weet niet precies wat. Mijn ogen zijn vochtig, maar ik heb geen zin om te huilen. Ik zie mijn vader voor het eerst sinds weet-ik-veel-hoelang. Ik zag hem ook in *GTST* zelf, maar toen speelde hij een ander. Nu zie ik hem als zichzelf. Als mijn vader met zijn eigen stem. En hij komt niet zo gelukkig over. Ivo Niehe wijst naar Reinout en zegt dat het lijkt alsof hij echt intens geniet van elk moment van wat hij nu meemaakt.

'Absoluut, absoluut!' glundert Reinout.

Het publiek lacht, mijn vader neemt een slok water uit een wijnglas. Ik zie mezelf in papa, al kan ik het niet meteen plaatsen. Hij lijkt het niet erg belangrijk te vinden dat hij daar zit, terwijl Reinout overduidelijk geniet van de aandacht en het ook allemaal graag naar zich toe trekt. Mijn vader lijkt het prima te vinden dat zijn vriend dat doet, dan kan hij zelf een beetje ontspannen. Ik herken dat wel. Ik vind het fijn als iemand anders het woord voert, dan kan ik luisteren. En als een ander een feestje bouwt, dan vier ik mee. Toch komt papa er niet zo makkelijk vanaf. Ivo Niehe stelt nog een korte vraag aan Reinout, maar gaat dan weer terug naar mijn vader. Net als ik lijkt hij hem interessanter te vinden.

'Je bent geboren in Zuid-Holland, daarna ga je naar Amsterdam om te studeren. Je komt van het platteland in de grote stad.'

Mijn vader knikt.

'Dan in één klap van de grote stad naar het Hollywood van Aalsmeer. Wat was een grotere verandering?'

'Die laatste, absoluut.'

'Hoe radicaal is je dagindeling veranderd nu?' vraagt hij.

'Honderd procent. Vroeger deed ik de hele dag niks en nu ben ik elke dag keihard aan het werk.'

Ik schrik. Mijn vader zegt dat hij vroeger ook niks deed. Er is me altijd verteld dat hij na de middelbare school gelijk rechten ging studeren, terwijl ik besloot om nog even na te denken over wat ik wilde. Nu hoor ik mijn vader zeggen dat hij ook niks deed. Ik voel me al jarenlang het sukkeltje van de familie door niks te doen. Ik ga elke dag naar de sportschool en naar de coffeeshop. Ik ben nooit aan een studie begonnen en ik heb geen enkele poging tot een serieuze carrière gedaan. Overal waar ik werkte, zocht ik een reden om er zo snel mogelijk weer mee te stoppen. Ik heb wel gekeken naar studies of baantjes die ik kon doen, maar van alles waaruit ik kon kiezen, vond ik niets echt leuk. Dus belandde ik de volgende dag weer in de sportschool en de coffeeshop, mezelf wijsmakend dat het morgen allemaal goed zou komen. Dat duurt nu al vier jaar.

'Vroeger,' zegt Reinout tegen mijn vader, 'was jij helemaal niet bewust bezig met wat je gaat doen en wat er gebeurt. Maar nu moet je telkens bewust nadenken over waar je mee bezig bent.'

Bewust nadenken over waar je mee bezig bent. Het lijkt mij ook wel wat. Via mijn moeder belandde ik een paar jaar geleden ook op de set van een tv-serie. Er werd gezocht naar iemand die een jongen kon spelen die de hele dag niks uitvoerde en rondreed op een scooter. Mijn moeder hoorde ervan en moest gelijk aan mij denken. Om maar iets te doen te hebben en omdat Tygo Gernandt meespeelde, leek het me wel leuk. Maar het brak me op. Niet omdat het hard werken was, maar omdat je op een set de hele dag zit te wachten. Ik werd er gek van. Nu weet ik wel dat ik thuis niet veel zinnigere dingen had gedaan, maar dan had ik in ieder geval zelf bepaald dat ik even lekker niks ging doen. Nu vertelden anderen me dat. En als ik ergens een hekel aan heb, is het wanneer anderen me vertellen wat ik moet doen.

Toen de serie met Tygo Gernandt stopte, werd ik gevraagd om auditie te doen voor *Goede tijden, slechte tijden*. Ik weet niet meer wat de rol was, maar ik weet nog wel dat 'men' het leuk vond om de zoon van Isa Hoes en Antonie Kamerling in *GTST* te zien. Ik heb er na die auditie net zo lang over nagedacht als mijn vader, een maand, hoor ik nu van hem. Wat me eraan tegenstond, was dat ik in een serie zou belanden waarin ik niemand kende. Want ik heb er nooit naar gekeken. Dus waarom zou ik fulltime op een plek gaan rondhangen die me niet interesseert? Belangrijker nog is mijn onzekerheid over hun motieven. Vragen ze me omdat ik Merlijn ben of omdat ik Merlijn Kamerling ben? Ik snap dat het pr-technisch superhandig is, maar wat heb ik aan die pr? Het zou betekenen dat ik nog meer gezien word als 'het kind van,' als het kind van een beroemd stel en van een beroemd zelfmoordenaar. En daar wil ik juist vanaf. Ik wil iets doen wat echt over mij en mijn eventuele talenten gaat, al heb ik nog geen idee wat die zouden kunnen zijn. Het enige wat me wel leuk lijkt, is dat ik dan weer iets te doen heb. Van de bank af, uit de coffeeshop, een reden om elke dag mijn bed uit te komen. Maar daarvoor kan ik elk willekeurig baantje aannemen.

'Raak je van die roem niet behoorlijk in de war?' vraagt Ivo Niehe aan mijn vader.

'Ik ben daarvan wel in de war geweest,' antwoordt hij. 'Ik raakte paranoia in het begin.'

Het publiek schiet in een lachsalvo.

'Nee, serieus,' zegt mijn vader.

Het publiek lacht door. Ook Ivo Niehe zelf zit te lachen, hij vindt het woord 'paranoia' grappig en noemt het een te moeilijk woord voor zijn programma.

'Toen ik net herkend werd,' zegt mijn vader, 'ging ik echt door stille steegjes lopen. Ik raakte er helemaal eng van.'

'Maar zoveel aandacht,' zegt Ivo Niehe, 'meer aandacht krijgt niemand in Nederland op dit moment. Als dat straks stopt, zou je het dan niet enorm gaan missen?'

'Het zou raar zijn als het er niet zou zijn,' zegt Reinout.

'Ik denk het niet,' antwoordt mijn vader.

Ik zet de televisie uit en trek de deur achter me dicht. Reinout kon toch om vier uur en stuurde me een adres in Amsterdam, vlak achter het Concertgebouw. De laatste keer dat ik hem zag, was ongeveer drie jaar geleden. Ik liep met mijn moeder en zusje door Schiphol toen hij langs ons liep. Met mijn moeder wisselde hij kort wat herinneringen en beleefdheden uit, waarna hij aan mij vroeg wat ik op dat moment aan het doen was. Ik snapte niet goed wat hij bedoelde. Vraag hoe het met me gaat, hoe ik me voel, of ik blij ben.

'Niets,' zei ik.

'Dat is niet goed,' zei hij. En daarna zei hij het ook tegen mijn moeder: 'Dat is niet goed, een kind moet iets doen.'

Ik weet niet meer hoe mijn moeder toen reageerde. Ik weet nog wel dat ik een keer bij Reinout thuis was. Ik was met mijn vader, moeder en zusje. Het gezin Oerlemans was toen nog niet naar Amerika geëmigreerd. We hadden een cadeau gekocht voor zijn zoon, hij was jarig en ik wilde het cadeau geven. Volgens mij was het een waterpistool, iets wat ik zelf ook graag had willen hebben. Bij binnenkomst werd me verteld dat ik het cadeau in de hoek van de kamer kon leggen, boven op de enorme stapel andere onuitgepakte cadeaus. Ik heb Reinouts zoon niet gezien of gesproken, hij hing de hele dag rond bij het zwembad in de tuin. Wat hij nu doet, weet ik niet. Maar het zal vast een stuk interessanter zijn dan wat ik doe, want een kind moet natuurlijk iets doen.

Ik bel aan bij een statig pand. Als ik door een raam naar binnen spiek, zie ik marmeren vloeren. De deur zwaait open en Reinout staat voor mijn neus. Groter en ouder dan ik hem vandaag op televisie zag, maar wel net zo vrolijk en zorgeloos. Zijn haar is grijzer en zijn huid bruiner.

'Goeie schoenen,' zegt-ie.

Hij wijst naar de grond. We dragen allebei dezelfde witte Nikes. Ik krijg een hand, maar geen knuffel. Dat hoeft ook niet. Hij leidt me naar de keuken en vraagt wat ik wil drinken. Op het aanrecht staat een opgezette papegaai, hij zit op een stok.

'Water is goed,' antwoord ik.

Uit de koelkast krijg ik een flesje spa blauw dat hij voor me opendraait, voor zichzelf ontkurkt hij een fles witte wijn. Shit. Mag je een opengedraaid flesje spa blauw teruggeven en toch om een glas wijn vragen? Hij stuurt me de tuin in en komt een paar minuten later bij me zitten. Witte kussens liggen op de donkergrijze tuinset. Om ons heen liggen tegels, maar er staan geen planten. We zitten laag, onderuitgezakt. Je best doen om rechtop te zitten heeft geen zin. Ik lig in een grote loungestoel. Reinout zit tegenover me op een bank, bewonderenswaardig rechtop. We hebben elk een witte schoen op onze andere knie liggen.

'Lang geleden,' zegt Reinout. 'Je bent een echte man geworden. Woon je nog in Amsterdam?'

'Ja, sinds een jaar woon ik op mezelf. Mijn oom Kristiaan had een etage vrijstaan, daar ben ik met een vriend ingetrokken, Jacob. We delen de woonkamer en keuken en hebben allebei een eigen slaapkamer.'

'En hoe gaat dat?'

'Goed, gezellig. We hebben alleen het probleem dat Jacob dj is, hij draait op feestjes. Hij oefent overdag en daar klagen de buren nogal over. Mijn oom en ik worden erop aangesproken, dus ik weet niet hoelang dat goed blijft gaan. Misschien moet hij ergens anders gaan wonen.'

Reinout knikt en nipt van zijn wijn. 'Lastig,' zegt hij. 'De huren in Amsterdam zijn te duur om in je eentje op te kunnen brengen. Daniëlle en ik hebben na de dood van je vader aangeboden dat jullie in een net gerenoveerd appartement van ons konden wonen. Het was heel fijn om iets praktisch voor jullie te kunnen betekenen. Hoe is het nu met je zusje?'

'Vlinder is net aan het puberen. Ze zit in de tweede van het Barlaeus en heeft typische meisjesproblemen. Ze vindt het niet leuk op school. Ik denk dat zij het ook nog wel moeilijk gaat krijgen. Ze was vijf toen onze vader overleed. Ik zou de dood als vijfjarige ook niet begrijpen.'

'Maar je begrijpt wel dat je vader er niet meer is,' zegt Reinout stellig.

'Misschien,' antwoord ik. 'Maar ze was zo jong. Daardoor weet ze helemaal niet *wíé* haar vader is.'

'Antonoutje,' zegt Reinout. 'Ik noemde hem altijd Antonoutje. Hij zit zo in mijn hart. Het was een heel goed mens. Heel erg zoekende, altijd geweest. We deelden de kleedkamer bij *GTST*. Hij was vijf jaar ouder dan ik, toch was ik altijd een beetje zijn grote broer, ook door mijn lengte. Ik was een kop groter dan hij.'

Er zijn bij Reinout geen koetjes en kalfjes nodig, merk ik: hij is Antonies vriend en ik ben Antonies zoon, dus zal er gepraat worden over Antonie. Ik merk dat ik dat prettig vind, hoewel het ook spannend is. Omdat ik niet weet wat ik over mijn vader ga horen, maar ik vind het prettig dat hij me niet behandelt als het zoontje van. We zitten in zijn tuin en voeren een gesprek, van man tot man. Twee mannen die toevallig dezelfde persoon hebben verloren.

'Toen ik hem leerde kennen, had hij al een hele studieperiode achter de rug. Maar ook tijdens die studie was hij erg aan het zoeken. Hij blowde veel in die tijd. Als ik hem vroeg hoe zijn studietijd was, kon hij zich er weinig van herinneren.'

'Herkenbaar,' zeg ik.

'Wat?'

Reinout weet natuurlijk niks van me. Niet of ik studeer en niet hoeveel ik blow.

'Van dat blowen.'

'Doe je dat veel?'

'Te veel. Vrijwel dagelijks.'

'Dat is niet goed, Merlijn. Sterker nog: ik ben daar heel erg op tegen. Ik had naast Antonie nog een vriendje dat heel veel blowde, Ruud heette hij. Antonie en Ruud konden heel goed met elkaar opschieten. Allebei zoekende, onzeker ook.'

Het is nu de derde keer dat Reinout zegt dat mijn vader zoekende was. Terwijl ik altijd een beeld van een superman had, die toen hij jong was al wist wat hij wilde en daar beroemd en succesvol mee werd. Maar blijkbaar wist hij het ook allemaal niet, net als ik. Hoewel ik eigenlijk niet eens zeker weet of ik wel zoekende ben. Als je zoekt, ben je waarschijnlijk in de veronderstelling dat je iets kunt vinden. En meestal weet je ook op welke plek je moet zoeken. Ik heb geen idee.

'Toen ik ging trouwen,' vervolgt Reinout zijn verhaal, 'hadden mijn vrienden een vrijgezellenfeest georganiseerd. We verzamelden ergens in Nederland, gingen het vliegtuig in en stapten uit in Zwitserland. Daar stonden twee gehuurde Mercedes-busjes voor ons klaar. De twee busjes werden door Antonie omgedoopt tot het spirituele busje – waarin gefilosofeerd mocht worden en waar hij de voorzitter van was – en het rijkeluisbusje, waarin lekker met geld en andere materialistische zaken mocht worden gepronkt. Dat speelde Antonie helemaal uit. Maar met zoveel humor, dat niemand zich echt aangesproken hoefde te voelen. Maar goed, Ruud en Antonie zaten steevast samen in het spirituele busje, urenlang te lullen en te blowen. Zij konden lezen en schrijven met elkaar.'

'Die hadden een diepere connectie?'

'Ja, een hele sterke connectie. Ze konden heel goed met elkaar praten. Uiteindelijk heeft Ruud er goed over nagedacht en besloot hij zelfmoord te plegen. Drie jaar na Antonie.'

Reinout neemt een slok van zijn wijn. Ik weet niet goed wat ik moet zeggen.

'Heb je mijn vader wel eens aangesproken op zijn drugsgebruik?' vraag ik na de stilte.

'Nee. Eigenlijk heb ik het er nooit met hem over gehad. Het was ook niet zo dat hij stoned op de set stond of zo. En als we met elkaar afspraken, speelde het ook absoluut niet. Dus er was nooit reden om hem erop aan te spreken. En ik durf ook niet hardop te constateren dat het met zijn overlijden te maken heeft gehad.'

'Wat mij is verteld door mijn moeder en grootouders,' zeg ik, 'is dat er vanaf zijn geboorte een stofje ontbrak in zijn hoofd en dat blowen dat heel erg heeft versterkt.'

'Dat hij depressief was, heb ik nooit geweten. Hij heeft mij er nooit deelgenoot van gemaakt, ook niet dat hij een einde aan zijn leven wilde maken. Ik heb later pas begrepen hoe ver hij heen was. Ik moet je eerlijk zeggen: ik ben echt heel erg boos op hem geweest. Het is misschien niet aan mij om boos op hem te zijn, het is immers jouw vader. Maar jezusmina. Na zijn zelfmoord word je dan wel uitgelegd dat je er niet over kan oordelen. Dat het een gevolg is van iets wat in zijn hoofd zit en dat je dat niet op een rationele manier mag bekijken, maar ik heb er heel veel moeite mee gehad. Godallemachtig. Hij zat zo in mijn hart en daardoor was ik ook zo woedend. Zeker omdat-ie een gezin had. Ik weet nog dat ik jaren later nog eens onder de douche echt heb staan schreeuwen om hem. "Wat een lul ben je. Wat een lul ben je toch!" Hardop. Ik mag er van mezelf niet eens over praten omdat het over jouw vader gaat, dat verdriet is natuurlijk totaal anders. Maar ik vind zelfmoord een enorm egoïstische daad. Daar schiet jij niets mee op. En kennelijk was hij zo ver heen dat hij niks anders meer zag. Hij was gewoon ziek in zijn hoofd. En als iemand uit het leven wil stappen, dan hou je dat niet tegen.'

'Zo heb ik dat ook voor mezelf benoemd. Dat hij er eigenlijk niks aan kon doen.'

'Zo moet je het ook benaderen. Er zit niet veel anders op.'

'Toch schijnt hij best open over zijn depressies te zijn geweest,' zeg ik.

'Ik weet niet waarom hij er nooit met mij over heeft gepraat. Misschien wilde hij dat gewoon niet. Ik corrigeerde hem misschien te vaak, hij was al te lang mijn kleine broertje dat ik op sleeptouw nam. "Kom op," riep ik dan, "doe eens gezellig mee!" En toen ik met mijn eigen bedrijf begon en het een succes werd, was ik daar heel openlijk trots op. Tja, vertel dan maar eens dat je je vaak depressief voelt.'

'Ik weet nog wel,' zeg ik, 'dat wij bij jullie thuis kwamen. Mijn ouders woonden met ons in een oude boerderij, jullie woonden in een villa met personeel en een zwembad. Vond mijn vader dat contrast misschien ook moeilijk? Dat jij het beter voor elkaar had dan hij, terwijl jullie op dezelfde manier zijn begonnen?'

'Nee, absoluut niet. Hij was sowieso nooit jaloers, hij gunde iedereen altijd alles. En hij was totaal niet materialistisch. Ik weet het niet. Al waren we dan andere types en al hebben we dan niet over dat ene ding gepraat, we vonden wel iets bij elkaar. Er was een enorme connectie.'

'Wat was dat dan?'

'Onze levens zijn zo ongelofelijk met elkaar verbonden. Omdat we zo'n idioot iets met elkaar hebben meegemaakt, die belachelijke roem die we kregen door *Goede tijden, slechte tijden*. Daar zijn we door getekend.'

'Ik heb vanmiddag de eerste aflevering gezien,' zeg ik, 'ik ben vandaag begonnen met naar mijn vader te kijken. Ik wil er een boek over schrijven, omdat ik nooit heb verwerkt wat er is gebeurd, denk ik. Dus ik begon vandaag met *Goede tijden* en daarna zag ik het interview van jou en papa bij Ivo Niehe.'

'Ja, bij Ivo, ik kwam hem laatst nog tegen! Dat interview ken ik uit mijn hoofd. Antonie was daar zo serieus, weet ik nog. Ik verbaasde me erover. Ik genoot van dat circus om ons heen, maar hij keek er met heel andere ogen naar. Hij vond dat heel moeilijk.'

Reinout denkt even na en staat op. Hij lijkt zijn woorden te wegen als hij naar de keuken loopt en begint al te praten als hij met de fles wijn in zijn hand de tuin weer in stapt. Hij heeft geen glas voor mij meegenomen.

'Die eerste aflevering stelt niet zoveel voor natuurlijk. Maar het was in een tijd dat er geen internet was, er waren maar een paar zenders en televisie was nog echt een belangrijk ding. Antonie en ik hadden geen idee waar we in terechtkwamen. De eerste keer dat ik hem zag, was bij de auditie. Er zaten vijftig Arnies en vijftig Peters voor de casting. En ik had meteen, tussen al die jongens door, een klik met hem. Dat was heel bizar, want we zijn totaal verschillend. We deden samen die auditie en sindsdien hebben we elkaars hand vastgehouden en hebben we samen die rit beleefd. Ik weet nog een zaterdagmiddag dat we op Meubelplein Leiderdorp moesten zijn met z'n tweeën. Hadden we een schnabbel om wat extra geld te verdienen, want we konden amper onze huur betalen. We moesten er een winkel openen, maar toen we aankwamen, stonden er duizenden mensen. We werden naar binnen geloodst, en toen kwam iedereen die buiten stond tegen die winkel aan geplakt te zitten. Het scheelde niet veel of er waren mensen door die voorruit gegaan. Dat was angstaanjagend, dat zag ik ook in Antonies ogen. Je wordt ineens gezien als een superster, terwijl het leven thuis gewoon doorgaat: op tijd je bed uit, naar je werk toe, rond proberen te komen, uit de problemen blijven. Het was een onwerkelijk contrast. Dat heeft op mij, maar ik denk vooral op Antonie, een enorme impact gehad. Je moet dan een mindset zien te vinden, zodat je ermee om kunt gaan. Op een gegeven moment lukte mij dat wel, maar ik denk dat hem dat gewoon nooit echt gelukt is. Waardoor het een last bleef.'

'Waar merkte je dat dan aan?'

'We hebben met *Goede tijden* ook wel donkere periodes gehad. Dan gingen we nachtenlang uit, naar de RoXY en de iT. Daar waren overal drugs en daar deden we aan mee. Ook harddrugs. Het was een heel rare situatie waar we in zaten. We verdienden namelijk geen hol, terwijl we zo succesvol waren en overal werden nageroepen. Ik woonde in de Spuistraat in Amsterdam met een vriendje van me, in de woonkamer hadden we een grote fles staan met ons spaargeld erin. Vaak was ik zo blut dat ik geld uit die fles peuterde om pizza's te kunnen halen. Dat was zo krom. Je wordt bewonderd, je staat op posters, paparazzi zitten achter je aan. Maar je hebt geen nagel om je kont mee te krabben. Dat valt dan niet te rijmen in je hoofd. Op een gegeven moment zijn we gestopt met uitgaan, omdat we niet ongestoord een biertje konden drinken. We werden overal herkend, vooral Antonie werd daar gek van. Hij bleef steeds meer binnen. Hij woonde toen hier in Amsterdam in de Bellamystraat en daar begon zijn hele leven zich af te spelen. Huisfeestjes, blowen, ik heb daar nachtenlang gehangen.'

Hoe Reinout het beschrijft, zie ik m'n vader haast zitten op de bank. Vrienden om zich heen, jointjes draaien, tegenzin om naar buiten te gaan. Het lukt zo goed om dat voor me te zien, omdat mijn eigen dagen er ook zo uitzien. Vrienden om me heen, huisfeestjes, gamen, jointjes draaien. Maar waar hij ongelukkig werd van bekend zijn, word ik ongelukkig van niets doen. Mijn vader deed tenminste iets door in een tv-serie te spelen, al maakte hem dat ook ongelukkig. Dus ik kan net zo goed niks doen, want *Goede tijden* was ook maar gewoon een baantje zoals ik nu ook wel eens een baantje heb. En van mijn baantjes word ik tenminste niet beroemd, want dat zou mij ook verschrikkelijk lijken.

'Soms was hij ook niet te harden,' zegt Reinout, 'echt een *pain in the ass*. Je vader hield er niet van als iemand anders hem vertelde wat-ie moest doen.'

Ik veer op.

'Als de regisseur hem bijvoorbeeld niet aanstond, dan was het een heel vervelende gast. Dan ging hij bokken en bemoeide hij zich met alles. Dan las hij het script en vroeg hij: "Waarom?" Bij alles vroeg hij waarom. Terwijl die scènes er allemaal in een noodgang op moesten worden gezet, begon hij oeverloze discussies over het waarom van bepaalde scènes en dialogen. Dan wilde hij niet links het beeld in lopen, maar rechts. Puur om de hiërarchie die op de werkvloer heerste te ondermijnen.'

Mijn kop knalt bijna uit elkaar. Mijn vader zat veel thuis, droeg een leren jack, was zoekende, gebruikte te veel drugs en had moeite met hiërarchie. Ik heb hem voor het laatst gezien toen ik elf was, we hebben nooit een serieus gesprek gevoerd over wie hij is en toch ben ik hem geworden. Toen hij in *GTST* ging spelen, was hij drieëntwintig. Ik ben nu eenentwintig. Al jaren heb ik het gevoel dat ik iets moet, dat mijn vader niet trots op me zou zijn geweest. Maar hij was net als ik.

'Ik vind het dan zo gek,' zeg ik, 'dat hij niet in de spotlights wilde staan, maar dat hij toch met acteren door is gegaan. Dat is toch vreemd?'

'Klopt, dat is dubbel. Maar je moet niet vergeten dat Antonie heel lang geen idee had wat hij met zijn leven moest, behalve thuis rondhangen en blowen. Hij verwaarloosde zijn studie, waarschijnlijk omdat dat ook niet als zijn roeping voelde. En toen kwam *GTST* en bleek hij talent te hebben. Hij kreeg al snel andere aanbiedingen, waardoor hij merkte dat hij van acteren een carrière kon maken. Dat vond hij fantastisch. Op een gegeven moment heeft hij echt zijn tanden erin gezet. Dat was een behoorlijk gevecht, want als soapster stond je 10-0 achter. Toch lukte het hem om voor vol te worden aangezien, waardoor hij ineens in *Hamlet* mocht staan. Ik weet nog dat ik in de nok van de schouwburg zat en hem het toneel zag op lopen, ik was zo ontzettend trots op hem. Hij werd jarenlang Peter Kelder genoemd, overal waar hij kwam, maar nu zag iedereen hem als de nieuwe James Dean of de opvolger van Rutger Hauer. Door iets te doen wat hij eigenlijk niet zo leuk vond, namelijk *GTST*, vond hij wel zijn roeping. En zijn grote liefde. Je ouders hadden een ongelofelijke aantrekkingskracht. Die waren helemaal gek op elkaar. Het geluk lachte hem toe. Er was echter één aspect dat hij niet leuk vond: bekend zijn. De roem. Mensen die iets van je willen. Hij had niets met al die aandacht, hij kon daar niet mee omgaan. En als je nu ziet hoe zijn leven is geëindigd, kun je ook wel stellen dat die roem hem op zijn zachtst gezegd niet geholpen heeft. Hij is erdoor in een schulp gekropen.'

'Heb je jezelf iets kwalijk genomen?' vraag ik. 'Had je er meer moeten zijn voor mijn vader?'

'Er is iets wat ik niet goed heb gedaan. Ik wist niet wat er zich allemaal in zijn hoofd afspeelde. Toen ik de film *Komt een vrouw bij de dokter* ging regisseren, heeft hij auditie gedaan. Dat was nogal een verrassing, ik had gewoon nooit aan hem gedacht voor de mannelijke hoofdrol. Ik woonde toen al in Amerika en ik kreeg af en toe een band met castings erop. Hij was een van de vele auditanten en hij voelde zich daar misschien ongemakkelijk bij. Hij ging heel raar doen in de camera, zette een gek stemmetje op en zwaaide naar me terwijl hij 'Hoi Arnie!' riep. Hij begon acts te doen waarin hij Arnie en Peter opvoerde. Dat mag, maar het was wel vreemd. Of manisch, zo bleek later. Dat manische heb ik wel vaker meegemaakt. Dan was ik jarig en sprong hij bij binnenkomst met veel bombarie het zwembad in terwijl de rest van het bezoek gewoon een glas wijn stond te drinken. Toen lachten we erom, nu staat het in een ander licht. Zoals die auditie. Hij pakte dat weliswaar niet goed aan, maar ik ook niet. Ik had hem meer aandacht moeten geven. De rol ging uiteindelijk naar Barry Atsma, maar uiteraard was Antonie uitgenodigd voor de première in Tuschinski. Hij zat vlak voor me en was tijdens de hele film zó druk. Heel hard lachen en heel erg aanwezig zijn, waardoor ik op een aantal momenten dacht: doe even rustig, man! Daarna kwam hij naar me toe en was hij ontzettend trots op me, dat maakte het dan weer goed. Waardoor we uiteindelijk nooit hebben uitgesproken hoe hij zich eronder voelde en wat ik van zijn gedrag vond.'

Ik probeer het ongemak van papa niet te voelen. Stel je voor dat ik een feestje geef en dat ik dan niet mijn eigen vriend Jacob zou vragen om muziek te draaien. Of dat ik er niet eens aan heb gedacht om hem te vragen. Ik zou me rotschamen en Jacob zou zich verschrikkelijk voelen, denk ik.

'Ik had heel graag nog een film met Antonie willen maken,' gaat Reinout verder. 'Een paar maanden voor zijn overlijden had hij nog een rolletje in een andere film van me, de eerste speelfilm van *New Kids*. Hij had geen tekst, hij hoefde alleen maar een leren jasje aan te trekken en Peter Kelder te zijn. Het was een grap van de New Kids om Arnie en Peter nog één keer bij elkaar te hebben. Ik moest een tekstje oplezen als de producent van de film en Antonie hoefde alleen maar te zwaaien en weg te lopen. Het werd uiteindelijk een beetje een macabere scène, want Antonie was al overleden toen de film uitkwam, waardoor zijn zwaaien en weglopen heel symbolisch leek.'

'Dat was geen goede periode, begreep ik van mijn moeder.'

'Op de opnamedag zelf heb ik niks geks aan hem gemerkt, terwijl hij een maand of drie later een einde aan zijn leven maakte. Het is zelfs de laatste keer dat ik hem heb gezien. Ik was druk die dag en moest tussen verschillende afspraken door even dat scènetje doen. Antonie moest toen al ver heen zijn geweest, maar ik merkte niks aan hem. Als ik het had geweten, had ik er meer tijd voor genomen. Had ik het bewuster beleefd met hem, dat we samen weer op de set stonden. Maar ik had het druk.'

Reinout heeft zijn wijnglas vast aan het pootje en draait het rond in zijn hand. Hij kijkt naar het draaikolkje. Ik weet niet of de stilte doorbroken moet worden of nog even moet duren. Misschien wil hij nog wat zeggen, misschien verzamelt hij daar nu de kracht voor, en dan verpest ik het met een vraag die er misschien niet toe doet.

'Ik ben vaak bij jullie in Zevenhoven geweest,' zegt hij eindelijk. 'We hebben daar nog gezwommen in de rivier. Kun je je dat herinneren?'

'Dat ik daar zwom kan ik me herinneren. Maar niet dat jij erbij was. Ik heb sowieso weinig herinneringen aan mijn vader.'

'Ik zie jullie twee nog zo voor me. Je vader had zo'n gekke oude auto zonder dak, daar zaten jullie altijd in met z'n tweeën. Hij was echt gek op jou, jullie waren echt twee maatjes. Ik ben een heel ander soort vader. Streng en strikt. Jouw vader was heel *bohemian*. Alles kon, het liefst alles anders dan de rest. Ik had het idee dat dat allemaal lekker liep, ik zag een gelukkig gezin. Er werd veel pianogespeeld, het was een fijne creatieve bende. Heel artistiek ook, dat zag je wel aan het shirt van je vader waarin hij opgebaard lag. Zo'n arty creatief shirt, daar lag-ie dan mee in zijn kist. Kun je je dat niet herinneren?'

'Dat hij in zijn kist lag wel, maar het shirt weet ik niet meer.'

'Ik heb toen een tijd bij hem gezeten, met op de achtergrond zijn pianomuziek. Ik weet nog hoe koud hij was. Hoe treurig het was.'

'Snap je dat ik mijn vader ook heb kwalijk genomen dat hij zo anders was? Ik heb me vaak voor hem geschaamd, maar hij veranderde niet.'

Reinout denkt even na en houdt dan zijn glas stil. 'Ik snap wat je zegt, maar luister. Je vader dingen kwalijk nemen hoort erbij. Bij elke vader-zoonrelatie. Het is ook een manier om afstand van je ouders te nemen, ik heb dat met mijn eigen ouders ook gehad. Merlijn, ik kan me niet in jouw gevoelswereld begeven. Maar hem dingen kwalijk nemen is te negatief. Ik zou je willen aanraden om dat anders te kadreren, anders voegt het niks toe. Hoe je vader zich kleedde, zijn vrolijke gektes, dat was gewoon Antonie. Het was een rare friemel. Maar jij bent ook geworden wie je bent door je vader.'

'Heb je nog meer advies voor me?' vraag ik zonder hem aan te kijken.

'Ik kan jou niet vertellen hoe je naar je vader moet kijken. Hij heeft je verlaten, ik kan me niet eens voorstellen hoe dat moet voelen. Mijn advies aan jou is een passie te vinden. Dat zeg ik ook tegen mijn eigen zoon, die is twee jaar jonger dan jij. Ik heb mijn eigen passie pas ontdekt toen ik dertig was, toen ik met mijn televisiebedrijf begon. Ik ben er dus tegenaan gelopen. Ik zei tegen mijn ouders dat ik *GTST* zes maanden zou doen en dan mijn rechtenstudie weer op zou pakken. Bij acteren lag mijn hart niet, zoals het hart van jouw vader daar wel lag. Maar ik merkte wel hoe gaaf het is om met een ploeg mensen een televisieprogramma te maken. Door het acteren kwam ik dus met iets anders in aanraking, waardoor ik uiteindelijk zelf ben gaan produceren. In 2001 ben ik mijn eigen bedrijf begonnen, Eyeworks, en dat heb ik over de hele wereld uitgerold. Het gaat mij er dus om dat je íéts doet, al ligt je hart er misschien niet. Want het kan je naar iets leiden waar je hart wel sneller van gaat kloppen. Ik wens jou dat ook toe, dat je iets vindt waar je je in kan verliezen. Want het leven is te kort, al klink ik nu als een ouwe lul. Als je straks met je ogen knippert, ben je veertig. En dan denk je: kut. Dus je moet er actief mee bezig zijn, het gaat niet gebeuren als je op de bank zit.'

'Maar bedoel je dat ik iets moet doen om maar gewoon iets te doen of moet ik wel zoeken naar iets wat ik echt leuk vind?'

'Vaak begin je aan iets wat je ergens anders brengt. Het kan door een inzicht komen of door iemand die je ontmoet. Die inzichten en die personen kom je thuis op de bank niet tegen.'

'Jij ging echt iets doen wat je leuk vond. Jij vond *GTST* leuk. Ik vind *GTST* niet leuk.'

'Maar Merlijn, niet alles is leuk in het leven. Het is een misvatting dat alles maar leuk moet zijn. Denk je dat ik altijd alles leuk vond? Ik heb mijn kinderen moeten missen door dingen te doen die veel verder van mijn gevoel en verlangen stonden. Je moet offers brengen. Ga gewoon aan de slag. Je kunt alles doen wat je wilt, alles. Dat moet je je realiseren. Je moet er actief mee bezig zijn, dan rol je van het ene in het andere totdat je iets hebt wat je echt leuk vindt. Het leven is zo voorbij.'

Reinout klinkt streng. Zoals een vader hoort te klinken. Ik vind het wel fijn, geloof ik. Wat hij zegt, hoor ik niet voor het eerst. Maar dat iemand het zegt die mijn vader had kunnen zijn, vind ik wel prettig. Alsof ik heel even een gesprek met mijn eigen vader heb, hoewel ik me afvraag of mijn vader me ook ooit zo toegesproken zou hebben.

'Hij was geen leider,' zegt Reinout ineens, blijkbaar sprak ik mijn gedachtes hardop uit, 'ik ben als vader wat dominanter. Ik denk dat hij meer op jouw niveau was gaan zitten. Waar niks mis mee is, het is een andere manier van vaderen. En uiteindelijk moet het kind het zelf doen. Heb je je middelbare school wel afgemaakt?'

'Jawel, maar dat is alweer vijf jaar geleden. Sindsdien heb ik niks gedaan, behalve van alles en nog wat. Baantjes. Maar ik het vind allemaal steeds minder leuk, ik heb nergens het gevoel dat ik er blij van word.'

'Is het erfelijk wat Antonie had? Ben je wel eens depressief?'

'Het is erfelijk en ik heb er wel over gepraat. Met mijn moeder, met psychologen. Ik heb van niemand te horen gekregen dat ik daar iets mee moet doen. Ik wil juist leven! Ik probeer elke dag uit te zoeken wat ik moet doen en wat ik leuk vind. Ik heb nog nooit zwarte gedachtes gehad. Tuurlijk ben ik wel eens met de dood bezig of vraag ik me af wat er zou gebeuren als ik er niet meer was, maar dat is volgens mijn moeder heel normaal voor een kind dat een ouder heeft verloren. Ze vindt het niet zorgelijk. Wel dat ik veel blow, maar het blowen heeft nooit iets bij me aangewakkerd. Maar hoezo? Maak je je zorgen om me?'

'Nee, ik vind dat je heel rustig en intelligent overkomt. Ik zou bijna zeggen: kom eens in Amerika kijken bij me. Trek een tijdje bij me in. Dan stop je even met blowen, krijg je andere inzichten. Misschien vind je er een leuke studie, ga je er op *college*. De wereld ligt aan je voeten, maar je moet zelf de leider zijn. Je kunt alles doen wat je wilt. Alles. Pak het, begin ergens. Ga naar Parijs, ga filosofie studeren. Maar je kan niet iemand zijn die nergens interesse in heeft, want dat bestaat niet.'

'Zo voelt het vaak wel,' zeg ik, 'al weet ik dat het nergens op slaat. Maar ik weet niet wat ik interessant vind. En als ik naar een lijstje met studies kijk, dan vind ik niks interessant. Dus na de middelbare school wist ik al: studeren is niks voor mij.'

'Dan is dat wat je nu doet wellicht het beste wat je kunt doen. Je vader zoeken, hem eindelijk leren kennen. Misschien gaan er in je hoofd dan een paar luikjes open die al die tijd dicht hebben gezeten. Probeer hem eens te omarmen, geef hem een plek. Wegstoppen heeft geen zin. Hij was ook een goed mens, hij was geen klootzak. Hij heeft dan uiteindelijk iets gedaan waar wij als weldenkende mensen niet bij kunnen, maar hij was geen lul. Hij is je vader, een ongelofelijk belangrijk element van wie jij bent.'

We nemen afscheid. Ik loop langs volle terrassen in de zon en voel me niet schuldig dat ik nu liever naar huis loop dan dat ik in de drukte aan de drank ga. Ik ben gewoon liever thuis en dat ligt niet helemaal aan mij, want thuis was ook het lievelingsplekje van mijn vader. Ik weet dat ik daar na moet gaan denken over wat Reinout me als vaderfiguur allemaal heeft verteld, maar daar heb ik geen zin in. Veel meer zin heb ik in mijn eigen vader die even langskomt en tegen me zegt: 'Laat die Arnie lekker lullen, joh. Je komt er vanzelf wel achter wat je wil en wat je roeping is.'

Dat zou me nu het allerfijnst lijken. En dat-ie dan lekker naast me op de bank ploft.

Niet als vader, maar als iemand van mijn niveau.

Samen op de bank, zoekende zijn.

En het gaan vinden, maar vandaag even niet.

Morgen is al snel genoeg.

3
VI X MMX

Olivier Tuinier

In mijn ene hand heb ik het script waar papiertjes uitsteken, in de andere hand mijn telefoon die me de weg wijst. Ik ben op zoek naar een café in mijn nieuwe buurt. Ik ken Amsterdam nu al bijna tien jaar en de stad heeft nauwelijks nog geheimen voor me, behalve de locaties van kroegen. Ik heb nooit begrepen wat er leuk aan is, naar een café gaan. Aan een bar zitten, bier drinken en naar nikszeggende muziek luisteren die je zachtjes hoort op de achtergrond. Liever ben ik gewoon thuis. Vrienden, jointje, gamen of hiphop luisteren. De navigatie zegt dat ik over de brug rechtsaf moet en dan ben ik er bijna. Op internet staat dat Olivier Tuinier in deze kroeg werkt en dat hij niet meer over vroeger wil praten. Dat hij het heeft afgesloten en met andere dingen bezig is. Er staan nog wel heel veel kinderfoto's en filmpjes van hem op internet. In een paar van die filmpjes zit hij met mijn vader die dan net doet alsof hij zijn vader is. Als kind dacht ik dat ik dat jongetje was uit *De kleine blonde dood*. Ik heb geen broer, dus ik dacht dat ik dat jongetje wel moest zijn. Gisteren heb ik de film opnieuw gezien, voor het eerst sinds mijn vader dood is. Het is de eerste speelfilm waar hij in speelde, mijn moeder vertelde dat hij door die film voor het eerst serieus werd genomen en werd genomineerd als beste acteur voor de belangrijkste filmprijs van het land. In de film is mijn vader nog maar zesentwintig, vijf jaar ouder dan ik nu ben. Ik zie hem schelden, zuipen, snuiven, neuken en masturberen. Totdat hij een kind krijgt en vader wordt. Dan wordt hij lief en zorgzaam, stopt hij met rotzooien en bouwt hij een kinderkamer voor zijn zoontje. Ik zie hoe mijn vader het jongetje de kieteldood geeft, hoe ze knuffelen, lachen, kletsen, pannenkoeken bakken en samen hun tanden poetsen. Die ervaringen heb ik zelf niet met mijn vader. Ik zal het ongetwijfeld wel allemaal met hem hebben gedaan, maar ik herinner het me niet.

Sommige scènes spoelde ik even terug, dan bestudeerde ik goed hoe mijn vader al die dingen deed, in de hoop dat ik me weer herinnerde hoe hij ze bij mij deed, maar dat gebeurde niet. Dus dan is het maar goed dat ik nu een dvd heb waar al die vergeten herinneringen op staan en dat mijn PlayStation die af kan spelen, want ik heb geen idee waar ik tegenwoordig een dvd-speler kan kopen. De film werd gisterochtend bezorgd, ik bestelde hem online voor twaalf euro. Sommige scènes herinnerde ik me nog van vroeger, maar de meeste niet. De film gaf me niet het gevoel dat ik naar een film zat te kijken, maar naar een vader en een zoon die het gewoon heel leuk met elkaar hadden en dat er iemand was die daar een camera op had gezet. Ik moest mezelf vertellen dat het niet echt was. Dat die vader mijn vader was en dat hij Antonie Kamerling heette in plaats van Valentijn Boecke. Dat het zoontje niet zijn zoontje was en Olivier Tuinier heette in plaats van Micky Boecke. Of Merlijn Kamerling. Een paar keer zette ik de film op pauze. Dan ging ik even wat anders doen. Niet dat dat nodig was, maar het was wel nodig om niet te gaan huilen. Daar had ik geen zin in. Het was trouwens niet mijn vader die me bijna liet huilen, maar een woord: 'ventje'. Dat zei mijn vader steeds tegen Olivier Tuinier.

'Mam?' vroeg ik toen ik haar na de film belde. 'Hoe noemde papa mij vroeger?'

'Aapje,' zegt ze. 'Wat vond je van de film?'

'Goed. Mooi. Gekkig,' zeg ik.

'Kom even langs als je tijd hebt,' zegt ze. 'Ik heb hier wat liggen.'

Ik zie de kroeg op de hoek van de straat. Een groot zwart bord hangt boven de deur, in gouden letters staat er *Gs* op. Ik las een artikel over Olivier Tuinier waarin hij in het rijtje Jack Nicholson, Leonardo DiCaprio en Marlon Brando werd geplaatst, omdat hij voor filmkijkers uit de jaren negentig minstens zo belangrijk is geweest. Ik heb niet veel verstand van succes, maar ik snap goed waarom hij zo populair was in die tijd. Het was een knap kind, volgens mij. Zijn ogen staan ver uit elkaar, wat hem schattig maakt. Zijn gezicht is zachtaardig. En hij lijkt me vooral heel slim: elke zin die hij uitspreekt, komt naturel over.

Vlak voordat ik hiernaartoe liep, bladerde ik door het script van *De kleine blonde dood.*

Mijn moeder had het gevonden in een kist, het is het oude script van mijn vader. Het zit vol met plaksels, artikelen, brieven en aantekeningen. Welke kleren hij moest dragen, welke emoties hij moest acteren, hoelang de stiltes tussen woorden moesten duren, hij had het allemaal bedacht en schreef het voor zichzelf op. Het handschrift van mijn vader is kinderlijk en krullerig. En het valt me op dat hij geen hoofdletters gebruikt. Er zitten veel foto's van mijn vader met Olivier Tuinier in. Er zijn recensies in geplakt, blijkbaar heeft mijn vader het ook na de opnames als plakboek bijgehouden.

'Krachtig en integer' wordt de film door het *Algemeen Dagblad* genoemd. In een recensie van een televisiegids worden Olivier Tuinier en mijn vader de twee meest veelbelovende acteurs van Nederland genoemd. Er zit zelfs een Engelstalige recensie bij, *Little Blond Death* heet de film in het buitenland.

'Kamerling's central performance is remarkable,' zegt *Variety*. 'In a physically demanding role, he makes the challenge appear organic.'

Olivier Tuinier wordt 'outstanding' genoemd. Er zitten briefjes in het script waarop mensen schrijven dat ze trots zijn. Eén briefje is van Joop van den Ende, een ander briefje is anoniem. Er staat alleen 'ik hou van jou' onder dat briefje, ik neem aan dat het van mijn moeder is. Volgens mij waren ze toen net bij elkaar. Over twee hele pagina's heeft mijn vader een interview uit *de Volkskrant* geplakt. Op de foto rookt hij een sigaret boven op een stel rotsen aan zee.

'Dat ik in de supermarkt foto's van mezelf tegenkom,' staat eronder, 'beschouw ik als een inbreuk op mijn privacy.'

Het interview gaat vooral over *De kleine blonde dood*, maar ook over dingen die hij niet leuk vindt. Dat hij nog steeds Peter Kelder wordt genoemd. Dat hij daardoor woede-uitbarstingen kan hebben als hij dronken in de kroeg zit en mensen naar hem staren. Dat hij boos is op degenen die zeiden dat hij zo goed was in *Goede tijden, slechte tijden*, terwijl hij dat helemaal niet was. Ik merk dat het ver van mijzelf af staat, die hekel aan de roem. Ik kan hem daarin niet begrijpen, omdat ik niet weet hoe het moet zijn geweest. Ik wil dat ook niet weten, roem is het laatste waar ik behoefte aan heb.

Verderop in het script heeft mijn vader een handgeschreven brief geplakt. Het is er een van hemzelf, dus hij zal hem wel gefaxt hebben naar degene voor wie hij bestemd was.

'Hallo Rob!' schrijft mijn vader met blauwe inkt.

Hij valt in de brief meteen met de deur in huis: 'Robert Swaab is mij op dit moment werkelijk een raadsel!'

Mijn vader klaagt tegen Rob over ene Robert. Het gaat vooral over mijn vaders contract. Op internet toets ik de namen in. Robert Swaab is een belangrijke financiële geldschieter uit de filmindustrie die ook een Amsterdamse bioscoop runt. Rob Houwer is de producent van *De kleine blonde dood*. Ik lees dat hij ook *Soldaat van Oranje* en *Turks fruit* heeft gemaakt met Paul Verhoeven. Best cool dat mijn vader gewoon brieven zit te schrijven aan zo iemand, dat zou ik zelf nooit durven. Mijn vader klaagt dat hij Robert Swaab niet kan bereiken en dat hij niet wordt teruggebeld. Toen hij akkoord ging met *De kleine blonde dood* had hij een bedrag van dertig- à vijfendertigduizend gulden afgesproken, schrijft hij, maar in het ondertekende contract staat ineens twintigduizend gulden. Robert heeft namens mijn vader het contract ondertekend. En hij schrijft dat hij daardoor veel minder betaald krijgt. Mijn vader biedt Rob excuses aan dat hij hem zo laat nog faxt, het is al twee uur 's nachts. En hij schrijft dat hij hoopt dat het goed komt.

'Ik wil nog steeds graag een mooie film maken, jawel, ik heb gezegd! Groeten, Antonie.'

Ik bel mijn moeder op.

'Waarom had papa geen manager die dat soort dingen voor hem regelde?' vraag ik. 'Het is toch raar dat hij dat zelf doet, terwijl hij volgens iedereen zo'n grote ster is?'

'Omdat je vader het zonde van het geld vond,' antwoordt mama.

Ik ben bijna bij het café van Olivier Tuinier, kijken of hij er misschien is.

'O, en Merlijn,' zegt mijn moeder, 'over je vraag van laatst...'

'Ja?' zeg ik.

'Ventje,' zegt ze, 'je vader noemde je ook altijd ventje.'

Ik stap het café binnen. Het is drie uur 's middags, aan tafeltjes langs een groot raam zitten mensen in groepjes van twee te eten en te drinken. Uit de speakers klinkt 'God's Plan' van Drake. Achter de bar staat een man glazen te spoelen. Zijn hoofd is kaal en de armen die uit de korte mouwen van zijn shirt steken, zijn gevuld met tatoeages. Ik ga bij hem aan de bar zitten zodat ik kan vragen of Olivier Tuinier hier regelmatig komt. De man zegt gedag en vraagt wat-ie voor me kan doen. Hij kijkt me maar heel even aan.

'Hoi,' zeg ik tegen het zachtaardige gezicht van de man, 'ik ben Merlijn.'

'Ik ben Olivier,' zegt hij lachend terwijl hij me een natte hand geeft.

'Ik ben de zoon van Antonie Kamerling,' zeg ik.

Olivier Tuinier was tien jaar oud toen *Het zakmes* uitkwam, al speelde hij hierin een jongetje van zes, Mees. Als ik internet mag geloven, kende ieder kind het liedje dat hij in die film zong. Mees zong het omdat hij het zakmes van een vriend nog had terwijl die vriend naar een ander land verhuisde, Flevoland. Hij zorgt er daarom voor dat hij in een grote televisieshow terechtkomt waarin kinderen liedjes mogen zingen. Mees zingt in de camera een lied voor zijn vriend Tom, zodat die weet dat Mees zijn zakmes nog heeft.

Ik ben pas zes.
Tom, ik heb je mes.
Ik sla op mijn trom, ik roep mijn vriend Tom.
Ik heb je geschreven, gezocht in de stad.
Ik heb iets van jou, jij weet wel wat.
Ik zat in de trein, ik stond in de krant.
Ik kon je niet vinden, dit is zo'n groot land.
Waar woon je nu? Bel me toch vlug!
Ik heb iets van jou, dat geef ik je terug.
Waar woon je nu? Bel me toch vlug.
Ik sla op mijn trom mijn stokken haast krom.

Na *Het zakmes* en *De kleine blonde dood* speelde hij in *De tasjesdief*, waarin het tasje van de oma van de hoofdpersoon Alex wordt gestolen. De twee tasjesdieven chanteren Alex en dwingen hem om ook een tasjesdief te worden. Ik heb *Het zakmes* en *De tasjesdief* allebei niet gezien, maar dat ga ik vast nog doen als ik later kinderen heb. Tegen die tijd is Olivier Tuinier ergens in de vijftig.

'Ik kan me er niet zo heel veel van herinneren,' zegt Olivier over de opnames van *De kleine blonde dood*. Hij heeft een fles water, een leeg glas en een cappuccino voor me op de bar gezet. 'Ik kwam bij toeval in de filmwereld terecht, ik ging met een vriendje mee naar een auditie. Daar werd ik gevraagd om ook auditie te doen en sindsdien speelde ik ineens in films. Ik zag het als iets leuks toen, al snapte ik er niet veel van. Ik beschouwde het als iets wat een kind kan doen: het ene zit op voetbal, het andere speelt in films. Pas nu, achteraf, ben ik me ervan bewust dat ik me in een wereld van volwassenen begaf. Terwijl andere kinderen met hun leeftijdsgenootjes voetbalden, stond ik op een filmset met volwassen mensen die professioneel acteur of filmmaker waren.'

Ik vertel Olivier dat ik vroeger dacht dat ik hem was, maar dat ik uiteindelijk wel doorhad dat ik hem toch niet was, want Micky ging dood aan het einde van de film en ik leefde nog. Olivier glimlacht.

Zijn gezicht is nog precies hetzelfde als dat van het jonge jongetje, alleen heeft hij nu een baard en is zijn hoofd kaal.

'Je vader en ik konden goed met elkaar opschieten, weet ik nog. Hij nam ook de tijd om me te leren kennen. Voordat de opnames begonnen, ging hij leuke dingen met me doen om een band met me op te bouwen. Of er in ieder geval voor te zorgen dat ik me vertrouwd bij hem voelde. Maar dat voelde ik me meteen. Hij was als een soort grote stoere broer voor me.'

'Niet als een vaderfiguur?' vraag ik.

Hij denkt even na. Een blond meisje heeft zijn plek achter de bar overgenomen, we zitten nu samen aan een grote ronde tafel achter in zijn zaak. Het voelt gek om met hem te praten, omdat ik hem gisteren nog heb gezien. Zevenendertig is hij nu, in mijn beleving is hij dus in één dag ruim vijfentwintig jaar ouder geworden.

'Nee, geen vaderfiguur,' zegt hij. 'Misschien omdat we ook niet zo heel veel scheelden qua leeftijd. Vijftien jaar. Dat is niet een veelvoorkomend leeftijdsverschil tussen vader en zoon. Er hing een behoorlijk gedoe rond die film, weet ik nog. Boudewijn Büch, de schrijver van het boek, kwam vaak langs op de set en de producent, Rob Houwer, ook. Het moest een groot ding worden, dat voelde je aan alles. Waarschijnlijk dat daarom ook je vader werd gecast, want dat was toen een heel grote ster. Mijn moeder en mijn zus keken destijds naar *Goede tijden, slechte tijden* en die vonden het heel gaaf dat hij mijn vader ging spelen. Toen merkte ik wel dat dit echt bijzonder zou worden.'

'Weet je jullie eerste ontmoeting nog?'

'Nee, niet echt. Ik weet nog wel dat ik van jouw vader heb geleerd wat koffie verkeerd is. Hij had me meegenomen naar Artis en we gingen daarna op een terras ertegenover zitten. "Een koffie verkeerd," zei hij tegen de ober. "Een wattes?" vroeg ik. Hij legde me uit dat dat een beetje koffie is met heel veel warme melk. Nu maak ik die hier dagelijks.'

Ik vertel Olivier dat ik niet graag naar de kroeg ga, maar hier is de sfeer relaxed. En er wordt hiphop gedraaid.

'Ja, dat vind ik ook!' zegt Olivier. 'Ik vind het gewoon raar dat ik die muziek nooit hoor in cafés, terwijl heel veel mensen ernaar luisteren. Dat vond ik dus wel een leuk idee. Maar verder ben ik er nog druk mee bezig, hoor. Bouwen, inrichten. We hebben dit café in De Pijp en we hebben ook een vestiging van Gs in de Jordaan.'

Ik hoor nu pas hoe ik het uit moet spreken: *djiez*.

'Maar ik vind het lastig om over je vader te praten, merk ik,' zegt hij. 'Hij was tijdens het maken van die film met zijn grotemensending bezig, ik was een kind met wie hij te dealen had. Misschien vond hij me wel heel irritant. Dat weet ik niet, dat heb ik hem nooit gevraagd. Terwijl hij aan het werk was, had ik een soort kleuterjuf die tussen de opnames door spelletjes met me speelde. Jij hebt hier het script van je vader liggen en dat heb ik ook nog ergens thuis in een doos. Ik heb zelfs de gympies nog die ik droeg in de film. Maar waar je vader zijn scènes zat te studeren, las ik het script nauwelijks. Ik hoorde voordat we begonnen wat ik moest zeggen, wat hij zou gaan zeggen en hoe ik daar dan op moest reageren. Dat deed ik dan en dat ging prima. Ik kan me één dag nog heel goed herinneren, hij was jarig en hij trakteerde. Aardbeientaartjes en dat soort dingen, maar er werd ook een prijs uitgereikt. Ik weet niet meer waarvoor of aan wie, maar de prijs zie ik nog zo voor me: een heel grote gouden dildo op een stok. Daar snapte ik toen geen reet van, maar nu natuurlijk wel. Er was elke dag lol op de set.'

'Ik vond je ontzettend goed.'

'Ja, dat schijnt. Ik weet het niet. Ik deed maar gewoon wat, ik had geen idee. Soms bemoeide ik me wel met de tekst. Als ik iets moest zeggen wat ik nooit zou zeggen, dan gaf ik dat aan. Dat vonden ze goed, waardoor ik mijn eigen taaltje mocht spreken.'

'Waarom ben je gestopt met acteren?'

'Omdat het me niet gelukkig maakte,' zegt hij gelijk. 'Het maakte me vooral anders dan andere kinderen. Ik had al films gemaakt voor de puberteit, terwijl je in je kindertijd hele andere dingen "hoort" te doen. Op de middelbare school werd ik erop aangekeken. Ik was dat jongetje uit die films, niet gewoon Olivier. Ze pestten me erom. En als ik van school naar huis liep, werd ik aan het einde van de straat opgewacht.'

'Heb je nooit spijt gehad dat je bent gestopt?'

'Nee. Wel dat ik al zo vroeg begonnen ben. Misschien is acteren wel mijn roeping, dat weet ik niet, maar ik ben er echt te vroeg mee begonnen. Het paste blijkbaar vooral bij het kind dat ik was, maar dat kind ben ik nu niet meer. Ik heb ook nooit een film teruggekeken. Ik schaam me ervoor, zoals iedereen zich schaamt als hij oude opnames van zichzelf terugziet. Als ik bij mijn familie thuis ben en een neefje zet *Het zakmes* op, dan kan ik er amper naar kijken. Gek hè?'

'Het klinkt alsof het je niets heeft gebracht. In je jeugd niet en erna niet.'

'Dat zie ik ook zo. Nou ja, toen ik volwassen werd, heb ik van het geld draaitafels gekocht. Waardoor ik kon beginnen met plaatjes draaien en muziek kon gaan maken als dj. Dat was een fijne bijkomstigheid.'

'Heb je na de opnames nog wel contact gehouden met mijn vader?'

'Niet echt, we kwamen niet bij elkaar thuis als je dat bedoelt. Het leeftijdsverschil is dan toch net te groot. Ik ben nog wel eens naar een toneelstuk van hem geweest in de Oude Kerk, daar had hij me voor uitgenodigd en mijn moeder ging mee. Maar ook van dat toneelstuk snapte ik niet veel. *Mijn bloed in jouw aderen* heette het. Hij speelde erin met Marc-Marie Huijbregts en Isa Hoes. O, dat is jouw moeder natuurlijk.'

Olivier wordt geroepen, en hij verdwijnt weer achter de bar. Ik pak mijn telefoon en toets *Mijn bloed in jouw aderen* in. Het enige zoekresultaat is een oude zwart-witvideo van vier minuten op YouTube. Een stem vertelt dat het toneelstuk een waargebeurd verhaal is over een echtpaar dat na het lezen van een boek moorden begint te plegen. Mijn vader vertelt in de video dat hij aanvankelijk niet in het toneelstuk wilde spelen, omdat hij het te zwartgallig vond. Hij zegt dat hij liever naïef blijft dan dat hij moet inzien dat de wereld niet zo'n leuke plek is en dat mensen niet altijd aardig zijn voor elkaar. Hij koos er uiteindelijk voor om toch aan het toneelstuk mee te doen om met die naïviteit af te rekenen. Er schieten meteen tientallen gedachtes door mijn hoofd. Wat zou er zijn gebeurd als mijn vader naïef was gebleven? Was het leven dan minder zwaar geweest?

Olivier ploft naast me neer op de bank. Ik leg mijn telefoon weer weg.

'Ik heb gisteravond naar jullie film gekeken,' zeg ik.

'O ja? Ik heb hem al zeker twintig jaar niet meer gezien. Wat vond je ervan?'

'Ik vond jou heel leuk met mijn vader. Alsof jullie niet aan het acteren waren, maar gewoon lol met elkaar hadden. Ook in die scène op de kermis.'

'De kermis! Ja, dat weet ik nog,' zegt Olivier.

Het valt me op hoeveel herinneringen hij nog heeft aan mijn vader. Hij was elf toen hij die film met hem maakte en ik was elf toen mijn vader overleed. Toch lijkt het alsof hij zich meer van hem kan herinneren dan ik.

'Dat vond ik doodeng in die kermisattractie. En daar moesten we heel lang in voor het shot, want de hele aftiteling moest eroverheen, zei de regisseur. Als je tussen de lettertjes door kijkt, zie je dat ik niet lekker werd. Maar je vader hield me gelukkig heel goed vast.'

'Wat ik gek vind,' zeg ik, 'is dat het jullie heel veel heeft gebracht – jullie werden met z'n tweetjes de hemel in geschreven door de pers, zelfs in het buitenland – maar jullie werden er allebei niet gelukkig van. De een wil er niet meer aan herinnerd worden en de ander wilde zelfs niet meer leven.'

'Klopt,' zegt Olivier en hij roert in zijn koffie. 'Maar film is ook een gek medium. Je wordt bij elkaar gezet en men verwacht dat je het dan heel leuk hebt samen en iets heel moois neer gaat zetten. Waardoor je in een raar soort vacuüm belandt. Vervolgens roept iedereen hoe fantastisch je bent en dan is het voorbij. Dan ga je naar huis en hoef je je ineens niet meer te melden. Dan moet je weer je best gaan doen om nog zo'n klus te krijgen, maar soms zijn die er gewoon niet. De een belandt op de bank, de ander gaat direct weer verder. Tijd om af te spreken is er niet, waardoor die opgebouwde band toch anders blijkt te zijn. Daar moet je tegen kunnen. Ik kan me voorstellen dat het voor je vader heel zwaar is geweest. Hij kampte al met van alles en dan moet je ook nog zien te overleven in zo'n rare wereld. Een oppervlakkige wereld. Waarin het moeilijk is om iets wezenlijks op te bouwen met andere mensen.'

Ik heb bewondering voor de manier waarop Olivier de dingen benoemt. Ik zou willen dat mijn vader wat meer zijn best had gedaan om het contact met hem te onderhouden. Dan had hij een leuk jonger broertje gehad en ik een coole oudere broer met wie ik goed kon praten. Maar misschien was mijn vader wel net zo onzeker als Olivier. Waar Olivier zich een irritant kind voelde naast mijn vader, voelde mijn vader zich misschien wel een saaie ouwe lul naast hem. Terwijl ze nu misschien de beste vrienden hadden kunnen zijn.

'Dat je vader was overleden, hoorde ik op het nieuws. Kranten en televisieprogramma's belden me op, maar ik heb daar niks mee gedaan. Ik wist niet goed wat ik dan moest zeggen. Ik weet nog wel dat ik van slag was. Hij leek zo vrolijk en gelukkig, ik snapte het niet goed.'

Ik weet niet wat ik nu moet zeggen.

'Was je eigenlijk echt blond?' vraag ik terwijl ik naar zijn kale hoofd kijk.

'Rossig,' zegt hij, 'mijn haar werd blond geverfd. Dat vond ik superkut.'

Het blonde meisje vraagt of we nog iets willen drinken. Ik wil een koffie verkeerd bestellen, maar doe het niet. We nemen allebei een cappuccino.

'Doe je nog iets bijzonders op de sterfdag van je vader?' vraagt hij.

'Nee, eigenlijk nooit,' zeg ik en ik trek mijn mouw omhoog. 'Maar ik heb de datum op mijn pols laten tatoeëren.'

VI X MMX, staat er.

Olivier trekt de rechtermouw van zijn shirt omhoog. Er staat een tattoo van een berg op. 'Mijn vader is overleden in de bergen van Nepal.'

'Hoelang geleden?' vraag ik.

'Ook zoiets als jouw vader. Iets langer. Elf, twaalf jaar geleden. Hartaanval. Ik sprak hem niet tijdens die periode. Dat klinkt misschien alsof hij me niet interesseerde, of als iets passiefs. Maar voor mij was de periode waarin ik geen contact had, juist heel actief. Ik was heel bewust bezig met de vraag waarom ik geen contact wilde en ik moest ook veel moeite doen om dat vol te houden. Het vergt heel veel energie. Toen mijn vader overleed, kon ik aanvankelijk geen verdriet toelaten. Ik heb niet gerouwd, ik wilde er niet mee bezig zijn. Totdat ik dat wel wilde. Zo simpel kan het soms zijn, hè? Toen ben ik ernaartoe gegaan, naar die plek in Nepal. Ik dacht dat ik heel veel zou voelen daar, maar dat viel tegen. Je probeert het wel, maar daarna loop je toch maar weer door.'

'Ik heb het verdriet om mijn vader ook niet toegelaten,' zeg ik. 'Toen niet.'

'Wat daar klote aan is,' zegt Olivier, 'is dat op het moment dat jij er klaar voor bent om het verdriet te voelen, andere mensen er al aan gewend zijn dat hij dood is. Waardoor je er alleen voor staat, omdat iedereen al verder is. Ik begrijp dat jij dat proces nu aangaat, anders was je hier niet.'

'Wat voor werk deed je vader?' vraag ik.

'Hij was arts.'

'Heb je hem dingen kwalijk genomen nadat hij was overleden?'

'Ja. Zoveel.'

'Dat deed ik ook. Ik nam hem kwalijk dat ik hem de laatste jaren van zijn leven niet heb gezien. Toen stond hij op het toneel. Als ik 's morgens naar school ging, sliep hij nog. Als ik thuiskwam, was hij alweer weg.'

'Hem dingen kwalijk nemen heeft geen zin, denk ik,' zegt Olivier. 'Dat heb ik zelf ook gedaan, maar ik bereikte daar niks mee. Heel veel vaders wordt kwalijk genomen dat ze er niet zijn door hun werk. Tegenwoordig misschien minder dan vroeger, omdat vaders nu meer thuis willen zijn voor de kinderen.'

'Het stomme is dat ik hem ook dingen kwalijk nam als hij wel thuis was. Omdat hij dan geen normale vader was, ik vond hem raar.'

'Wat bedoel je met raar?'

Ik vertel Olivier over een scène in *De kleine blonde dood*. Voor hem blijkt die scène een leuke herinnering. In de film is Micky jarig, maar er komt niemand op zijn verjaardagsfeestje. Daarom moest Olivier heel sip kijken van de regisseur. Op de set werd het liedje 'It's My Party' gedraaid – *It's my party and I cry if I want to* – zodat Olivier het een beetje zou snappen. De reden dat er niemand op het feestje kwam, was omdat Valentijn, mijn vader, raar deed op het schoolplein.

'Hallo!' riep hij. 'Mag ik even jullie aandacht? Micky hier geeft morgen zijn verjaardagsfeestje en alle kindertjes zijn uitgenodigd. Het wordt een discofeest, het begint om twee uur en het duurt tot in de kleine uurtjes. Alles is er: cola, chips. Alleen de condooms moeten de kinderen zelf meenemen.'

In de film zette mijn vader zijn filmzoontje dus net zo voor paal als hij later bij mij deed.

'Zo extravagant was je vader toch niet in het echt?'

'Erger nog,' zeg ik, maar ik heb geen zin om Olivier over de badjas en het zingen en de blote voeten op het schoolplein te vertellen. Het voelt als roddelen en we kennen elkaar nog maar net.

'Heeft je vader een graf?' vraag ik.

'Ja, op De Nieuwe Ooster in Amsterdam. Eens per jaar vieren ze daar een klein feestje. Dan zijn er lampjes en is er livemuziek. Het is dan wel heel bijzonder om daar met je vader te zijn. Waar ligt jouw vader begraven?'

'Zorgvlied. Maar ik ga er nooit heen.'

'Waarom niet?'

'Omdat ik wel wat leukers te doen heb dan naar een graf gaan.'

'Dat is ook niet leuk. Vorige week moest ik naar de Intratuin, dat ligt naast De Nieuwe Ooster. Nu vind ik de Intratuin minstens zo verschrikkelijk, maar ik dacht toch in eerste instantie: ik combineer het even. Maar ik kon me er uiteindelijk niet toe zetten.'

'Ik geloof dat ik al acht jaar niet ben geweest,' zeg ik.

'Zo lang heeft het bij mij ook geduurd, maar nu ben ik blij dat ik er toch af en toe naartoe ga. Ik kan je dat echt adviseren, ik voel me meer verbonden met hem sinds ik hem ben gaan bezoeken. Mijn moeder ligt zo'n honderd meter van zijn graf begraven, ook door een hartaanval. Ik heb haar op mijn andere arm staan.'

Hij draait zijn linkerarm open. In sierlijke letters staat het woord 'Mama' op de binnenkant van zijn onderarm getatoeëerd.

'Zij heeft die tatoeage nog gezien en vond het verschrikkelijk omdat ze het zonde van mijn lijf vond, maar ze was stiekem toch heel trots.'

Ik laat Olivier mijn tatoeages zien. Een grote tijger op mijn linkerarm, vlak naast de sterfdatum van mijn vader, en een grote vlinder voor mijn zusje. Hij vindt ze mooi en wil weten waar ik ze heb laten zetten, want hij wil er nog meer.

'Mijn armen zijn een beetje een ratjetoe,' zegt hij. 'Hier heb ik een briefje van tien gulden staan, dat vond ik gewoon leuk. En aan de andere kant het logo van een Rolex, omdat ik die toen nooit had kunnen betalen. En hier staat Marije, de naam van mijn vriendin. Die laat ik voor altijd staan, wat er ook gebeurt. We hebben samen een zoontje van anderhalf, Benjamin. En dit is een tatoeage van een koffiepotje, omdat ik voor mijn werk veel koffie heb gezet.'

'Doe je helemaal niks meer met muziek?' vraag ik.

'Nauwelijks,' zegt hij. 'Toch ook een oppervlakkige wereld. Als ik in een club aan het draaien ben, is het altijd feest. Omdat dat hoort. Stel dat ik me niet zo goed voel en tientallen mensen vragen: "Hé, hoe is het?" Denk je dat het dan oké is om te zeggen: "Nou, eigenlijk niet zo goed"? Natuurlijk niet. De oppervlakkigheid overheerst, nog eens versterkt door drugs. En met drugs heb ik al helemaal niks. Horeca deed ik er altijd naast. Toen ik studeerde en toen ik probeerde een carrière op te bouwen. De horeca is uiteindelijk gebleven, waardoor ik nu hier zit.'

'Je was acteur en je was dj,' zeg ik. 'Vind je dit dan echt leuk?'

'Leuk? Ja, het is leuk. Het is niet wat ik altijd gewild heb, maar het is iets wat ik kan, waar ik voldoening uit haal. Maar het is nooit mijn ambitie geweest of zo. Wat doe jij dan nu?'

'Niet veel,' zeg ik. 'Of niks eigenlijk. Maar ik wil wel graag. Ik heb steeds het gevoel dat ik er vlakbij ben, ik weet alleen nog niet wat het is.'

'Ik was ook altijd aan het zoeken naar wie ik was en wat ik wilde worden. Totdat ik een kind kreeg. Toen Benjamin er was, deed het er allemaal niet zoveel meer toe. Ik ging gewoon dingen doen waar ik geld mee kon verdienen. Ik draaide toen elke maand plaatjes in een hotel. Dat is niet leuk hoor, plaatjes draaien in een hotel. Maar het was elke maand tweehonderdvijftig euro. Dat is mooi meegenomen als je een kind hebt. Een van mijn compagnons van dit café, Pepijn Lanen van De Jeugd van Tegenwoordig, zei ooit: "Je moet doen waar je goed in bent, je dromen zijn vooral je dromen." En zo denk ik er ook over. Het is goed dat je denkt dat er altijd nog iets fantastisch op je pad zal komen, hou daar vooral aan vast. Maar het leven gaat ondertussen wel gewoon door. Dus ga doen waar je goed in bent en ga niet zitten wachten tot je dromen uitkomen, want het leven is veel te kort. Dat hebben jij en ik allebei wel gemerkt.'

Als ik links afsla en de brug op loop, neem ik me voor mijn vrienden mee te nemen naar de kroeg van Olivier. In mijn hoofd repeteer ik hoe ik ze aan elkaar voor zal stellen.

'Dit is Olivier,' zal ik dan zeggen, 'hij was in een heel coole film de zoon van mijn vader, waardoor hij een beetje mijn broer is.'

4
Nee zeggen kan altijd

Peter Paul Muller

Mijn vader staat als derde van links op de foto, zijn naam staat boven zijn hoofd. De poster hangt boven de eettafel in het huis waar ik nu twee jaar woon. Mijn vader heeft zijn arm om Peter Paul Muller heen. De andere acteurs van *All Stars* staan ook op de poster, allemaal op een kluitje. Daniel Boissevain, Thomas Acda, Danny de Munk, Raymi Sambo en Kasper van Kooten, ze dragen allemaal witte shorts en lichtblauwe voetbalshirts. Toen de foto werd gemaakt, waren papa en Peter Paul nog collega's. Toen ik de film voor het eerst zag als kind, was Peter Paul inmiddels mijn oom, dus ik snapte er niks van. In de film was mijn vader verliefd op een blonde vrouw en mijn moeder had verkering met Peter Paul. Bijna niemand weet dat Peter Paul Muller mijn oom is trouwens. Hij is met mijn tante Anique, de zus van mijn vader. Maar hoe die elkaar hebben ontmoet, weet ik niet. Ik weet eigenlijk niets van hem, ik kan me niet herinneren dat ik ooit een gesprek met hem heb gevoerd. Meestal is-ie er niet bij op familiebijeenkomsten en wanneer hij er dan toch is, is-ie snel weer vertrokken. Als ik zijn naam intoets op Google kom ik ook niet veel te weten. Hij speelt vooral in films die ik niet heb gezien. *De dominee*, waarin hij gangster Klaas Bruinsma speelt, en *Bram Fischer*, daarin is hij de advocaat van Nelson Mandela. Voor die film heeft hij een Gouden Kalf gewonnen, lees ik, net als voor zijn rol van Martin Morero in de film van *Gooische vrouwen*. Mijn vader was ook genomineerd voor een Gouden Kalf voor *De kleine blonde dood*, maar won hem niet. In een artikel staat dat Peter Paul de prijs de eerste keer niet is komen ophalen, omdat hij niet in prijzen gelooft. Zijn Gouden Kalf ging toen naar de kinderafdeling van een ziekenhuis. De tweede keer was hij er wel, maar gaf hij zijn Gouden Kalf ook weg, aan de regisseur van de film dit keer. Ik probeer meer over hem te weten te komen, misschien dat hij in een interview iets over mijn vader vertelt, maar ik kom erachter dat hij nauwelijks interviews geeft. Ik zou hem wel willen spreken, realiseer ik me. Niet alleen omdat hij mijn oom is en ik zijn neef, maar ook omdat hij mijn vader op zoveel verschillende manieren heeft gekend. Eerst als collega, daarna misschien als vriend en vervolgens als familie nota bene, de broer van zijn vrouw, de oom van zijn kinderen. Hij heeft met mijn tante een tweeling gekregen, een jongen en een meisje, die zijn een paar jaar jonger dan ik. Waarschijnlijk kan de tweeling zich mijn vader al niet meer herinneren, ook omdat mijn vader vaak wegbleef bij familiedingen. Papa hield er niet van en Peter Paul waarschijnlijk ook niet. Dat zou kunnen betekenen dat ze heel erg op elkaar lijken of elkaar nauwelijks hebben gekend. Dat laatste kan ik me amper voorstellen.

Ik toets in mijn telefoon de eerste letters van zijn naam in, maar er komt niks naar boven. Ik heb zijn telefoonnummer niet eens, als enige van al mijn familieleden, zo goed is ons contact dus. Ik besef steeds meer dat ik geen idee heb wie hij is, terwijl we onderdeel zijn van dezelfde familie. Ik app mijn tante.

'Hi Anique! Ik schrijf een boek over mijn vader. Omdat ik me de afgelopen jaren zo heb afgesloten voor alles wat met hem te maken heeft, denk ik dat het inmiddels wel eens tijd wordt om me in hem te verdiepen. Denk je dat Peter Paul met me zou willen kletsen? Het lijkt mij heel leuk, ik hoop dat hij dat ook vindt. Zou je het hem willen vragen? Dank je wel en tot snel! X'

Een paar uur later krijg ik een berichtje van Anique, ze schrijft dat hij dat goed vindt en geeft me zijn nummer. Ik sla het op als 'PP Anique' en app hem meteen.

'Hoi Peter Paul! Zoals je waarschijnlijk al van Anique hebt gehoord, zou ik heel graag een keer met je willen afspreken om te praten over *All Stars* en over mijn vader. Heb jij binnenkort tijd en zin? Hoor graag van je! Merlijn'

Een paar uur later appt hij terug.

'Hoi Merlijn. Tuurlijk wil ik dat!! Laat maar weten wanneer je iets wil afspreken.'

Zijn enthousiasme verbaast me. Ik merk dat ik dat leuk vind en ik word gelijk een beetje nerveus. Wil ik eigenlijk wel weten waarom Peter Paul nooit meekomt naar verjaardagen? En gaat hij me dingen over mijn familie vertellen die ik liever niet wil horen?

We spreken af op een zondagmiddag in Wildschut, een café dat precies tussen onze huizen in ligt. Voor ik ga kijk ik *All Stars*. De film loopt goed af voor Peter Paul en mijn moeder: in de film trouwen ze en krijgen ze een kind. Mijn vader vist achter het net: de vrouw die hij leuk vindt, blijkt de vriendin van zijn vader te zijn. Het valt me op dat papa steeds mannen speelt die een slechte band hebben met hun vader. In *GTST* wordt hij door zijn vader in elkaar geslagen, in *De kleine blonde dood* is zijn vader een doorgedraaide NSB'er die hem de huid vol scheldt en in *All Stars* is het contact tussen hem en zijn vader verbroken. Het lijkt wel of mijn vader de rollen erop uitkoos.

Peter Paul zit aan een tafel naast een raam. Ik loop naar hem toe en geef hem een hand. 'Je bent te laat,' zegt hij.

'Sorry,' reageer ik, 'ik vergat de tijd door die leuke film van jullie.'

Ik ga zitten en merk dat een serveerster met me mee is gelopen, ze staat vlak achter me. Ze vraagt wat we willen drinken en houdt haar blik onafgebroken op het gezicht van mijn oom, terwijl ze toch echt van mijn leeftijd lijkt te zijn. Ach ja, bedenk ik dan, ze ziet natuurlijk Peter Paul Muller, de bekende acteur.

'Mijn vrienden geloven niet dat Martin Morero mijn oom is,' vertel ik. 'Laatst zaten ze de hele avond om je te lachen voor de televisie en toen vertelde ik het. Ik moest toen bewijzen dat ik jou echt kende, maar dat kon ik niet. Ik denk dat heel veel mensen niet weten dat jij met mijn tante bent.'

'Dat zou kunnen, maar die mensen ken ik ook niet,' antwoordt hij met een trage stem terwijl hij ons kroegtafeltje bestudeert. 'Het gaat namelijk niemand wat aan met wie ik getrouwd ben. Als ik een interview geef, dan wil ik over de film praten en niet over mezelf of over de mensen om me heen. Die discussie voerde ik vaak met producenten. Dat ik in hun film meespeel, betekent niet dat ik voor elke camera plaats hoef te nemen om te vertellen wat je thuis doet of waar je poept. Flikker op. Nu weet iedereen dat inmiddels wel volgens mij, dat als je mij kiest, je niet kiest voor een mediacircus. Zo heb ik het altijd gewild.'

'Hoelang ben je al met Anique?'

'Sinds 2000, drie jaar na *All Stars*. Zij werkte daar op de set, ze deed productie. Zo leerde ik haar kennen.'

'Was het liefde op het eerste gezicht?'

'Er was interesse op het eerste gezicht. Zij was toen nog met iemand anders en ik ook, dus we waren allebei niet op zoek. Het duurde nog even.'

'En toen leerde je ook mijn vader en moeder kennen?'

'Isa zat bij mij in de klas op de toneelschool, dus die ken ik al sinds 1986. Of '87. Ruim dertig jaar. We waren jong toen, heel jong.'

'En toen zat je ineens met haar aan tafel met kerst, als nieuw lid van haar schoonfamilie.'

'Dat was wel even gek, ja. Ik zag me met Isa nog zo in de eerste klas zitten en aan de bar hangen met veel te veel drank op. En zo bekeek Isa mij ook tijdens dat eerste kerstdiner bij de familie Kamerling. *Huh? Zijn wij nu ineens bij dezelfde familie? Samen in een familie? Zijn wij nu familie?*'

'Toen ik *All Stars* voor het eerst zag als kind – mijn vader leefde toen nog – vond ik het allemaal vrij verwarrend, weet ik nog.'

'Dat ik in die film met je moeder ging?'

'Vond je dat zelf niet raar?'

'Geen moment. Kijk, op de toneelschool speel je scènes met tien verschillende mensen. En of je nou een vrouw speelt of een man of allebei een man of allebei een vrouw, dat maakt niets uit. Je schakelt jezelf uit, dus het maakt niet uit wie er tegenover je staat of wat je met diegene doet. Dat staat los van jezelf.'

'Dus om mijn moeder te zoenen terwijl mijn vader verderop staat...'

'Daar ben ik dan totaal niet mee bezig. Echt niet.'

Er lijkt een stukje romantiek weg te vallen. Een soort lol die ik me altijd voorstelde, geintjes onderling tussen papa en Peter Paul omdat de een aan de vrouw van de ander zat.

'In mijn woonkamer hangt de filmposter van *All Stars*. Daarop hebben jij en papa jullie armen om elkaar heen. Was dat uit vriendschap of alleen voor de foto?'

Peter Paul begint een beetje te lachen, alsof ik er niks van snap. En dat is natuurlijk ook zo.

'Voor de foto natuurlijk,' zegt hij. Hij lacht nog een keer. 'Het is hetzelfde als wanneer mensen vragen of ze met me op de foto mogen. Dan sla ik een arm om die persoon heen en die maakt dan een selfie. Daarna loop ik weer door.'

'Omdat het moet?'

'Nee, niet omdat het moet. Maar er zit niet zoveel achter. Kijk, die poster die jij in je kamer hebt hangen, is geregisseerd. Daar is heel lang over nagedacht: wat moet zo'n foto uitstralen? Nou, het eerste wat het uit moet stralen, is dat het allemaal vrienden zijn. Door dik en dun en voor het leven. Vriendschap verbindt dat elftal en houdt ze bij elkaar, daar gaat die film over. Dat moet je niet persoonlijk zien.'

'Oké,' zeg ik.

De serveerster zet twee koppen koffie voor ons neer. Ze knikt naar Peter Paul, maar die heeft dat niet door. Ik kijk het meisje aan, maar dat ziet ze niet.

'Maar de sfeer op de set was op zich goed, hoor,' zegt hij.

'Als collega's? Niet meer dan dat?'

Ik hoor zelf de hoop die in de vraag schuilt. Hij denkt lang na en gebruikt een lange 'ehm'.

'Uiteindelijk,' zegt hij, 'heb ik er inderdaad alleen collega's aan overgehouden. Ten tijde van het draaien gingen we natuurlijk wel vriendschappelijk met elkaar om. En toen *All Stars* voorbij was, probeerden we wel contact te houden. Maar dat lukt dan toch niet.'

Als ik een enorme fan van *All Stars* was geweest, had ik dit superinteressante informatie gevonden. Maar ik ken die groep mannen helemaal niet. Ik wil eigenlijk alleen weten hoe mijn vader is geweest. Hoe het was om met hem te werken, te praten, hem uiteindelijk als broer te krijgen.

Ik schraap mijn keel. 'Waren jullie vrienden? Jij en papa?'

'Nee,' antwoordt hij meteen, 'zeker niet. Geen vrienden.'

Hij schrikt zelf van zijn antwoord. Hij werpt een blik in zijn lege koffiekopje en begint heen en weer te wippen op zijn stoel. Op de achterste poten, zoals ik dat vroeger ook deed in de klas.

'Maar Antonie,' zegt hij. 'Ik denk dat Antonie met niemand vrienden was, eerlijk gezegd. Ik heb erover nagedacht toen je me appte, toen je schreef dat je over Antonie wilde praten. Ik dacht: wat weet ik nou van Antonie? Helemaal niks.'

Er valt een stilte. Voor het eerst probeert Peter Paul oogcontact met de serveerster te krijgen, maar ze staat met haar rug naar ons toe. Waarschijnlijk heeft ze de hoop op een beetje aandacht van Martin Morero al opgegeven, waardoor wij de hoop op een tweede kopje koffie kunnen laten varen.

'Antonie was altijd te laat. Steevast. Iedereen moest op hem wachten. En was hij er eindelijk, dan was hij ook gelijk heel erg aanwezig of juist helemaal niet. Zat hij met zijn hoofd totaal ergens anders.'

'En de eerste indruk die je van hem had? Weet je dat nog?'

'Dat weet ik nog, ja, via de telefoon. Ik belde met je moeder. Gewoon vriendschappelijk, omdat we altijd contact hebben gehouden na de toneelschool. Beetje bijkletsen. Ik hoorde Antonie op de achtergrond, hij was een beetje mee aan het lullen met ons gesprek. Het ging over *All Stars*, omdat we daar alle drie in mee zouden spelen. Ik hoorde Antonie roepen: "Vraag even wat hij verdient aan die film." Dus ik zeg: "Hoezo? Vertel jij dan ook wat jij verdient?" "Ja!" riep-ie. Dus ik zeg het bedrag. "Wat verdient hij dan?" vraag ik aan Isa. "Dat zegt hij niet," antwoordt ze. Toen dacht ik: oké, zo'n gast.'

Ik moet hard lachen. 'Zo'n gast dus,' lach ik.

'Ja,' zegt Peter Paul, 'zo'n gast dus. Ik wist: die is niet te vertrouwen. Dat is me wel altijd bijgebleven.'

Niet te vertrouwen. Ik schrik van die woorden en wil het voor mijn vader opnemen. Heel snel probeer ik de boel in perspectief te krijgen. Mijn vader die mijn moeder hoort bellen met een vriend, hij weet dat ze in dezelfde film gaan spelen. Hij vraagt wat die vriend gaat verdienen. Die vraag vind ik logisch. Als ik een baantje heb in een koffiehuis of een pizzatent wil ik ook weten of ik net zoveel verdien als de jongen die naast me staat. De vraag snap ik dus, maar de reactie niet. Waarom trok mijn vader ineens zijn belofte in? Waarom biechtte hij zelf niet ook op wat hij ging verdienen? Omdat het veel minder was? Dat lijkt me niet, want mijn vader speelde de hoofdrol. Dus moet het meer zijn geweest. Veel meer? Misschien. Hij speelde de hoofdrol en hij had al meerdere films gedaan. *De kleine blonde dood*, *Suite 16*. Peter Paul begon net, niemand kende hem toen hij in *All Stars* ging spelen. Zou mijn vader het dan gênant hebben gevonden om zijn salaris te vertellen? Had hij dat toch moeten doen omdat hij het had beloofd? Of had hij moeten liegen en een lager bedrag moeten noemen? Dat laatste moet je nooit doen. Mijn vader heeft me niet veel kunnen leren, maar ik weet wel dat je nooit mag liegen.

'Kwam dat niet doordat hij meer verdiende?' vraag ik. 'Of minder?'

'Dat maakt niet uit. Vertel ik het, dan vertel jij het ook. Ik wist toen al: dit is niet iemand die ik op ga zoeken. Maar dat hoeft ook helemaal niet, want dat deed hij zelf ook niet. Zo was hij niet.'

'Vond je hem een goede acteur?'

Hij zwijgt en kijkt weer in zijn lege kopje. De zon staat op het raam en we hebben dorst. 'Dat vind ik moeilijk,' zegt-ie. 'Wat is een goede acteur? Ik vind René van 't Hof erg goed. Maar het is naast een kwestie van kwaliteit ook een kwestie van smaak. Dus ik zou het eigenlijk niet weten.'

'Je hebt twee keer een Gouden Kalf gewonnen, dan lijk je me haast een expert,' zeg ik.

'Ik heb er niet echt een mening over. Je moet gewoon een scène met iemand doen en dat probeer je allebei zo goed mogelijk te doen. Of je nou een slechte of een goede acteur bent, daar kunnen de leukste scènes uit ontstaan. Ik heb met Linda de Mol gespeeld in *Gooische vrouwen* en dat is ook niet echt een actrice. Toch was het heel leuk en als ik scènes terugzie, denk ik: hartstikke leuk. Daar gaat het om. Je hoeft niet fantastisch te kunnen acteren om geloofwaardig of grappig te zijn, daar hoef je niet een briljant acteur voor te zijn. *All Stars* ging niet over heel goed acteren, het ging over het gevoel dat het opriep: een groep vrienden die heel graag wilde voetballen, ook al waren ze knudde.'

'Maar een persoonlijke connectie hadden jullie dus niet?' vraag ik.

'Nee.'

'Hij ook niet met jou?'

'Nou...' Peter Paul lijkt zich af te vragen of hij verder moet praten. 'Ik heb wel eens van Isa begrepen dat Antonie tegen me opkeek,' zegt hij zacht. 'Waarom weet ik niet meer. Omdat ik de toneelschool had gedaan of omdat hij vond dat ik beter kon spelen, meen ik me te herinneren van Isa's woorden.'

'Komt het dan misschien daardoor dat jullie nooit echt een band hebben opgebouwd? Omdat hij zich onzeker voelde naast jou? Of dat hij daardoor heel druk kon doen op de set, misschien om indruk te maken op jou of op anderen om jullie heen?'

'Dat weet ik niet. Ik weet dat Antonie net als ik ook niet van aandacht hield, het vervelend vond om herkend te worden, interviews lastig vond. Maar hij kon het ook ineens heel erg opzoeken, dat was zo dubbel aan hem. Dan liep ik met hem over straat en zagen we een groepje mensen staan dat ons overduidelijk herkende. Ik zocht dan snel een steegje of een omweg, maar Antonie ging er vol in. Dan zwaaide hij naar ze en liep naar ze toe, alsof hij ervan genoot. Of een keer tijdens een evenement, iets voor een goed doel. Bij de deur stond een piano, binnen was het stervensdruk. Antonie ging achter die piano zitten en begon te spelen als een bezetene. Hij speelde prachtig, maar het was keihard.'

'Ik herken de situatie,' zeg ik, blij dat Peter Paul een scène schetst die ik ook op mijn netvlies heb staan. 'Papa deed dat ook bij mij op school.'

'Dus ik ga naar Antonie toe,' vertelt Peter Paul, 'en ik zeg: "Gast, doe eens rustig, hier zit echt niemand op te wachten." Maar hij zat er helemaal in en hij ging maar door. Toen dacht ik wel: wat ontzettend vreemd. Maar achteraf moet je dat allemaal herzien. Praten over Antonie is nu heel krom. Met terugwerkende kracht bekijk ik hem anders. Toen wisten we simpelweg niet wat er speelde. Dat hij soms helemaal hyperdepiep was, snap ik nu. Maar op dat moment dacht ik: *what the fuck,* man. Doe normaal, doe rustig.'

'Vind je het niet jammer dat je toen niet wist wat er met hem aan de hand was?' vraag ik. 'Want als je toen had geweten wat er allemaal in zijn hoofd gebeurde, had je met hem kunnen praten. Dan had je hem misschien interessant gevonden in plaats van raar.'

'Ik snap wat je zegt, Merlijn. Maar dan ga je in iemands ziekte zitten. Kijk, hij is er tijdens zijn leven ook best eerlijk over geweest. In interviews vertelde hij er gewoon over. Ik heb een interview gezien van Theo van Gogh, waarin Antonie heel openlijk praatte over zijn onzekerheden. Hij vertelde dat hij er echt gek van werd, toen toonde hij zich heel kwetsbaar. Maar voor de omgeving verandert er feitelijk niets. Iemand kan zich heel vreemd gedragen, dat kun je misschien beter plaatsen wanneer je snapt waar het vandaan komt, maar het maakt het niet minder ingewikkeld om mee om te gaan.'

Het voelt fijn om met Peter Paul over mijn vader te praten. Er is een soort afstand tussen hem en papa, waardoor het heel eerlijk voelt. Hij probeert me niet te beschermen door alleen maar mooie dingen te vertellen. Al had ik niet verwacht dat er zo weinig liefde tussen hen was. Zijn verhalen komen behoorlijk klinisch over, alsof hij praat over iemand om wie hij nooit echt heeft gegeven. En dat kan ik me haast niet voorstellen.

'Kun je je zijn sterfdag herinneren?' vraag ik. 'Weet je nog waar je was toen je hoorde dat hij was overleden?'

Peter Paul kijkt een paar seconden strak voor zich uit en laat dan zijn hoofd zakken. Zijn mondhoeken gaan naar beneden en hij knijpt zijn ogen dicht. Hij stopt met heen en weer wippen. Zijn schouders schokken en ik weet niet wat ik moet zeggen.

Papa zit aan een ronde tafel en draagt een wijde witte trui die ik niet ken van foto's. Ik herinner me dat hij altijd kleren droeg die nooit echt aan een modebeeld voldeden. Soms zaten er zelfs gaten in, dat interesseerde hem niet. Mijn moeder drong er dan op aan om die kleren weg te doen. Ik rits mijn vest open en kijk naar het shirt dat ik eronder draag. Het is een T-shirt dat van mijn vader is geweest, hij kreeg het rond zijn zeventiende van zijn vader en het ligt nu al heel lang in mijn kast. Vanmorgen trok ik het toevallig aan. Waar de rest van zijn kleren is gebleven, weet ik niet. Een deel is naar het Leger des Heils gegaan, weet ik nog. Mijn moeder vindt het belangrijk om oude kleren weg te geven. Er zullen dus ergens mensen in de kleding van mijn vader rondlopen, zoals ik dat vandaag toevallig ook doe. Dat vind ik best een gekke gedachte. Misschien loopt er zelfs iemand rond in de witte trui waar ik nu naar kijk op televisie. Zijn blonde haar zit warrig, zoals hij het rond deze leeftijd steeds heeft. Op een dag had hij die blonde haren afgeschoren en was zijn hoofd gemillimeterd, vlak na dat kapsel hielden de herinneringen op. Ik weet niet of dat er iets mee te maken had, dat hij eerst besloot zijn haar eraf te scheren en er daarna maar helemaal mee te stoppen. Tegenover hem zit Theo van Gogh, de interviewer. Er liggen vier sigaretten op tafel naast een asbak, een vijfde sigaret heeft Theo van Gogh tussen zijn vingers. De sigaret brandt, maar Theo van Gogh rookt niet. Het is toeval dat Peter Paul dit interview noemt en ik er net een paar dagen geleden naar heb gekeken. Ik had net zo goed naar een interview met Paul Haenen kunnen kijken, maar die naam zei me niks. Of naar een interview met Klaas Drupsteen, maar die ken ik ook niet. Dat interview met Klaas Drupsteen is opgenomen in ons oude huis in Zevenhoven en ik kan het nog even niet aan om dat te zien. Theo van Gogh deed ook niet echt een belletje rinkelen, maar de naam kwam me toch bekend voor. Pas toen ik hem zag, wist ik dat dat op niets gebaseerd was, want ik had deze man nooit eerder gezien. Misschien herkende ik de naam gewoon van het Van Gogh Museum dat bij me om de hoek zit. Ik kon het interview dat Theo van Gogh met mijn vader deed nergens bekijken, maar via een website kon ik het bestellen. Ik moest een mailtje sturen met mijn adres erin en vermelden dat het om interview 310 van het programma *Een prettig gesprek* ging. De volgende dag kreeg ik een mail dat ik tien euro moest overmaken naar een rekeningnummer en dat er een dvd door mijn brievenbus zou worden gegooid. De persoon met wie ik mail, woont namelijk in de buurt. Ik begin steeds meer het idee te krijgen dat ik sinds ik op zoek ben naar mijn vader, op een rare manier in het centrum van het universum ben beland. Iedereen die ik nodig heb om mijn vader te leren kennen, woont om de hoek, runt er een kroeg of heeft een naamgenoot met een eigen museum. Als ik de tien euro heb overgemaakt, wordt de volgende dag een bruine envelop door mijn brievenbus gegooid met mijn naam erop. Er zit een dvd-hoes in met de namen Theo van Gogh en Antonie Kamerling erop. De naam van de afzender zie ik later terug op de aftiteling. Hij was een producer van het interviewprogramma en kan dus zomaar vijfentwintig jaar geleden bij de opnames zijn geweest. Ik stop de dvd in mijn PlayStation en ga op de bank zitten. Ik zie een groot logo van de woorden *Een prettig gesprek* en ik zie mensen met een cactus in hun hand. Eén herken ik, een heel jonge Paul de Leeuw, de rest heb ik nog nooit gezien. Al die mensen kussen de cactus en wrijven daarna geschokt aan hun lippen. Wat een raar gedoe. Theo van Gogh kijkt in de camera en kondigt mijn vader aan.

'Goedenavond, mijn gast van vanavond is een langzaam doorbrekende acteur. Hij is geliefd vanwege de serie *Goede tijden, slechte tijden* en heeft ook een aantal interessante films gedaan. Antonie Kamerling, welkom in *Een prettig gesprek*. Het is nooit jouw grote droom geweest, acteren.'

'Vroeger niet,' antwoordt hij, 'ik wilde profvoetballer worden en in een groot stadion van Feyenoord spelen.'

Dat herinner ik me ineens weer, dat mijn vader voor Feyenoord was. Ik was als kind helemaal gek van Ajax, dat door mijn vader de schoonmaakploeg werd genoemd, want hij hield dus van Feyenoord! In Zevenhoven was ik altijd met hem aan het voetballen, waardoor er elke dag een klassieker werd uitgevochten in onze achtertuin.

Theo van Gogh vraagt mijn vader naar andere dingen uit zijn leven; zijn rechtenstudie waarbij hij niks uitvrat, een amateurtoneelstuk waardoor hij het acteren ontdekte en hoe het was om in *Goede tijden, slechte tijden* te spelen. Op het moment van dit interview is hij daar blijkbaar al mee gestopt. Mijn vader vertelt opnieuw dat hij de roem lastig vond en dat hij de deur niet meer uit durfde, totdat hij een oplossing vond voor zijn angst.

'Ik ben het een beetje gaan omdraaien,' vertelt hij, 'want ik was bang voor die mensen. Zij hadden macht over mij, want als iemand mij herkende, verstijfde ik: wat moet ik nu doen? En nu draai ik het om. Als iemand mij herkent, neem ik het initiatief en zeg ik: "Hé!" of ik zeg iets onverwachts.'

'Je overbluft ze,' zegt Van Gogh. 'En dat werkt?'

'Ja!' zegt mijn vader blij.

Dit is wat Peter Paul niet snapte, dat papa het ene moment zo stil en onzichtbaar was en het volgende moment zo uitgelaten en open. Mijn vader vond het dus helemaal niet leuk om op die mensen af te stappen, zoals Peter Paul vertelde, maar het lijkt zijn manier te zijn geweest om van zijn angsten af te komen. Daar heb ik best wel bewondering voor.

Theo van Gogh steekt een tweede sigaret op en mijn vader vertelt hoe hij zich voorbereidt op audities en dat hij niet bepaald een moppentapper is. Dat de rol van Peter Kelder op zijn pad kwam toen het maatschappelijk heel erg mis met hem ging. Theo van Gogh vraagt niet door, wat ik gek vind. Want hoe kan het nou maatschappelijk heel erg mis met je gaan als je gewoon een rechtenstudent bent? Het wordt me steeds meer duidelijk dat mijn vader ook helemaal niet wist wat-ie moest toen hij zo oud was als ik. De gedachte dat ik daar graag met hem over wil praten, druk ik snel weg.

Ze kletsen nog wat verder over *GTST* en mijn vader vertelt dat hij wel eens stoned op de set heeft gestaan, totdat Theo van Gogh hem onderbreekt.

'Als je je zwarte kant zou omschrijven, hoe ziet die eruit?' vraagt hij.

Mijn vader schrikt. 'Mijn zwarte kant?'

'Ja, van je ziel.'

'De zwarte kant van mijn ziel,' herhaalt mijn vader en hij zegt dat hij die niet heeft. Nerveus begint hij te lachen.

'Je hebt geen zwarte kant?' vraagt Theo van Gogh nog een keer. 'Je zit hier met het zweet in je handen!'

'Wat een lul,' zeg ik hardop. Ik open mijn telefoon en toets de naam Theo van Gogh in. Ik lees dat hij familie is van Vincent van Gogh en dat hij vermoord is. Op 2 november 2004, tien jaar na dit interview dus. Hij fietste 's morgens naar zijn werk en werd ingehaald door een andere man op een fiets. Die begon op hem te schieten. Theo van Gogh rende naar de overkant van de straat en werd geraakt door acht kogels. Terwijl hij om genade riep, werd zijn keel doorgesneden met een kapmes. Wat vreselijk.

Mijn vader praat inmiddels over een toneelstuk: *Torch Song Trilogy*. Hij leert op het toneel vooral zijn angst voor het publiek te overwinnen, vertelt hij, want de rol die hij speelt, vindt hij niet zo interessant.

'Het is een wat lege, belegen jongen, dus daar heb ik niet zoveel mee.'

'Ben jij een diepe jongen?' vraagt Van Gogh.

'Een ontzettend vol mens ben ik,' antwoordt papa sarcastisch. Ik zie dat hij nerveus is. Of bang.

'Mogen we wat meer horen over dat "vol mens"?' vraagt Theo terwijl hij een slok koffie neemt.

'Vraag maar,' zegt mijn vader terwijl hij wegkijkt.

Het interview is nog maar tien minuten bezig. Van Gogh vraagt of hij een filosofisch type is. Mijn vader vertelt dat hij een stemmetje in zijn hoofd heeft. Sinds hij bekend is, stelt het stemmetje hem allerlei kritische vragen, alsof het een interview is. De interviewer kijkt verbaasd.

'Het komt door de angst om niet leuk gevonden te worden,' zegt mijn vader, 'om stomme dingen te zeggen.'

Mijn vader vertelt dat hij sinds kort in gesprek gaat met het stemmetje.

'Wat ik nu vaak probeer is het stemmetje te zeggen dat ik even doorga met waar ik mee bezig ben en dan houdt het even op. Dan komt het een kwartier later toch weer terug. Dan zeg ik: "Ik ben nu aan het fietsen, ik kom er zo op terug." Dat helpt wel.'

Theo van Gogh vraagt of het stemmetje een naam heeft, maar dat heeft het niet. En hoe het klinkt, wil hij weten. Heel metalig, antwoordt mijn vader, als een soort computer. En dat hij de woorden van het stemmetje vroeger ook uitgeschreven voor zich zag. Mijn vader vertelt dit allemaal om zich te excuseren tegenover Theo van Gogh dat hij niet zo filosofisch is ingesteld.

'Als het zou stoppen, zou ik misschien wel heel mooie gedachtes over leven en dood hebben. Maar het stemmetje leidt me daar steeds bij af.'

'Wat zegt het stemmetje over de dood?'

Mijn vader neemt een slok water, staart naar het tafelblad en slikt heel langzaam door. 'Dat stemmetje zegt niks over de dood,' antwoordt hij, 'dat stemmetje stelt alleen maar vragen.'

'Zoals?'

'Ja, weet ik veel.'

'Nee, niks "weet ik veel",' zegt Theo van Gogh streng. 'Zoals?'

Er valt een lange stilte waarin mijn vader al het oogcontact vermijdt.

'Dat kan van alles zijn,' zegt mijn vader, 'het gaat de hele dag door. "Hoe denk je over...?"'

'"Hoe denk je over Rwanda of de Balkan?"' zegt Van Gogh sarcastisch.

'Ja, bijvoorbeeld,' zegt mijn vader geïrriteerd. 'Of het leven na de dood.'

'Hoe denk je over het leven na de dood?'

Het tempo ligt ineens hoog, prettig is het allang niet meer. Mijn vader kijkt boos buiten beeld, ik vermoed naar de mensen achter de schermen. Misschien wel naar de man die deze dvd door mijn brievenbus duwde.

'Dat is er wel, absoluut.'

'Je leeft dus wel voort?' vraagt Van Gogh.

'Ja, absoluut. Gelukkig wel.'

'Hoezo gelukkig wel?'

'Anders zou ik het maar zinloos vinden hier. Als dit het enige was.'

'Dit is toch ook het enige?'

'Volgens mij niet.'

Wat vreemd om naar twee overleden mensen te kijken die het leven na de dood bespreken. Het antwoord op de vraag hebben ze inmiddels.

'Ben je wel eens overvallen door een gevoel van grote zinloosheid?' vraagt Theo van Gogh.

'O ja,' antwoordt papa. 'Zo vaak.'

'Wel eens zelfmoord overwogen?'

Hij schrikt niet als hij de vraag krijgt, ik wel. Hij kantelt langzaam zijn hoofd naar rechts en maakt spleetjes van zijn ogen. Er klinkt een lange 'N...' uit zijn mond.

'Niet echt,' zegt hij. 'Meer als gedachte en dat je dan denkt: dat wil je toch ook niet echt. Dat zou voor mijzelf... dat is een absolute nederlaag als ik dat zou doen. Dan heb ik het hier niet gered.'

Theo van Gogh kijkt hem zwijgend aan.

'Ik was op een *wrap party* van *Gooische vrouwen* en ik moest daar al eerder weg, want ik moest optreden als Martin Morero in Groningen. Ik was nog maar net weg uit Amsterdam en reed een tunnel in toen Liesbeth me belde.'

Peter Paul heeft zijn kin nog steeds op zijn borst liggen. Zijn linkerhand is om het tafelblad geklemd, zijn rechter wrijft onophoudelijk in zijn ogen.

'Liesbeth zei: "Antonie is dood." Maar ik zat in die tunnel en dacht: hoor ik dat nou goed? Antonie dood? Ik vloekte keihard. Godverdegodver. Ze zei dat ze Anique niet kon bereiken. Ik zei dat Anique aan het rennen was in het Vondelpark. Dus ik heb dat optreden afgezegd en ben naar het Vondelpark gegaan, waar ik haar direct tegenkwam. Daar vertelde ik het. Een uur later gingen we naar de plek waar hij lag, waar hij binnen was gebracht.'

'Kwam het onverwachts?' vraag ik.

'Nou,' zegt hij als hij zijn hoofd weer optilt, 'Isa had al laten weten dat Antonie zich vreemd gedroeg. Dat hij al eens naar het strand was geweest en al zijn kleren op het zand had gegooid en in de zee was gedoken. Dat hij met de auto bij een treinovergang had gestaan. Er waren dus al signalen, maar ik had het daar vervolgens met Anique over en ik zei dan dingen als: "Het is gewoon een schreeuw om aandacht. Hij wil iets vertellen, maar dat gaat echt niet over zelfmoord." Anique zei dat ze het niet vertrouwde, maar ik kon het me gewoon niet voorstellen. Dat zei ik ook tegen haar. Dus toen Liesbeth belde...' Zijn kin gaat weer naar zijn borst en hij drukt zijn lippen op elkaar om niet weer te huilen. 'Dat was een dikke shock.'

'Waarom word je emotioneel?' vraag ik. 'Vanwege mijn vader of vanwege andere dingen?'

'Vanwege alles. Vanwege zijn ouders, zijn broer, zijn zussen, kinderen. En vanwege Antonie. Dat iemand zo ver moet gaan om verlost te zijn van al die kwellingen. Dat is verschrikkelijk. Als ik daar te lang over nadenk, word ik emotioneel.'

Hij zwijgt weer even.

'De lieve schat,' zegt hij zacht.

'Wat weet je nog van de tijd die volgde?'

'Ik weet alles nog.'

'Kon je Anique steunen?'

'Nee, dat kon ik niet. Het was te groot. Dat iemand zoiets moest doen om verlost te zijn van alle pijn. Waar hij niks aan kon doen, het was iets wat te allen tijde op kon doemen. Dat is gruwelijk, dat vind ik echt gruwelijk. Dat een vader moest besluiten om weg te gaan, omdat de kwelling te groot was.'

'Ik vind het wel fijn dat je daar zo tegen aankijkt,' zeg ik. 'Want ik probeer dat ook te doen. Laatst was ik bij Reinout Oerlemans en die was heel lang boos op papa. Hij vond zijn zelfmoord op een bepaalde manier ook wel egoïstisch.'

'Dat vind ik heel dom!' zegt Peter Paul. 'Wat een domme uitspraak! Dan denk je er niet goed over na.'

'Dat denk ik ook, geloof ik.'

'Het zegt meer over hem dan over Antonie. Ik kan niet in Antonies hoofd kijken, maar als je zoveel hebt om voor te leven, alleen al die twee fantastische kinderen, en je kunt het toch niet aan. Dan moet het wel heel erg zijn.'

'Heb je het al een plek gegeven?' vraag ik en ik hoor meteen hoe suf dat klinkt. 'Noem je dat überhaupt zo, "het een plek geven"? Ik weet niet goed hoe je het moet noemen. Ik weet ook niet hoe ik dat moet doen trouwens.'

'Niks moet. Die plek is er of die is er niet en die komt of die komt niet. Het schiet ook bij mij nog steeds voorbij, het blijft altijd een litteken. Er is altijd een verjaardag, een sterfdag en een graf. En ik vind het altijd verdrietig om jou en Vlinder te zien op familiebijeenkomsten. Alle kinderen hebben daar twee ouders, maar jij en Vlinder zijn daar altijd zonder jullie vader. Iedere keer als ik jullie zie, raakt me dat. Dat Antonie er niet is.'

'Wat vind je van mijn familie? Sorry, van onze familie?'

'Hoe bedoel je?'

'Nou ja, het is een aparte familie, toch?'

'Nee, totaal niet,' zegt hij lachend.

'Hoe kijk jij er dan tegen aan?'

'Dat het niet een heel andere familie is dan elke willekeurige andere. Familie gaat over mensen. Over mensen afzonderlijk die tot elkaar veroordeeld zijn. Die mensen proberen er het beste van te maken. Soms gaat dat goed en soms niet. Maar in het geval van de jouwe – van die van ons – zijn het allemaal heel leuke, lieve mensen.'

'Zeker,' antwoord ik snel, 'daar twijfel ik ook niet aan. Maar je kent toch wel de verhalen dat mijn vader vaak strijd had met zijn vader?'

'Ja, die verhalen ken ik, maar wie heeft er geen strijd met zijn ouders? Je kunt er uren over lullen en als je dat wil, doen we dat ook. Maar ik heb nooit gemerkt dat men lijnrecht tegenover elkaar stond of iets dergelijks, integendeel. Vooral Anique, die is zo lief. Ook voor Antonie. Ze is altijd op zoek geweest naar wat er nou aan de hand is. En ze paste ook veel op jou.'

'Dat weet ik nog.'

'De eerste keer dat ik mijn vader echt heb uitgescholden,' zegt mijn vader tegen Theo van Gogh, 'was een jaar geleden. Daarna liep ik juichend rond, bij wijze van spreken.'

'Hoeveel jaar heb je daarvoor nodig gehad?' vraagt Van Gogh.

'Ik ben nu achtentwintig.'

'Dus zevenentwintig jaar heb je daarvoor nodig gehad en toen lukte het.'

'Nou, vroeger was ik wel driftig. Heel driftig. Mijn ouders moesten me toen gillend en krijsend de trap op sleuren. Dat is ergens gestopt.'

'Weet je niet meer wanneer dat gestopt is?'

'Nee. Daarna ben ik nooit meer boos geweest.'

'Tot een jaar geleden toen je ineens tegen je vader tekeerging.'

'Nou,' zegt mijn vader lachend, 'daarvoor ook wel tegen Isa.'

'Dat is mooi dat je dat zegt, want je houdt van Isa. Hou je ook zoveel van je vader?'

'Ja,' zegt mijn vader en hij blijft nog een paar seconden met zijn hoofd knikken.

'Dus je houdt zoveel van hem dat je het op kon brengen om tegen hem te schelden.'

'Precies.'

'Hoe ervoer hij dat?'

Mijn vader begint hard te lachen. 'Dat vond hij niet leuk, want ik was ook echt zó boos!'

'Maar er viel een last van je af?'

'Ja, het was heerlijk.'

'En daarna ben je nooit meer kwaad op hem geweest?'

'Nee, ik geloof het niet. Maar ik zie hem ook niet zo vaak.'

'Wie is dan de belangrijkste ouder? Je vader of je moeder?'

'Ik heb het meeste conflict met mijn vader. Dus dan zou je kunnen zeggen dat hij het belangrijkste is.'

'Is hij trots op je, je vader?'

'Dat weet ik niet.'

'Om te snappen hoe ik tegen families aankijk,' zegt Peter Paul, 'moet ik eerst iets vertellen over waar ik zelf vandaan kom. Maar dan krijg je verhalen over een onthecht gezin en dan zitten we hier vanavond om half twaalf nog. Dus wat ik erover kan zeggen, is dat ik me altijd wel prima voel als ik meega. Maar kijk, ik ben altijd op bezoek bij die familie. Ik ben als schoonzoon of als zwager nooit écht familie, zo voel ik het ook helemaal niet.'

'Zijn jij en Anique wel getrouwd?'

'Nee.'

'O.'

'Dus ik ga daarheen en ik probeer me te vermaken en dat lukt ook meestal wel. Beetje kletsen, beetje drinken.'

'Nou, niet met mij. Ik heb je tot vandaag nooit gesproken. En jij kunt wel zeggen dat je niet bij de familie hoort, maar het voelt voor mij wel alsof jij mijn oom bent.'

Peter Paul zegt niks, maar blijft me dit keer wel aankijken.

'Al merkte ik dat wel aan je,' zeg ik. 'Met kerst gebeurde het vaak dat jij er niet bij was.'

'Klopt,' zegt hij zacht, 'dat is ook zo.'

'Was je dan aan het werk?'

'Ik hou niet erg van kerst.'

'Pasen?'

'Het komt door waar ik zelf vandaan kom. En ik hou niet van die opgedirkte toestanden. Ik voel me dan onderdeel van een toneelstuk waar ik niet in wil.'

'Ik moet natuurlijk ook wel eerlijk toegeven,' zeg ik, 'dat als we elkaar dan toch zagen op familiebijeenkomsten, ik ook nooit echt met jou kwam praten.'

'Maar dat is logisch,' zegt Peter Paul. 'Het was altijd bij jouw opa en oma thuis, de verzamelplek. Ik ben daar de schoonzoon, jij de kleinzoon. En je bent ook nog de oudste kleinzoon, dus al jouw neefjes en nichtjes hingen aan je. Jij was dan ook echt de gangmaker. Ik observeerde je wel en heb je echt zien ontwikkelen van een klein jochie dat daar altijd zonder zijn vader was tot een heel leuke gast.'

Ik glimlach. Martin Morero vindt mij een leuke gast.

'Wat doe je nu?' vraagt hij.

'Niet veel,' antwoord ik. 'Ik weet ook niet wat ik moet. Wat deed jij toen je eenentwintig was?'

'Op tijd komen. Waarom kwam je te laat?'

'Ik was *All Stars* aan het kijken.'

'Slecht excuus. Maar nee joh, ik wist ook niet wat ik moest toen ik eenentwintig was. Dat wist ik op mijn vierentwintigste nog niet eens. Mijn kinderen weten straks ook niet wat ze moeten op die leeftijd, dat weet ik zeker.'

'Wat zou je je kinderen aanraden als ze straks klaar zijn met hun middelbare school?'

'Weg.'

'Weg? Uit Nederland?'

'Ja. Weg.'

'Om ervaring op te doen, bedoel je?'

'Ja, ga weg. Dan leer je dingen. Ik zal ze adviseren ver weg te gaan. Reizen, een taal leren, studeren, maakt niet uit. Probeer een jaar op eigen benen te staan. Dat doe jij nu ook, je staat nu op eigen benen. Dus ga gewoon iets doen, dat brengt je sowieso iets.'

'Dat wil ik ook, maar ik weet niet wat.'

'Nou, dat is toch al hartstikke positief.'

'Hoezo?'

'Omdat je op zoek bent. Heel veel mensen zijn niet op zoek, jij wel. En als je op zoek bent, dan zul je uiteindelijk ook iets vinden.'

'Mensen zeggen dat ik te vaak nee zeg. Dus een zoektocht, zoals jij die schetst, klinkt heel spannend. Maar als ik overal nee op zeg, dan vind ik het uiteindelijk ook niet.'

'Waar zeg je dan zoal nee op?'

'Acteren. Mensen zeggen dat ik dat moet doen, dat ik in *GTST* moet spelen, maar dat interesseert me niet. Of de horeca in. Laatst was ik in de kroeg van Olivier Tuinier. Aan het raam hing een briefje waarin om personeel werd gevraagd. Ik vond het echt leuk in die kroeg, maar ik wil er niet werken. Of mensen zeggen dat ik naar de bibliotheek moet, dat ik boeken moet lezen. Dat is niet eens werk, maar toch zeg ik weer nee.'

'Luister Merlijn, nee zeggen kan altijd. Je moet nee zeggen. Maar je kunt soms wel dingen doen die je stom vindt om erachter te komen wat je leuk vindt. Toen ik naar de toneelschool in Maastricht ging, zat ik heel vaak in het theater. Daar zag ik soms voorstellingen die ik niet goed vond. Maar dat heb je nodig om jezelf te vormen, om te weten wat je goed vindt en wat niet. Al ben je nog te jong om te beschrijven waarom je het stom vindt, als je maar weet dat je het stom vindt. Zodat je het zelf anders kunt gaan doen. En dan kunnen er ook dingen langskomen die je geweldig vindt, al weet je nog niet goed waarom je dat geweldig vindt. Maar dan weet je een beetje wat je wil en wat je niet wil. Jij weet nu in ieder geval dat je niet wil acteren, dat je de horeca stom vindt en dat je ook geen boekenwurm bent, dus blijf dan in godsnaam weg bij die dingen. Maar het komt niet naar je toe, je moet niet afwachten tot iemand met een voorstel komt. Als je maar onthoudt dat als dat voorstel toch komt – doordat je ernaar zocht – het niet erg is om er nee tegen te zeggen als je hart er niet ligt.'

'Denk je dat de dood van mijn vader ermee te maken kan hebben dat ik stil blijf staan?'

'Dat zou kunnen. Als je vader overlijdt als je elf bent, dan moet alles nog beginnen. Je vader is een belangrijke figuur in je leven. Dat is iemand tegen wie je in het begin op kunt kijken en tegen wie je je daarna af kunt zetten. Dat zijn belangrijke fases die je in je leven nodig hebt om volwassen te worden. Misschien heb je daar compensatie voor gevonden of misschien moet dat nog komen. Misschien is dit proces dat je nu doormaakt er een onderdeel van. Maar natuurlijk heeft alles waar je doorheen gaat te maken met het overlijden van je vader, want dat heeft je gevormd. En dat zal het blijven doen, want je vader zal je hele leven belangrijk voor je blijven.'

'Geldt dat voor jouw vader ook?'

'Wat?'

'Heeft jouw vader jou gevormd tot wie je nu bent?'

'Vast wel. Mijn vader is ook acteur, al weet ik niet of ik daardoor acteur ben geworden. Door zijn werk ben ik wel in die wereld grootgebracht, het is een wereld die ik ken.'

'Kan ik jouw vader ergens van kennen?'

'Dat weet ik niet, hij is al oud. In de tachtig. Hij is de stem van Koekiemonster. Doordat ik in die acteurswereld opgroeide en er altijd acteurs bij ons zaten, kwam het toen ik klein was niet eens echt bij me op om het later ook te gaan doen. Ik weet nog wel dat ik als kind behoorlijk verlegen was, maar als er dan op school toneelstukjes werden gedaan, vond ik het toch ineens heel leuk om dat te doen.'

'Zo was het voor mijn moeder ook, vertelde ze.'

'Dus ergens wilde ik ondanks mijn verlegenheid heel graag iets doen wat buiten mezelf lag. Heb jij dat nooit gehad?'

'Nee, ik heb juist precies het tegenovergestelde. In de eindmusical van groep acht kwam ik gewoon niet op, bleef ik achter het toneel staan. Vier leraren hebben me toen het podium op geduwd.'

'Dan moet je acteren sowieso skippen, daar hoef je niet van wakker te liggen.' Peter Paul slaat me lachend op mijn schouder.

'Als je acteert,' vraagt Theo van Gogh, 'hoor je dat stemmetje dan ook?'

'Ja, vreselijk. Na elke take.' Mijn vader ademt lang uit.

'En wat zegt dat stemmetje dan?'

'"Het was niet goed."'

Er liggen nog drie sigaretten op de tafel.

‘Eigenlijk zit er iemand tegenover me die zichzelf heel verwerpelijk vindt,’ zegt Theo van Gogh.

‘Ja.’

‘Hoe kan dat nou?’ Hij is zachter van toon inmiddels. ‘Je hebt toch nooit iets verkeerds gedaan?’

‘Nee, eigenlijk niet,’ zegt mijn vader. ‘Ik deed altijd alles goed. Ik denk dat het een soort tegenwicht is voor de buitenwereld. De buitenwereld zei altijd dat alles fantastisch was. Ik kon goed dit, ik kon goed dat, ik was leuk dit, ik was leuk dat. Ik denk dat daar een soort negativiteit vanbinnen tegenover stond.’

‘Ben je wel eens heel kwaad geworden op het stemmetje?’

Mijn vader lacht. ‘Ja,’ zegt hij blij. ‘Ja.’

‘Hoe uit zich dat dan?’

Mijn vader is lang stil en steekt dan zijn handen omhoog. Hij zet zijn tanden op elkaar, begint te brullen en schudt hard met zijn hoofd.

‘Zo,’ zegt hij. Zijn haar staat nu alle kanten op. ‘“Kap nou eens!”’

‘En dan is het weg?’

‘Ja,’ zegt mijn vader trots. ‘Maar wat beter werkt – weet ik inmiddels – is om het aandacht te geven. “Ja, oké,” zeg ik dan tegen het stemmetje. “Ik kan het ook niet, dat is waar.” Dan houdt het op.’

‘Dan houdt het op?’ vraagt Van Gogh.

‘Dan is het bevredigd,’ zegt mijn vader.

‘Jezus,’ zegt Theo. ‘Het is wel een gevecht, hè?’

Ik ben best onder de indruk van dit gesprek. Waar ik Theo van Gogh in het begin een beetje een lul vond, bewonder ik hem nu heel erg. Het interview duurt een klein uur, maar na een kwartier valt het woord ‘zelfmoord’ al. Terwijl het nog zestien jaar duurt voor papa het uiteindelijk doet.

Aan het eind van het gesprek krijgt papa een cadeautje. Het is een cactus, verpakt in een paars papiertje. Theo van Gogh zegt dat hij die cactus moet kussen.

‘Een cactus kussen?’ vraagt mijn vader. ‘Ben je helemaal gek geworden?’

‘Is er een stemmetje in je hoofd,’ vraagt Van Gogh, ‘dat zegt dat je dat niet moet doen?’

‘Kus jij hem zelf maar.’

Er is gesteggel over en weer. Papa weigert.

‘Zeg nee, papa,’ denk ik hardop.

‘Je bent toch acteur,’ zegt Theo van Gogh. ‘Lijden doet baren, het levert kunst op.’

‘Ja, oké,’ zegt papa zacht. Hij zwijgt en geeft de cactus een kus.

Jammer, papa, denk ik. Nee zeggen kan altijd. Je moet nee zeggen.

5
Levend dood

John Loudon

Mijn vader laat een zwart-witfoto zien. Op de foto is mijn vader verkleed als piraat, in zijn hand heeft hij een kinderboek. Het kinderboek gaat ook over piraten, zie ik, in het boek zitten er twee in een schip vol dieren. Achter mijn vader zie ik mezelf zitten. Ik heb een bloempotkapsel en ik moet ongeveer drie jaar oud zijn.

'Dit is hoe ik wil leven,' zegt papa. 'Ik ben aan het werk, maar mijn kind is bij me. Een soort zigeunerbestaan.'

Mijn vader vertelt over het vuur dat hij voelt als hij op het toneel staat, maar dat hij dat ook heeft als hij op mijn school verhalen voorleest. Omdat kinderen een nog lastiger publiek zijn dan volwassenen, vertelt hij, dat hij extra zijn best moet doen om ze bij de les te houden. Ik kan me helemaal niet herinneren dat hij dat deed in mijn klas. En al helemaal niet dat hij zich speciaal daarvoor als piraat verkleedde. Dat vind ik best wel cool. En lief. Mijn vader vertelt het aan een man die Klaas Drupsteen heet, hij is de presentator van het televisieprogramma *Het hoogste woord* dat in deze aflevering uit 2007 over mijn vader gaat. Klaas Drupsteen is ervoor naar ons huis in Zevenhoven gekomen, mijn vader leidt hem rond. Elke kamer heeft een andere kleur. De kamer waar ze nu in staan, is knalroze. Papa's piano stond daar, dat weet ik nog. Hij had ook een vleugel, maar die stond in de woonkamer. Klaas Drupsteen vraagt of papa wat voor hem wil spelen. Papa's haren zijn lang en blond, precies zoals ik papa het liefst zie en me probeer te herinneren. Hij is vrolijk, zijn ogen zijn helder. Hij ziet er rustig en ontspannen uit en vindt het leuk om te kletsen.

Mijn moeder belt om te vragen of ik mee wil. De nieuwe bewoners van ons oude huis gaan verbouwen. Nu pas, want ze wonen er al acht jaar. Ze hebben mijn moeder gebeld om te vragen of ze nog een keer wil komen kijken, want na de verbouwing zal ze het niet meer herkennen. Dan zal het decor van onze herinneringen zijn afgebroken, vertimmerd of overgeverfd. Ze zegt dat ze erheen gaat, ik zeg dat ik niet met haar mee hoef. Ze is niet verbaasd, want ze is eraan gewend dat ik nooit naar een plek wil die met papa te maken heeft. Dan zeg ik dat ik er liever in mijn eentje naartoe ga. Ze is lang stil. Dan zegt ze: 'Goed zo.'

'Als iedereen naar bed is, speel ik Antonie-muziek,' zegt papa achter zijn piano, 'zo noem ik dat. Ik begin altijd in mineur. Treurig.'

Klaas Drupsteen staat naast de piano. Papa raakt zacht de toetsen aan. Ik zie zijn handen op mijn scherm en herinner me ze weer. Ik pakte ze altijd vast, greep ze, duwde mijn gezicht erin en hing eraan.

'Zo kan ik een uur zitten. Gewoon heel weinig klank.'

Er klinken trage klanken die me meteen raken, alsof ik ze gisteren nog heb gehoord.

'Hier word ik rustig van,' vertelt papa. 'Het is bijna troostend. Dat heb ik ontdekt sinds een half jaar. Als ik me niet lekker voel of depressief ben, is pianospelen de beste oplossing. Niet alleen dit soort muziek, maar ook Bowie of de Stones. "Sympathy For The Devil" van The Rolling Stones is altijd geweldig.'

Ik heb de auto van mijn moeder geleend. Ik parkeer hem op een parkeerplaats aan het begin van de dijk, want het laatste stuk wil ik lopen. Het motregent vandaag, maar als ik over het water kijk, zie ik de zon er weer in schijnen. En de blonde haren van mijn vader, die me altijd stevig vasthield als we naar de overkant zwommen. In de zomer was Zevenhoven een paradijs, in de herfst en de winter was het stil en uitgestorven. Dan waren de dagen lang en gebeurde er niet veel, de wind stuurde je vanaf het kanaal je huis in waar het nog donkerder was dan buiten. Alleen in de lente en de zomer wil je in Zevenhoven zijn. Zodra het herfst wordt, heb je er niks meer te zoeken. Het kan geen toeval zijn dat mijn vader in oktober besloot ermee te stoppen.

Ik loop de helling af naar beneden. Ons huis ziet er vanbuiten nog precies hetzelfde uit. De linkerkant is wit en de rechterkant van baksteen, in het midden hangt een blauwe voordeur. Het grind knarst onder mijn gympen. Een vrouw wacht me op, geeft me een hand en verontschuldigt zich dat ze hier in haar eigen deuropening staat. Ze zegt dat ik lekker rond mag kijken en het moet laten weten als ik zin heb in een kopje thee. Ze laat me alleen achter. Vanuit de deuropening zie ik een keukentafel op dezelfde plek staan als waar die van ons stond. Via deze deur rende ik toen naar de buren omdat mama op onze keukentafel een briefje zag liggen. Ze wist toen al genoeg, maar ik had geen idee. De keuken is nog precies hetzelfde, op de vloer liggen rode tegels die doorlopen in de woonkamer. Het plafond is hoog, maar door de houten balken voelt het laag. Links staat een bankstel in mijn speelhoek. De vloer maakt nog dezelfde krakende geluiden, al hoor ik dat ik tien jaar zwaarder ben geworden. Boven is de slaapkamer van mijn ouders nog steeds een slaapkamer. Ik loop naar de hoek waarin een houten stokje ligt. Ik trek eraan en hoor de bel die al mijn hele leven door mijn hoofd gaat. Het houten stokje kan helemaal naar het bed worden getrokken. Toen mijn moeder daarin lag met mij als eenjarige en later met Vlinder als baby trok ze aan het stokje om mijn vader te laten weten dat hij nodig was. Ik zou willen dat ze altijd aan dat stokje was blijven trekken, zodat mijn vader altijd was blijven weten dat hij nodig was. Ik trek er nog een keer aan, zo hard als ik kan, en leg het dan terug op zijn plek. Ik loop naar het raam dat uitkijkt over de tuin. Ik focus me op het gras waarop ik met hem voetbalde, want de schuur probeert mijn aandacht te trekken, maar daar wil ik niet naar kijken.

'Ooit heb jij gezegd,' zegt Klaas Drupsteen tegen papa, '"Ik voel de plicht om gelukkig te zijn, omdat het zo goed met me gaat."'

Mijn vader lacht. 'Dat is waar, ja. Maar ik ben de laatste paar maanden heel gelukkig, gemiddeld gezien.'

'Is dat iets van de laatste tijd?'

'De laatste paar maanden.'

'Daarvoor niet?'

'Een stuk minder, ja.'

'Wat is er gebeurd?'

'Ik denk dat dat een proces is van jarenlang ontwikkelen en allerlei dingen proberen. Ik heb boeken gelezen, cursussen gedaan, gemediteerd... En wat nou uiteindelijk de druppel is? Een paar maanden geleden was ik weer eens depressief, dat ben ik één keer in de zoveel tijd. En toen had ik het er zo verschrikkelijk mee gehad, ik werd toen zo kwaad! Omdat ik dus alles heb. Ik heb alles om gelukkig te zijn, alles! En dan gódverdomme...'

Papa brult zoals hij bij Theo van Gogh brulde tegen het stemmetje in zijn hoofd. Er zit tien jaar tussen die twee interviews, maar nog steeds brult hij tegen zichzelf. Of tegen iets in zichzelf.

'Isa roept al jaren: "Je moet een knop omzetten", dat kan zij blijkbaar. Maar ik kon die knop nooit vinden.'

'Wat voor knop is dat?' vraagt Klaas Drupsteen.

'Dat is een knop in jezelf. Ik weet het ook niet, maar ik heb hem denk ik wel gevonden. Ik nam het ook altijd heel serieus. Dan dacht ik: o jee, ik ben weer depressief. Hier kom ik nooit meer uit. Dus ik was heel passief in mijn depressiviteit. Maar als het nu weer komt, dan ga ik op zoek naar die knop.'

'Heb je onthouden waar die zit?'

Papa doet zijn ogen dicht. 'Ik denk...'

Hij lijkt de knop te zoeken.

'Ik denk het wel.'

Hij heeft nog steeds zijn ogen dicht.

'Het heeft te maken met een woede,' zegt papa, 'met een ik-wil-dit-gewoon-niet-ik-wil-iets-anders. Ik wil...'

Hij doet zijn ogen open. Lieve grote grijsblauwgroene ogen. De camera is op papa's gezicht ingezoomd, maar ik ga nog dichter bij het beeldscherm zitten.

'Leven,' knikt hij. 'Ik wil gewoon leven.'

De camera zoomt uit. Zijn hand ligt op zijn trui, op zijn hart. Daar zit de knop blijkbaar.

'Het is alsof je levend dood bent,' zegt papa, 'dat is voor mij depressiviteit. Dat is heel erg naar en het duurt ook zo lang. Soms duurt het maar een week, maar voor mijn gevoel duurt het een jaar. En het is zo naar. Dan heb je je kinderen tegenover je en je vrouw en je carrière en je voelt je alleen maar...'

Papa praat zachtjes. Alsof hij tegen zichzelf praat.

'Grijs.'

Ik zet mijn scooter op slot tegen een hek. Op mijn telefoon lees ik dat hij er pas over vijf minuten is. Hij heeft hier al een tijdje een appartement, maar ik ben nooit bij hem langsgegaan. Ik loop het plein op en kijk naar de standbeelden die ik al jaren passeer zonder er acht op te slaan. Johnny Jordaan heet het middelste standbeeld, het is een man met een grote bril. Links en rechts staan beelden die Tante Leen, Johnny Meijer en Manke Nelis moeten voorstellen. Johnny Meijer heeft een trekharmonica vast, Manke Nelis een cello. Het zullen dus muzikanten zijn. Helemaal rechts staat een beeld van een duo: Bolle Jan en Mien Froger. Zijn dit de ouders van René Froger? Wat gaaf als je ouders een standbeeld hebben. Ik vraag me af of ik het cool zou vinden als mijn vader een standbeeld zou krijgen. O, nee! Heel gek idee. Bovendien is hij daar niet belangrijk genoeg voor geweest, dat zou hij zelf het hardst roepen. Ik vraag me af of er überhaupt standbeelden van acteurs worden gemaakt. Deze mensen hier hebben een standbeeld, André Hazes en Bob Marley en 2Pac hebben ook standbeelden. The Beatles waarschijnlijk ook. Maar waarom acteurs eigenlijk niet? Waarom is er nergens een standbeeld voor Al Pacino of Rutger Hauer?

Ik hoor mijn naam en kijk om me heen.

'Ik ben al boven!' roept John, ik zie hem staan op de derde verdieping.

Achterin is de keuken, een kleine woonkamer zit aan de voorkant. Vanuit het raam kijk je uit over het pleintje met de beelden.

Volgens mij woont John op het leukste plekje van de Jordaan, al woont hij hier eigenlijk niet. Zijn echte huis staat in Wassenaar, daar gingen hij en zijn vrouw Yolanda wonen toen ze vertrokken uit Zevenhoven. Yolanda heeft iets gedaan bij de Postcode Loterij. John doet ook iets met liefdadigheid, al snap ik niet precies wat. Laatst zocht ik hem op Google en zag ik allerlei dingen over neushoorns en Afrikaanse natuurgebieden die hij helpt behouden of zoiets. In de keuken hangt een grote foto van Fred, de zoon van John en Yolanda. Hij was mijn beste vriend in Zevenhoven, we speelden altijd samen. Onze vriendschap is destijds verwaterd. Ik kwam niet meer naar zijn verjaardag en ik stopte met bellen. Niet omdat ik Fred stom vond, maar omdat ik dacht dat iedereen mij stom vond. Nadat hij met zijn ouders uit Zevenhoven was vertrokken, gaf hij in Wassenaar verjaardagsfeestjes. Daar kwamen kakkers op af, een paar mocht ik eigenlijk wel en ze mochten mij ook volgens mij. Maar voor mijn gevoel staarden ze me toch aan als ik binnen kwam lopen omdat ik een trui aanhad in plaats van een overhemd. Of een shirt met Muhammad Ali erop, zoals vandaag. Als ik niet op kwam dagen, belde Fred me de volgende dag om te zeggen dat iedereen het jammer vond dat ik er niet was. Inmiddels durf ik erop te vertrouwen dat Fred dat meende en dat het zijn vrienden echt niet uitmaakte dat ik geen kakker was. Maar het heeft lang geduurd voor ik die onzekerheid overwon, zo lang dat ik inmiddels niet meer word gebeld. Niet voor een uitnodiging en ook niet om te vertellen dat ik werd gemist.

John schenkt twee glazen rosé in en legt een stuk brie op een houten plank. In bakjes ernaast liggen toastjes, olijven en nootjes. Om Johns pink zit een zegelring, houten kralenarmbandjes zitten om zijn polsen. Zijn zwarte haar golft naar achter over zijn zongebruinde hoofd. Morgen moet hij weer naar het buitenland, hij moet vaak naar het buitenland. John houdt van zijn werk en het brengt hem veel: veel voldoening en een betere wereld. Hij geeft me een toastje met brie en ik zie dat zijn ogen nat zijn.

'Grote vriend,' zegt John tegen me en hij begint te huilen als hij me aankijkt. 'Gisteravond in bed begon ik al.'

In de reportage van Klaas Drupsteen zag ik mijn vader bij de Voedselbank. Hij was ambassadeur, dat wist ik niet. Hij zegt tegen een vrouw dat ze beter bruinbrood kan nemen in plaats van wit, dat dat gezonder is, hij zegt tegen haar dat hij dat weet omdat hij vader is. Omdat ze weigert om groente mee te nemen, stopt hij stiekem sinaasappels in de tas van de vrouw. Mijn vader deed dus ook iets voor het goede doel, maar ik geloof niet dat hij daar geld mee verdiende. Stom eigenlijk. Wat dat betreft heeft John het beter aangepakt: geld verdienen terwijl je de wereld mooier maakt. Maar dat deed mijn vader natuurlijk ook wel door mooie films te maken en voedselpakketten te vullen.

'We wilden een kerstboompje brengen naar de nieuwe buren, naar jullie dus,' vertelt John, 'jij was toen een jaar oud. We hadden al wel in het dorp horen rondzingen dat het Antonie Kamerling en Isa Hoes waren die in dat huis kwamen wonen, maar we wilden toch gewoon even kennis komen maken en iets leuks geven. Dat deden we immers bij alle nieuwe buren, dus waarom zou dat nu anders zijn? Omdat het bijna Kerstmis was – de kerst van 1999 – brachten we jullie een dennenboompje. Nou, ik kan je vertellen, Merlijn,' John begint nu hard te lachen, 'dat was een grote vergissing!'

Ik snij nu zelf een stuk brie af en geef een toastje aan John.

'Je vader en moeder waren heel afstandelijk.' John lacht. 'Ik zag in hun ogen: "O nee, hè! Zijn we Amsterdam ontvlucht om hier in alle anonimiteit opnieuw te beginnen, komt de buurman honderd meter lopen om een kerstboom te brengen." Yolanda en ik staken de gebruikelijke riedel af dat als ze een pak melk of eieren nodig hadden, ze altijd konden aanbellen. Maar we hebben je ouders nooit gezien aan onze voordeur. Pas met Pasen zagen we ze opnieuw, toen brachten we een paasstol!'

Ik moet nu ook hard lachen, ik herinner me dit verhaal weer. John gaat me nu vertellen dat het toen wel heel gezellig was.

'Ditmaal ging de voordeur open,' zegt John, 'en werden we direct uitgenodigd om koffie te komen drinken. Vanaf dat moment waren we onafscheidelijk. Isa en Yolanda zaten non-stop bij elkaar op de stoep te kletsen. En als Antonie en ik vrij waren, liepen we naar elkaar toe voor een kopje koffie. Hoewel, dat deden we vooral bij jullie thuis zodat Antonie in zijn badjas kon rondlopen. Dat vond ik prima, het had iets gezelligs. En het bleek een beetje *meant to be*: we kwamen erachter dat Yolanda en ik zijn broer Kristiaan al kenden uit Groningen, waar we alle drie studeerden. En mijn moeder bleek de beste vriendin van Antonies tante te zijn geweest, de zus van jouw grootvader, dus. Dus het ging heel organisch allemaal, het voelde heel vertrouwd om bij elkaar aan te schuiven. Hij werd heel snel mijn beste vriend en ik die van hem. Dat weet ik zeker.'

John neemt de laatste slok van zijn rosé en schenkt onze glazen opnieuw vol. Ik hoor hoe onzeker hij klinkt over zijn laatste woorden.

'Wat er bijzonder was aan onze vriendschap was dat we nooit over ons werk praatten. Dat is bijzonder omdat ik vaak de neiging heb om het over mijn werk te hebben. Maar Antonie snapte helemaal niks van wat ik deed en ik snapte niks van zijn artiestenwereld, waardoor we niet geïnteresseerd waren in elkaars status. Dat is heel prettig.'

'Maar als jij net terugkwam uit Afrika of hij had net een nieuwe filmrol, dan praat je daar toch over?'

'Tuurlijk, maar dat duurde dan drie minuten. Met Antonie praatte ik alleen maar over het nu. Niet over wat we hadden gedaan of wat we hadden bereikt, maar over hoe we ons vandaag voelden. Over onze vrouwen, jou, Josephine, Fred en later ook Vlinder, de tuin, de vogels, de koffie en dat er te veel suiker in zat.'

'Jullie waren dus twee ouwe wijven?' lach ik.

'Absoluut,' zegt John bloedserieus. 'Absoluut. Antonie snapte ook veel van vrouwen. Als ik wel eens onenigheid had met Yolanda ging ik altijd naar hem toe voor advies, want hij kon me dan precies uitleggen wat er aan de hand was. Alleen al van die adviezen werd ik rustig. Dan bleef ik bij hem hangen en kletsten we over van alles en nog wat. We kwamen echt tot rust bij elkaar. We waren ook, los van elkaar, om die reden naar Zevenhoven getrokken: om rust te vinden. Jouw vader kon de prikkels van de stad niet meer aan en ik woonde hier in Amsterdam aan de Amstelveenseweg en had een rinkelende tram voor de deur. Ik wilde gewoon naar het groen en dat wilde hij ook, dus daarin vonden we elkaar. We woonden in het paradijs, zo zagen we het. Ik werkte nog steeds in Amsterdam, dus aan het einde van de dag reed ik het groen in, kwam ik thuis en pakte ik de kinderen. Dan liepen we de dijk af naar jullie, zodat jij met Fred kon spelen en ik met je vader kon hangen. Jouw ouders vonden het heerlijk om dit soort kaasplanken klaar te maken. Met noten, toast en olijven. Maar daar kon ik natuurlijk niet van leven, dus ik nam vaak onze eigen pizza's mee. Die bakte ik in jullie oven en die deelde ik uit. Dat vond Antonie fantastisch. Wat zo fijn was, was dat Antonie niet oordeelde. Ik mocht er mezelf zijn. Overdag de drukke jongen op mijn werk, 's avonds bij Antonie een vader. We hebben ook nooit ruzie gehad, nooit. We dronken ook niet veel. Antonie en ik dronken vooral koffie, want koffie maken was zijn passie. Hij had een heel duur koffieapparaat gekocht, drie keer per dag haalde hij dat ding helemaal uit elkaar en ging hij het vervolgens heel geconcentreerd schoonmaken en ontkalken. Hij had helemaal uitgevogeld wat de perfecte balans was: hoeveel koffie, hoeveel melk, tot op de milliliter nauwkeurig. Het was de allerlekkerste koffie die ik ooit heb gedronken.'

'Dat weet ik nog,' zeg ik, 'hij was echt gek op zijn koffie. Hij wilde niet naar bepaalde cafés of terrassen omdat hun koffie niet deugde. Hij kon het bijna nergens anders drinken dan thuis. Ik zie dat apparaat daar weer staan nu. Als je binnenkwam, stond-ie meteen om de hoek.'

'Om de hoek links, ja. Dat klopt.'

Gek dat kleine dingetjes zo leuk zijn om me weer te herinneren. Ik was te jong om mijn vaders koffie te drinken, maar ik had wel door dat hij heel erg gelukkig werd van zijn koffieautomaat. Ik hoor zelfs weer hoe het klonk als hij het uit elkaar haalde, schoonmaakte en weer in elkaar klikte. Het waren vertrouwde geluiden uit de keuken waarin een vader stond die zich ontspannen en gelukkig voelde.

'Het klinkt alsof je mijn vader in zijn beste periode trof,' zeg ik tegen John.

'Dat is achteraf ook zo. Het leven lachte hem toe. Hij speelde toen in *All Stars, Elisabeth* en zijn beste rol ooit in *Turks fruit*, de musical naar de klassieker van Jan Wolkers. Ik ben gaan kijken naar dat stuk en het paste hem zo goed. Ik heb me vaak afgevraagd of dat artiestenbestaan wel goed voor hem was. Die audities, de afwijzingen. Pas toen ik hem in *Turks fruit* zag, wist ik dat hij inderdaad een verdomd goede acteur en zanger was. Die stem, die zang. Ik ging overigens niet graag naar premières en andere galadingen van je ouders – omdat ik op zo'n avond de connectie met ze miste omdat de producent en de pers zo aan ze trokken – maar in *Turks fruit* zag ik wat voor een ster hij was. Antonies carrière bereikte een hoogtepunt, hij werd bedolven onder complimenten, hij woonde in zijn boerderij in Zevenhoven, er was zon, groen, water, wij ontmoetten elkaar en onze kinderen werden beste vrienden: het leven was perfect. Maar als zo'n stuk dan klaar is en de laatste voorstelling gespeeld, vind dan maar eens opnieuw een rol die goed bij je past, waarin je kunt laten zien wie je bent en wat je kunt. Dan kun je Antonie Kamerling heten, als de producent een ander type zoekt, dan maakt het niet uit hoe populair of hoe goed je bent. Dan zit je gewoon thuis en vallen er blauwe enveloppen op je mat. Wanneer hij dan weer een poosje thuiszat, ging het bergafwaarts. Ik heb hem toen geadviseerd om het te organiseren zoals Thom Hoffman: die was acteur en in de periodes dat hij geen rollen kreeg, was hij fotograaf. Dat werd zijn hoofdinkomen. Acteur zijn als de juiste rol langskomt en je geld verdienen met iets anders. Antonie had dat niet. Die leefde van acteren en als er geen rol was, was er dus ook geen inkomen.'

'Merkte je daar wel eens wat van? Dat er geen geld was bijvoorbeeld?'

'Pas na zijn dood eigenlijk. Overal lagen papieren. In de woonkamer, op de eettafel. Daar maakte ik me wel eens zorgen om. Ik adviseerde hem om van muziek zijn hoofdinkomen te maken. Je vader kon namelijk zo mooi pianospelen, ik geloofde dat hij daar zijn geld mee kon verdienen. Hij speelde dan gewoon wat in hem opkwam, klassieke muziek, totaal geïmproviseerd. Het was zo ongelofelijk mooi. Het nadeel was dat wanneer hij zag dat je luisterde en je ervan genoot, hij er direct mee stopte. Ga door, zeiden we dan met tranen in onze ogen, maar dat wilde hij niet. We kwamen dan te dicht bij zijn ziel of zoiets. Ik praatte dan op hem in dat hij er iets mee moest doen naast zijn acteercarrière, improvisatieconcerten geven. Bij mensen thuis, overal, maakt niet uit, maak er een merk van: Antonie Kamerling Improvisatieconcerten. Maar hij wilde het niet. Op mijn verjaardag kwam hij een keer met een improvisatie-cd aanzetten. Die had hij zelf voor me opgenomen. Er stond op geschreven: *Relaxmode for Good Old Johnnie*. Ik koester die cd en ik kan er niet naar luisteren zonder te huilen. Toen en nu al helemaal. Het is nog steeds de mooiste muziek die ik ooit heb gehoord.'

'Jij kunt hem dat wel adviseren,' zeg ik, 'maar jij hebt toch geen verstand van muziek? Ik zag van de week een televisieopname waarin hij ook pianospeelde. Dat vond ik ook heel mooi om te horen – ik herinnerde het me zelfs weer – maar ik ben niet objectief. Dus waarom dacht jij dat zo'n carrière voor hem in het verschiet lag?'

'Nou ja, wie het beaamt,' zegt John, 'is Wibi. Ken je Wibi Soerjadi? Dat is een Nederlandse pianist. Hij heeft ooit gezegd: "Er is maar één iemand die aan mijn piano mag komen en dat is Antonie Kamerling, want hij heeft een meesterlijke aanslag." De laatste keer dat ik Antonie zag, zat hij in een dal waar hij niet uit kwam. Ik heb nog nooit zo tegen iemand aan zitten lullen. Dat hij wel iets kon, dat hij goed was, dat hij vol moest houden. Ik begon weer over de muziek, hoe mooi het was als hij speelde. Maar ik bereikte hem niet. *Hij kon niets, hij was niets.* Ik heb op hem ingepraat, maar het had geen enkele zin. Ik merkte dat ik zelf omsloeg. In plaats van dat ik hem wilde helpen, werd ik geïrriteerd. Laat dan ook maar, dacht ik. Tien dagen later was hij dood.'

John staat op en loopt naar het raam. Met zijn handen in zijn zakken staart hij naar buiten, naar beneden. Ik schenk onze glazen vol rosé en loop naar hem toe, geef hem zijn glas en kijk ook naar beneden. Mensen zitten op bankjes in de schemering.

'Dat zijn muzikanten, toch?' vraag ik.

'Zeker,' zegt John. 'Johnny Jordaan en Tante Leen, legendarische zangers van het Amsterdamse levenslied die in de Jordaan geboren en getogen zijn.'

'Waarom zijn er geen standbeelden voor acteurs?' vraag ik.

John moet lachen. 'Goede vraag,' zegt hij. 'Ik heb geen flauw benul. Het zou helemaal niet gek zijn als er een standbeeld voor Robert De Niro wordt opgezet ergens. Ik herinner me dat je vader hem altijd benijdde. Als we ergens waren, op een terrasje bijvoorbeeld, en er kwam iemand naar hem toe die een handtekening of op de foto wilde, refereerde je vader altijd aan Robert De Niro. Dan vertelde hij me dat De Niro door zijn wijkje Greenwich in New York kon wandelen en dat iedereen hem herkende, maar hem gewoon met rust liet. Antonie ging altijd heel lief met iedereen op de foto en zette met heel veel geduld handtekeningen, maar liever werd hij gewoon met rust gelaten.'

Ik neem een slok van mijn rosé. 'Ik wist dat helemaal niet van Robert De Niro,' zeg ik.

'Ik ook niet,' zegt John.

Ik kijk naar beneden. Hoe gezellig zou het zijn om daar vaker met John te gaan zitten, om die rare standbeelden heen. Met een fles rosé, misschien zelfs met Fred als hij het nog leuk vindt om me te zien.

'Het spijt me dat ik hier nooit eerder langs ben geweest,' zeg ik.

'Je kon het niet, hè?' zegt hij. 'Dat geeft niks. Je moeder en Vlinder hebben hier afgelopen december nog sinterklaas gevierd, maar jij was er niet bij. Je bent er al een paar jaar niet bij en dat snap ik heel goed. Omdat het toch altijd weer over je vader gaat. Elke avond, elk sinterklaasgedicht. Het is namelijk onmogelijk om het niet over hem te hebben. Omdat het zo'n mooi mens is en het zo wreed is wat er is gebeurd.'

'Heb je met de rest van de familie ook nog contact?'

'Met de familie Kamerling? Eigenlijk alleen op verjaardagen van jullie of vaste data die met je vader te maken hebben.'

Hij denkt even na en glimlacht dan.

'Het is een bijzondere familie, met bijzondere mensen. Je vader net zo goed. Het is een heel klassieke familie. Met klassieke muziek, met regels, netjes opgevoed en ook nog zakelijk heel succesvol. Alles keurig op orde. Vooral Antonie is daar gefrustreerd over geweest, denk ik. Allemaal hebben ze hun eigen weg gekozen, maar ze zijn toch ook bij elkaar gebleven, heel close. Antonie koos ervoor een soort hippie te worden. Heel afwijkend. Een soort piraat op blote voeten. Maar ik prikte daar feilloos doorheen. "Je bent gewoon een kakker," zei ik dan. "Daar kun je niet voor vluchten. Eens een kakker, altijd een kakker." Daar moest hij dan keihard om lachen. "Tuurlijk," zei hij dan, "ik ben me gewoon aan het afzetten." Maar dat je in een T-shirt loopt in plaats van in een polo, betekent niet dat je geen kakker meer bent. Dat merkte ik vooral toen we een weekend weggingen voor mijn veertigste verjaardag. We zijn met veertig jongens gaan golfen, en je vader vroeg ik uiteraard ook mee. Maar hij zag daar vreselijk tegen op. "Wat moet ik met al die ballen van jou?" vroeg hij. "Gewoon golfen, dus trek je mooiste Lacoste-polo aan en ga mee." Wat bleek? Antonie vond het fantastisch! Hij vond mijn vrienden fantastisch en mijn vrienden vonden hem fantastisch. Hij zat goed in zijn vel, hij deed mee, hij golfde, hij was vrolijk, kletste veel. Hij voelde zich als een vis in het water, tot zijn eigen verbazing.'

'Maar Reinout Oerlemans vertelde over een vrijgezellenweekend en dat papa toen in een apart busje ging zitten met een andere hippie, uit een soort protest tegen de kakkervrienden van Reinout.'

'Maar dan moest hij waarschijnlijk kiezen. Dan kiest hij dus voor iets wat hij zou willen zijn en verzet hij zich tegen het andere. Maar dat kon hij bij mijn vriendengroep niet, want hij was gewoon bij iedereen op z'n gemak en voelde zich heerlijk. Maar dat paste natuurlijk niet bij zijn acteerwereld, daar was hij de stoere blonde Antonie Kamerling die in boekverfilmingen speelde. Maar thuis begon hij in polo's te lopen en bleek hij supergoed te kunnen golfen.

Ik herken wel een beetje wat John vertelt over papa, ik herken mezelf. Papa ging dood toen ik elf was, dus hij heeft me nooit echt kunnen helpen om mijn eigen identiteit te vinden. Misschien had hij die samen met mij kunnen vinden. Als hij langer had geleefd, had hij er misschien achter kunnen komen of hij een kakker of een hippie was. Of een piraat. Ik weet zelf ook niet wat ik ben. Ik ben niet zoals mijn vrienden, ik weet niet eens of zij al een eigen identiteit hebben. Sommigen studeren, anderen weten niet wat ze willen. Ik weet eigenlijk niet eens zeker of al die jongens wel echt mijn vrienden zijn. Misschien ben ik precies zoals mijn vader. Iemand die nergens echt bij hoort, die het liefst alleen is en er nooit echt achter zal komen wie of wat hij is. Waardoor papa en ik nog meer bij elkaar horen dan we ooit hebben geweten.

'Het heeft allemaal met identiteit te maken,' zegt John. 'Je moet weten wie je bent en wat je wil om echt het leven – jouw leven – te omarmen.'

'Ik heb nooit beseft dat mijn vader zo zoekende was. Terwijl... zal ik eens iets geks vertellen?'

'Graag,' zegt John.

'Ik heb nog één zak met kleren thuis,' vertel ik, 'dat realiseerde ik me net toen jij vertelde over zijn tweestrijd. Het is een zak vol kleren van papa. Ik wist nooit wat ik daarmee moest. Want weet je wat erin zit?'

'Nou?'

'Die zak zit vol met overhemden en polo's. Van Lacoste.'

John lacht met zijn hoofd in zijn nek. Een lach zonder geluid. Het is een soort emotionele lach waarin tien jaar lang onderdrukte opluchting en bevestiging klinken. Als hij me aankijkt, verdwijnt zijn lach weer.

'Het moet verschrikkelijk vermoeiend zijn om zo lang te moeten zoeken naar wie je wellicht bent.'

Hij drinkt zijn glas leeg.

'Ik had pas door dat er iets ernstigs met hem aan de hand was toen we met elkaar in Amerika op reis waren, in Vermont. We waren al eerder op vakantie gegaan naar Amerika. Dat was een fantastische tijd. Antonie was er met Vlinder en jou piano aan het spelen en was de hele tijd buiten in de weer. Eigenlijk was het de vrolijkste vakantie ooit. Met z'n allen koken en afwassen, het was echt heel gezellig. De gaafste twee weken uit mijn leven. Maar die tweede keer ging het niet goed. Antonie kwam zijn bed niet uit, liep in zijn pyjama rond. Hij zei dat hij ziek was, maar dat was hij helemaal niet. Ja, ziek in zijn hoofd. Isa vond het verschrikkelijk dat ze twee weken lang tegen een man in pyjama moest aankijken. Heel soms had hij wel even een oplevinkje, al was dat vooral vanwege de kinderen. Maar als die naar bed gingen, ging Antonie ook weer naar bed. Toen had ik voor het eerst door dat het niet goed ging. Maar dat koppelde ik niet direct aan een depressie. Daar heb ik me later ook schuldig om gevoeld: ik stond zo dicht bij hem, maar ik heb hem niet kunnen tegenhouden. Ik dacht dat het kwam doordat hij even geen werk had. Dat hoor je wel eens, dat dat bij het artiestenbestaan hoort. Dat wanneer je een poosje thuiszit, je dan wat somber kan worden. Maar ik wist toen zo weinig, ik hoorde geen alarmbellen. Ik ken nu iemand met een burn-out, ik ben veel alerter. Ik hou hem dan een beetje extra in de gaten. Maar daar was ik in die periode met Antonie niet mee bezig. Ik lulde gewoon wat tegen hem aan: "Joh, je hebt nu even geen werk, maar dat komt wel goed. Ga muziek maken, kom mij in de tuin helpen of ga nog meer golfen." Ik heb nooit doorgehad dat hij zou doen wat hij heeft gedaan. Pas vlak voor zijn dood kwamen er aanwijzingen. Toen gaven wij een feestje en kwam hij niet opdagen. Toen is hij naar de zee en naar het spoor gelopen, de volgende dag is hij door Isa bij een psychiater neergezet. Toen dacht ik: oké, hij is onder behandeling. Meer kan ik nu niet doen. Maar ja, dat kon ik wel. Ik had elke dag naast hem kunnen gaan liggen.'

John draait zich langzaam om en loopt terug naar de keuken. Ik loop achter hem aan. Hij gaat aan tafel zitten en pakt een handje nootjes. Hij kijkt ernaar en wrijft er met zijn duim overheen, hij lijkt niet van plan de nootjes in zijn mond te stoppen.

'Maar goed,' zegt hij, 'het is niet gebeurd. Ik werkte me toen ook al het leplazarus. Ik ben er vaak niet, ik ben continu aan het reizen.'

Hij stopt de nootjes in zijn mond.

'Maar dat is geen excuus,' zegt hij. 'Ik heb het niet gedaan. We hebben het allemaal niet gedaan.'

John lijkt zich te excuseren tegenover mij, maar dat hoeft hij helemaal niet. Dat zou ik hem moeten zeggen, maar ik krijg mijn mond niet open.

'Vooral de laatste jaren was ik er niet voor hem, want we trokken weg uit Zevenhoven. We zijn in Wassenaar gaan wonen. Yolanda vond het iets te verstild in Zevenhoven, het was natuurlijk ook gewoon ver van de bewoonde wereld. Ik heb nooit last gehad van de stilte daar, ik gedij het beste tussen het gras en de koeien, maar Yolanda wilde ook voor onze kinderen meer leven in de brouwerij. Dus toen verkochten we ons huis en vertrokken we naar Wassenaar: een dorp waar veel meer gebeurde, vlak bij Den Haag en Leiden. Het contact tussen mij en Antonie werd daardoor minder. Maar dat is logisch als je geen buren meer bent. Voor mijn gevoel ging het zorgeloze leven bij je ouders gewoon door. Dus ik maakte me eigenlijk nooit echt zorgen. Totdat ik Antonie dus op die vakantie in Vermont meemaakte en hij niet uit zijn pyjama kwam. Toen merkte ik wel dat er dingen waren veranderd in jullie vrolijke gezin.'

'Konden mijn vader en moeder wel tegen die stilte in Zevenhoven?'

'Ik weet het niet. Je moeder wilde terug naar Amsterdam, ze hebben het huis ook een paar keer te koop gezet. Maar je vader twijfelde vaak. De winters waren er natuurlijk lang en stil, zeker als je geen werk hebt, maar hij hield ook niet van drukte. Ik moet je heel eerlijk zeggen dat ik er ook nooit mensen heb gezien. Wel familie, je ooms en tantes, maar niet vaak. Als er een verjaardag werd gevierd, was er alleen familie en waren er wat mensen via je moeder. Maar ik heb nooit vrienden van je vader gezien.'

'Had papa wel vrienden?'

John kijkt verbaasd op, alsof deze vraag hem nooit eerder is gesteld. 'Nou, volgens mij niet. Ik weet nog wel dat er op de begrafenis allemaal mensen stonden die ik voor het eerst zag. Ik had Beau van Erven Dorens nog nooit gezien en Reinout Oerlemans heb ik ook zelden in zijn tuin zien zitten. Ik geloof zeker dat Antonie een geschiedenis met hen heeft gehad, maar ze kwamen niet echt bij jullie over de vloer.'

'Maar jij was toch een vriend? Peter Paul zei tegen me dat papa geen vrienden had. Maar jij was dat toch wel?'

'Zeker, dikke vrienden zelfs. Omdat we niks van elkaar verlangden, snap je? Als we bij elkaar waren, was het gewoon goed. Ik heb me bij niemand in mijn leven zo op mijn gemak gevoeld als bij je vader. Als ik naast hem zat, was het gewoon goed. En ik geloof dat hij dat bij mij ook zo heeft ervaren. Ik heb nooit tegen hem gezegd dat hij iets niet goed deed of dat zijn gedrag niet klopte. Hoogstens zei ik wel eens dat hij in de winter schoenen aan moest trekken omdat hij kou zou vatten op zijn blote voeten. En wanneer hij jou soms in de winter in een korte broek naar school stuurde, corrigeerde ik hem wel even.'

'Een korte broek in de winter?'

'Ja, dat wilde jij graag. En alles mocht van Antonie, het was een vrije opvoeding.'

'En dat vond de school goed?'

'Nee, natuurlijk niet! Die belde wel eens: "Kun je je zoon even ophalen of een lange broek komen brengen?"'

'Vond je dat niet heel raar?'

'Jawel, maar Yolanda en ik konden ernaar kijken vanuit zijn optiek. Antonie was nou eenmaal anders dan andere vaders en dat vonden wij prachtig. En het was geen kindermishandeling natuurlijk, jij was een ontzettend gelukkig jochie. Ik weet nog dat Antonie met jou en Fred deeg ging maken, voor croissantjes of iets dergelijks. Vervolgens begon een van jullie twee dat omhoog te gooien en kwamen jullie erachter dat het aan het plafond bleef plakken. Toen werd het natuurlijk een spel, waar Antonie vrolijk aan meedeed. Er was geen enkele andere vader die dat deed. Fred heeft nog steeds foto's van dat soort dagen op zijn kamer hangen. Antonie was de ultieme vader. Hij was er altijd voor jullie en hij deed alles met jullie. Samen op de fiets, overal mee naartoe in de auto. Dan mocht je zelf sturen, in de auto zat je bij hem op schoot en dan mocht jij als vierjarige zelf sturen, dat vond je natuurlijk fantastisch.'

'Dat weet ik nog, ja!'

'Over de dijk in de Cadillac, zelf naar school sturen.'

'Maar ik kon het ook echt, weet ik nog. Hij deed dan de pedalen en ik stuurde.'

'Ik kon best wel eens met een jaloerse blik naar je vader kijken, omdat hij zo'n leuke vader was en omdat Fred altijd zo graag naar jullie toe ging. Dan wilde ik ook zo'n gekke vader zijn, want bij jullie was het altijd feest. Muziek aan en dansen. Jij zat altijd op zijn schouders, onafscheidelijk. Nou, en dat er dan af en toe een lange broek werd vergeten, dat vonden wij ook prima, want je had een hartstikke mooi leven.'

'En toch vond ik het juist vervelend dat het bij ons altijd anders was. Als ik bij jullie ging spelen, was alles normaal. En ik haatte het als hij als overblijfvader in zijn badjas kwam en piano ging zitten spelen.'

John leunt achterover en slaat zijn armen over elkaar. Hij denkt lang na.

'Ik snap dat je je daar vervelend over hebt gevoeld. Maar je moet jezelf de vraag stellen: deed hij dat om jou een vervelend gevoel te geven?'

'Nee, dat geloof ik niet.'

'Precies,' zegt John, 'integendeel!'

'En de kinderen op school vonden het wel leuk, herinner ik me nu.'

'Ja joh!' roept John. 'Op school vond iedereen Antonie de leukste vader die je maar kon bedenken. Die kwam lekker binnenwaaien en ging voor iedereen piano zitten spelen tijdens het overblijven. Dat was een feestje, kinderen wilden niet meer naar huis tussen de middag!'

Ik voel tranen achter mijn ogen branden.

'Ik denk,' zegt John, 'dat de afstand die jij hebt genomen van je vader, gebaseerd is op de laatste jaren van zijn leven. Toen was het gewoon minder leuk, je vader was aan het opbranden.'

'Ja,' zeg ik zacht.

'De perfecte vader veranderde ineens in een disfunctionele vader.'

'Altijd op de bank, in bed,' fluister ik. 'Alsof je levend dood bent.'

'Maar die man op de bank was Antonie niet,' zegt John. 'Antonie was die leuke vader, die altijd met jou bezig was. Die zijn leven om jou heen wilde bouwen. En die vader ga je je hopelijk weer meer herinneren.'

'Dat doe ik al,' zeg ik. 'En ik word daar niet per se verdrietig van.'

'Goed zo,' zegt John. 'Goed zo.'

6
Een-twee-drietje

Medina Schuurman

Volgens mij heb ik heel veel geluk met mijn ouders. Het is wel eens vervelend dat ze bekend zijn, maar er is niemand die ze stom vindt. Voor zover ik weet natuurlijk. Ze hebben geen schandaal meegemaakt, zijn niet ladderzat gefotografeerd en ze zijn niet gescheiden. Het enige jammere dat volgens mij wel aan mijn achternaam kleeft, is dat veel mensen direct aan zelfmoord denken. Maar ik vind het beter dat mensen me vertellen hoe erg ze het van mijn vader vinden dan dat ze mijn vader erg vinden. Als ik kinderen van beroemde ouders google, lees ik de verschrikkelijkste dingen. Het schijnt vaak zwaar te zijn om een beroemde achternaam te hebben, omdat ze daar beroemd van worden zonder dat ze er zelf voor hebben gekozen. Kinderen van beroemde ouders kunnen minder gemakkelijk de dingen doen die andere kinderen van hun leeftijd doen, omdat ze net als hun ouders in de gaten worden gehouden door de roddelpers. Uiteindelijk ervaren ze daarom vaker druk dan de kinderen van onbekende ouders, want als je niet net zo beroemd of succesvol wordt als je ouders, dan is er blijkbaar iets misgegaan. In mijn leven valt dat allemaal best mee, mijn ouders zijn er altijd heel voorzichtig mee omgegaan. Mijn moeder vertelde me ooit dat zij en papa weigerden om de roddelbladen een foto van mij te geven toen ik net geboren was. Ze vonden dat hun pasgeboren baby iets van henzelf was, en terecht, vind ik. Een roddelblad raakte daar zo geïrriteerd van dat ze schreven dat Antonie Kamerling en Isa Hoes een gehandicapt kindje hadden gekregen. Ook los daarvan wordt er nog wel eens iets over me geschreven of worden er foto's van mijn Instagram getoond om mensen te laten zien hoe het volwassen kind van Antonie en Isa er tegenwoordig uitziet. Een van de eerste dingen die ik over mezelf lees als ik mijn naam intik, is dat mijn moeder zich zorgen om me maakt. Ze vindt dat ik te veel blow, staat er. Omdat mijn vader het ook heeft gedaan, snapt ze niet dat ik het ook doe. Mijn vader is dood, zegt ze erbij. Ik snap niet wat dat met elkaar te maken heeft, want hij is doodgegaan aan een depressie, niet aan een jointje. Het irriteert me dat mijn moeder er steeds over begint en dat ik er nu ook op internet over moet lezen. Ik val er namelijk niemand mee lastig en ik doe er al helemaal niemand kwaad mee, ik vind het gewoon fijn. Het ontspant me en zet mijn hoofd uit. Als ik 's morgens wakker word, ga ik sporten en daarna draai ik een jointje om lekker mee op de bank te liggen. Films kijken, gamen, met vrienden kletsen. Het leidt mijn gedachten af van de totale zinloosheid van mijn bestaan. En als er straks iets leuks op mijn pad komt, ga ik minder blowen. Als ik bijvoorbeeld word gebeld over een gave baan, zal ik direct minderen. Er was een tijd dat ik me een niksnut voelde door de hele dag op de bank te zitten blowen. Ik dacht toen nog dat mijn vader het af zou keuren als hij nog had geleefd. Maar inmiddels weet ik dat hij toen hij zo oud was als ik, ook gewoon de hele dag zat te blowen en niks uitvoerde op de universiteit. Zijn leven kreeg pas de vorm die ik ken, toen er een telefoontje kwam van *Goede tijden, slechte tijden*. Op zo'n telefoontje wacht ik, maar tegelijkertijd weet ik natuurlijk ook dat het niet zo werkt.

Ik word in de wacht gezet door de receptioniste van een productiehuis. Ze leek te schrikken van mijn naam. Toen ik online aan het zoeken was naar mezelf, mijn vader en naar kinderen met beroemde ouders, las ik over een televisieprogramma dat, heel toepasselijk, *Beroemde ouders* heet. En mijn vader heeft daaraan meegewerkt.

'In dit televisieprogramma wordt er gekeken naar kinderen van enkele bekende Nederlanders met hun dagelijkse bezigheden en regels. Ook wordt er met de BN'ers gesproken over de opvoeding van hun kinderen,' staat er op Wikipedia.

Naast mijn vader doen ook Monique van de Ven, Robert ten Brink,

Caroline Tensen en John de Wolf mee. John de Wolf speelde vroeger bij Feyenoord, dus misschien dat papa daarom aan dit programma meedeed. Het was 2006 toen het programma werd uitgezonden, toen was ik dus zeven en Vlinder was net een jaar oud.

'Ja, daar ben ik weer,' zegt de receptioniste. 'Het klopt dat wij dat programma hebben gemaakt. Wat wil je precies weten?'

'Ik heb geprobeerd om het terug te kijken op internet,' antwoord ik, 'maar ik kan het nergens vinden. Hebben jullie het misschien nog liggen daar? Zou ik langs mogen komen om het te bekijken?'

'Je mag altijd langskomen, Merlijn,' antwoordt de vrouw, 'maar ik kan er ook een dvd van maken en die naar je opsturen. Vind je dat ook goed?'

'Natuurlijk, graag,' antwoord ik, 'ik geef je mijn adres.'

'Dan doe ik er ook een foto bij die bewaard is gebleven. We hebben hier een grote foto liggen van de opnames, het is een mooie foto van je vader in de tuin.'

'O,' zeg ik, 'leuk.'

Op de dvd zit papa in onze tuin in Zevenhoven. Er zijn beelden van hem en mij op de trampoline en ik zie ons voetballen. Mijn haar is lang, tot ver over mijn schouders, onze voetbal is van Ajax. Papa knuffelt Vlinder in het hoge gras, zijn haar is ook lang en hij ziet er ontspannen uit. Het interview vindt plaats aan de houten tuintafel, er staat een halflege fles witte wijn op. Op de achtergrond staat naast de schuurdeur mijn groene speelgoedgraafmachine, die ik me ineens weer herinner. De foto die is meegestuurd, is zwart-wit. Je ziet de interviewsetting in de tuin. Mijn vader zit te lachen, het gezicht van de cameraman wordt geblokkeerd door de camera, de geluidsman lacht terug naar papa. Ik zie een vrouw met een zwarte paardenstaart maar ik kan niet goed zien of dit mijn moeder is of iemand van het televisieteam, want ze staat met haar rug naar de fotograaf. Ik zal de foto aan mijn moeder geven, zij weet vast wel of zij de vrouw met de paardenstaart is. Bovendien weet ik zelf niet zo goed wat ik met de foto moet.

'Er wordt heel veel over ons geroddeld,' vertelt papa in het televisieprogramma over Zevenhoven. 'Ongetwijfeld wordt er hier in de buurt schande over me gesproken, want ik vind het heel leuk om kinderen op schoot te hebben in de auto. We wonen aan een heel rustig kronkelig weggetje waar toch niemand rijdt, dus mag Merlijn altijd op schoot. Totdat het gevaarlijk wordt. En soms ook Vlinder, dan vergeet ik het autostoeltje en zet ik Vlinder gewoon op schoot. Dan zie ik mensen echt kijken. Dan denk ik: joh, stik er maar in, veel plezier ermee, jullie doen weer dingen die ik belachelijk vind.'

Ik loop naar mijn koelkast om wat te drinken te pakken zonder het programma te pauzeren. Ik merk dat ik al wat meer ontspannen met mijn vader omga. Mijn adem stokt niet meer als ik hem zie of hoor en niet elk woord dat hij uitspreekt, is heilig voor me. Hij blijkt gewoon een mens van vlees en bloed, eentje die met een baby op schoot door zijn woonplaats rijdt.

'Wat ik erg vind, is kritiek op de opvoeding,' gaat hij verder. 'We hebben wel eens op school een moeder gehad die tegen Isa zei: "Ik vind het belachelijk dat Merlijn op de crèche is terwijl Antonie gewoon thuis is." Dat hakt er zo verschrikkelijk in, zeker als je het van iemand anders hoort. Ik heb veel werk thuis, dus dan ben ik gewoon bezig. Scripts voorbereiden en we zijn ons eigen bedrijf, dus dan doe ik administratie. En dan nóg trouwens, ik vind het bovendien heel goed! Een crèche is goed voor hun sociale ontwikkeling.'

De afleveringen van het programma zijn opgebouwd in thema's, zoals geboorte, angsten en dromen. Mijn vader vertelt dat ik voetballer wil worden en dat hij vindt dat ik dat heel goed kan. Hij vertelt dat ik als baby een keer van de commode ben gevallen en Vlinder een keer van het aanrecht. Hij vertelt eigenlijk gewoon alles, zoals hij steeds doet in interviews, maar dit keer vertelt hij niet over depressies en stemmetjes in zijn hoofd. Waarschijnlijk zouden de makers daar dan een apart thema van hebben gemaakt.

'Voordat we aan kinderen begonnen,' vertelt hij over de tijd dat ik er nog niet was, 'heb ik Isa ten huwelijk gevraagd en zijn we getrouwd. Dat vond ik romantisch. We zijn in Venetië getrouwd en toen stopte Isa met de pil. Toen zijn we met de resterende strip naar allemaal mooie plekjes in Venetië gegaan, dus naar een bruggetje en naar het San Marco, en daar hebben we met een wens voor Merlijn al die laatste pillen achtergelaten. Dat was zo leuk.'

Wanneer ik eenmaal ben geboren, vindt papa het een stuk minder leuk.

'Die eerste drie maanden met Merlijn vond ik verschrikkelijk. Ik wist bij God niet wat ik allemaal moest doen en al die kraamvisite was in het begin veel te veel. Ik zeg daarom altijd tegen nieuwe ouders: "Je hoeft niet gelukkig te zijn, maar het is fijn als je dat wel bent. Het kan ook even duren."'

Ik heb het gevoel dat mijn hele jeugd kapot is gemonteerd in een paar kwartiertjes. Zegt mijn vader net nog dat hij de eerste drie maanden van mijn leven verschrikkelijk vond, daarna vertelt hij hoeveel lol hij met me had.

'Ik ben een vader die heel erg moet uitkijken dat hij niet op het niveau van de kinderen gaat zitten. Dat zegt Isa vaak: "Je bent zijn vader, niet zijn vriendje." Daar heeft ze gelijk in, dat weet ik inmiddels ook wel. Maar het liefst ga ik met Merlijn kattenkwaad uithalen. Ik voel zo verschrikkelijk veel liefde. Ik ben zo vaak ontroerd door ze, het geeft me zo ontzettend veel. Je hoort wel eens dat mensen vrachtwagens kunnen optillen als er een kind onder ligt, ik geloof dat dat echt kan. Alles in je waakt over dat kind. Waar ik me het meest zorgen om maak, is blowen. Drank ook wel, maar blowen nog meer – omdat ik het zelf heel veel heb gedaan, en het lijkt onschuldig, maar het is afstompend. Ook de mate waarin mensen het doen. Ik geloof niet dat we ouderwets zijn om ons er zorgen om te maken, ik geloof echt dat het niet goed is. Ik hoop dat mensen dat eens gaan inzien. Ook drank, hoor. Het is natuurlijk belachelijk. Daar had ik vroeger ook ruzie over met mijn ouders, dat blowen niet mocht en drinken wel. Het is natuurlijk een grote killer, maar het wordt allemaal geaccepteerd in deze maatschappij, want het is gezellig.'

Wat bizar dat mijn vader dit toen al zei. Pas sinds kort zie ik overal alcoholvrije drankjes met 0.0 in de naam en zie ik op Instagram hashtags als #dryjanuary. Papa had het er anderhalf decennium geleden al over. Als hij nog was blijven leven, was ik misschien wel nooit met blowen begonnen. Ik herken het ook wel, ik voel me vaak afgestompt.

Ik zet de dvd op pauze. Het voelt zo vreemd om vaderlijk advies te krijgen van een vader die er niet meer is. Ik was toen veel te jong om gewezen te worden op de gevaren van drank en drugs en nu doet hij dat alsnog. Hij is dus nog steeds een vader voor me. Dat voelt zo fijn dat ik niet anders kan dan naar hem luisteren. Ik ben namelijk wel benieuwd of hij gelijk heeft, of het afgestompte gevoel inderdaad door het blowen komt. Als dat zo is, kan het niet anders dan dat ik binnenkort ga opleven. En misschien zelfs uit mezelf ga bedenken wat ik wil worden.

'Ik zou het heel leuk vinden als Vlinder of Merlijn acteur wordt,' zegt papa als ik weer op PLAY druk. 'Dan kan ik ze hopelijk helpen, dat zou ik alleen maar leuk vinden als ze me om advies vragen.'

Ik lach als ik ons weer op de trampoline zie springen. 'Ik word geen acteur, pap,' zeg ik in mijn hoofd tegen hem. 'Maar als het mag, zal ik je altijd om advies vragen.'

Ik zet de televisie uit en doe de dvd terug in de envelop.

'Dank je wel, pap,' zeg ik zacht.

Bij mijn moeder thuis leg ik de foto op het aanrecht en vraag of zij die vrouw is.

'Ja,' zegt ze, 'dat ben ik.'

Ze kan zich nog herinneren dat die televisieploeg bij ons thuis kwam en dat papa net klaar was met *Turks fruit*.

'Ik ging vaak mee naar *Turks fruit*,' zeg ik.

'Dat klopt,' zegt mama, 'achter de schermen stond een spelcomputer. Terwijl papa op het toneel stond, zat jij backstage te gamen tot hij klaar was. Hoe weet je dat?'

'Dat vertelde papa in dat interview, dat hij me overal mee naartoe wilde nemen. "Net als een boer op het land," zei hij, "die neemt zijn zoon ook mee op de trekker." Was dat echt zo?'

'Zeker,' zegt mama, 'jullie waren onafscheidelijk. Grappig dat dat nu allemaal terugkomt, nu je zo naar papa op zoek bent.'

Ik kijk naar de foto en haal mijn schouders op. Het klopt wel dat er veel terugkomt, maar het is niet genoeg. Ik zou willen dat het sneller ging en dat het meer was. Maar hoeveel er ook terugkomt, het zal nooit genoeg zijn. Want wat het ook is, het is niet papa.

'Weet je met wie je eens zou moeten praten?' vraagt ze zonder mijn antwoord af te wachten. 'Met Medina.'

'Medina Schuurman? Waarom?'

'Omdat ze bij ons woonde. In Zevenhoven. Vlak voordat Vlinder werd geboren, trok ze bij ons in. Ze was er zelfs bij toen Vlinder werd geboren. Weet je dat niet meer? Ze was er elke dag.'

Ze woont een beetje verscholen, tussen een bakkerij en een bloemenkraam in, aan een pleintje. Ik ontdekte het al eerder toen ik een kerstboom nodig had: die worden in december achter de bloemenkraam verkocht. Er zit een snackbar die naar kattenpis stinkt, maar de lekkerste hamburger van de stad maakt. Hij wordt gerund door een oude Turk, maar hij heet Johan. Ik denk dat hij naar Johan Cruijff is vernoemd. Als je verder doorloopt kom je bij de Action en een kerk. Die kerk ben ik wel eens binnengewandeld om te kijken of het me iets zou doen, maar dat deed het niet. Er stonden heel veel beelden van Jezus en Maria en er brandden kaarsen. Ik heb zelf ook nog een kaarsje aangestoken, maar ik weet niet meer voor wie. Medina woont op driehoog, voor haar deur op de begane grond ligt sinds een paar jaar een speelplaatsje voor kinderen. Het zijn drie rode fietsjes aan een stang waarop je een oneindig aantal rondjes kunt fietsen. Het speelplaatsje is opgericht ter nagedachtenis aan een meisje dat hier werd doodgereden.

Ze doet op blote voeten open, geeft me een lange knuffel en laat me binnen. Ik ken haar huis, maar ik weet niet hoelang ik er al niet meer ben geweest. Ik zie Medina eigenlijk alleen bij mijn moeder thuis en in *Penoza*. Dat is samen met *Undercover* de enige Nederlandse televisieserie die ik heb gevolgd. Haar appartement is opgeruimd, maar niet netjes. Er zijn kussentjes, er liggen boeken en kranten op tafeltjes en tegen de bank staan oude lp's rechtop. Op haar platenspeler ligt *Kind of Blue* van Miles Davis, de slome trompet past precies bij de avondschemering buiten. Medina schenkt spa rood in. Geen wijn dus vandaag, maar dat is ook wel een keertje goed, zou papa zeggen.

'Jij hebt dus bij ons gewoond?'

'Ja, ik heb jou verzorgd. Een paar maanden bij jullie thuis. Maar ook daarna heb ik jarenlang chocolademelk en Brinta voor je gemaakt.'

'O ja,' zeg ik, 'dat weet ik nog wel. Maar ik kan me helemaal niet herinneren dat je bij ons hebt gewoond.'

'O nee?'

'Maar ik heb wel altijd een gek gevoel bij jou. Een positief gek gevoel. Ik weet nog wel dat als mama vroeger zei dat ze mensen had uitgenodigd, dat ik daar nooit zin in had. Maar dat gold niet voor jou, omdat je niet als een buitenstaander voelde. Je hoorde er gewoon bij.'

'Dat is fijn om te horen,' zegt ze en ze schuift het glas water dichter naar me toe.

'Hoe heb je papa leren kennen?'

'Via Isa. Ik ontmoette haar bij de repetities van *Rozengeur & wodka lime*, de televisieserie waar we allebei in speelden. Het ging over vier vriendinnen, het was een soort Nederlandse *Sex and the City*. We hadden een lezing met alle acteurs en Isa en ik kwamen naast elkaar te zitten. We waren begin dertig en konden niet stoppen met kletsen en giechelen. Isa ging toen naar huis, naar Antonie, en vertelde hem dat ze een heel leuke vrouw had ontmoet. Maar daar had Antonie helemaal niet zo'n zin in.'

'Hoezo niet?' vraag ik.

'Dat weet ik niet precies, maar ik denk omdat Isa en ik zo ontzettend close waren. Toen al. We zouden heel goed een relatie met elkaar kunnen hebben, alleen vallen we niet op vrouwen. We hadden lol samen, terwijl Isa het thuis niet zo leuk had. Want Antonie was in die periode al...'

Ze stopt even met praten.

'Hij was toen al een ingewikkelde man,' zegt ze kort.

'Was hij depressief, bedoel je?'

'Dat weet ik niet. Ik kende hem niet. Wat ik wel weet is dat Isa in die periode heel blij was en ook zo thuiskwam, want ze maakte een leuke televisieserie en ze had mij ontmoet. Dat vond Antonie een beetje moeilijk. Zij hadden een extreem hechte band met elkaar, ze waren echt een eenheid, en ineens leek Isa dat ook met mij te hebben. Dat vond hij bedreigend. De buitenwereld kwam binnen en ze waren juist uit Amsterdam weggegaan vanwege de drukte, ze verlieten de Van Eeghenstraat voor een huis ver weg.'

'En toen?'

'Ik werd met kerst door Isa in Zevenhoven uitgenodigd en ik stelde voor om te koken. Antonie vond alle vegetarische gerechten die ik had gemaakt heel lekker en we hadden heel mooie gesprekken. Antonie zag ook dat ik leuk was. Hij ging open. Dus toen gingen we ineens van een een-tweetje, Isa en ik, naar een een-twee-drietje: Antonie, Isa en ik.'

'Oké,' zeg ik.

Ik weet nog niet goed wat ik van dit verhaal moet vinden.

'Ik woonde in Amsterdam,' gaat Medina verder, 'maar ik kwam steeds vaker bij jullie thuis in Zevenhoven. Dat was altijd heel gezellig, dan gingen we lekker lang met elkaar eten. Ik zag dat Antonie het ook heel aangenaam vond. We hadden dezelfde humor, Isa vond het prettig, het was gewoon superleuk tussen ons. Jullie huis was een chaos, vond ik, dus telkens als ik bij jullie was...'

'Wacht heel even,' zeg ik. 'Jullie vonden elkaar superleuk, zeg je, en jullie werden een een-twee-drietje. Wil ik dit allemaal wel horen?'

Medina moet hard lachen. 'Seksueel, bedoel je?' vraagt ze lachend. 'Welnee, Merlijn! Het was puur platonisch, ik heb nooit met je ouders in bed gelegen, hoor. Sterker nog: je moeder was toen zwanger van Vlinder, dus ik was er vooral om hen te helpen in het huishouden. En natuurlijk voor de gezelligheid, maar niet zulk soort gezelligheid!

Ik vond het huis dus een chaos. Er lagen overal papieren en er lag administratie en Antonie was bezig met muziek. Normaal bewaren mensen dat soort spullen op een specifieke plek, maar bij hem lag het overal. Door de chaos in zijn hoofd was Antonie constant met van alles bezig, hij maakte niks af. Ik vond het daardoor geen huis om een kindje in te ontvangen. Toen ben ik een weekend lang bij jullie thuis schoon gaan maken en ramen gaan lappen. Later deed ik dat nog een keer, bleef ik weer een heel weekend en op een gegeven moment vroegen ze of ik bij de bevalling wilde zijn. Dat vond ik een hele eer. Ondertussen voelde ik me onveilig in mijn huis in Amsterdam. Mijn onderbuurman mishandelde zijn vrouw en dat hoorde ik telkens. Ik ben er ook een keer tussen gesprongen en vanaf dat moment begon hij mij ook te bedreigen, heel naar. Zowel Isa als Antonie zei toen: "Kom bij ons." Jullie hadden die witte zolder, weet je dat nog?'

'Dat weet ik nog.'

'Daar heb ik gewoond. Ik ben eigenlijk als een soort moeder voor ze gaan zorgen.'

Ze valt even stil en neemt een slokje water.

'Dat klinkt wel een beetje vaag misschien.'

'Ja,' zeg ik.

'Nou, kijk.'

Medina trekt haar benen op waardoor ze op haar voeten zit. Ze is dun, zie ik nu. Dat is ze altijd al geweest, maar normaal zit ik niet zo lang tegenover haar aan een tafel een-op-een te praten. Daardoor zie ik dingen die me nooit eerder zijn opgevallen. De laatste tijd zie ik sowieso dingen die me nooit eerder zijn opgevallen.

'Antonie was toen al een beetje vaag,' gaat ze verder. 'Al redelijk snel voerden we gesprekken met elkaar over het feit dat hij zich zo down voelde. We bespraken waar misschien zijn pijn zou kunnen zitten. Dat waren goede gesprekken, maar toch voelde hij zich een paar dagen later opnieuw down. Het lukte hem tijdens dat soort periodes niet om vrolijk te zijn of zich ergens op te verheugen. John was kort daarvoor met Yolanda vertrokken uit Zevenhoven, die waren in Wassenaar gaan wonen. Dus het werd ook stiller in huis. Buiten John had Antonie volgens mij niet echt vrienden. Hij zag Beau af en toe.'

'Kwam Beau bij ons thuis?'

'Nee, dat niet.'

'Kwam er überhaupt wel eens iemand langs?'

'Nee. Nee.'

'En vrienden van mama?' vraag ik.

'Nee, ook niet. Nu je het zegt. We waren altijd met z'n drieën. En de twee kinderen. Maar dat was niet per se stom, het voelde ook vaak als een soort Italiaanse familie. Dan was je vader lekker thuis in zijn badjas...'

'Die vreselijke badjas!'

'O ja, verschrikkelijk ding. Met strepen in allerlei kleuren. Oranje, blauw, groen, geel. Maar hij vond 'm prachtig en hij liep er het liefst de hele dag in. Dan waren we allemaal thuis en waren we heel erg blij. Koken, muziek draaien. Totdat er periodes kwamen dat hij overdag in bed bleef liggen. Dan draaide alles in huis om Antonie, om ervoor te zorgen dat hij zich zo snel mogelijk beter zou voelen. Ik zag dat je moeder zich dan veel te dienstbaar opstelde tegenover Antonie. Ze nam de tweede plaats en liet hem bepalen. Isa is heel lief. Zo lief, dat ze daar grenzeloos in is. Toen heb ik op een gegeven moment wel tegen hem gezegd: "Antonie, je bepaalt wel heel veel." Antonie en ik hadden best vaak indringende gesprekken en ik begon een soort intermediair te worden. Als ze een discussie hadden waar ze niet uit kwamen, dan duidde ik het voor ze.'

'Was mijn vader onaardig tegen haar?'

'Nee, nee, absoluut niet!' zegt ze stellig. 'Maar ik merkte wel dat hij in hun relatie op nummer één stond. Isa stond achter hem want alles draaide om hem. Om zijn gemoedstoestand, zijn buien, zijn zwaartes. Hoe Isa zich voelde, deed er eigenlijk niet zoveel toe. Dat vond ik raar, omdat ik Isa eerder had ontmoet dan Antonie. Dus ik wist dat ze hartstikke leuk was. Toen kwam ik in haar thuissituatie en zag ik ineens dat daar niet veel van haar overbleef, dat zij zich daar veel te lief en dienstbaar opstelde. Daar was ik het niet mee eens.'

'Dus je bedoelt...' zeg ik zonder dat ik precies weet wat ik wil zeggen. 'Je bedoelt dat je mijn moeder overdag op haar werk als een heel leuk iemand zag en 's avonds thuis als een minder leuk iemand? Terwijl mijn vader niet onaardig deed of zo. Hoe kwam het dan?'

'Het was...'

Ze valt lang stil.

'Ze was...'

'Je kan alles zeggen, hè?' zeg ik.

'Weet je dat zeker? Wil je het allemaal wel horen?' vraagt ze met een bezorgde blik.

'Ja, ik wil alles horen. Ik wil dat iedereen alles vertelt. Dat doet iedereen ook. Anders heeft het geen zin, toch?'

'Oké,' zegt ze en ze schenkt onze glazen water bij. 'Ze was... Het was een beetje eenzaam,' zegt ze. 'In dat huis dat zo ver weg en zo groot was.'

'Te groot,' vul ik aan.

'Te groot,' zegt Medina. 'En Antonie begon zich toen al terug te trekken. Hij werd onbereikbaar. Als Isa zei dat ze zin had om samen iets met hem te gaan doen, haalde hij zijn schouders op. Het werd een beetje kil.'

In mijn hoofd begin ik te rekenen. Mama was zwanger van Vlinder, papa overleed toen Vlinder vijf was. Als het toen al begon, zou dat dus nog zo'n vijf jaar duren.

'Antonie kon zwaar op de hand zijn. Zó zwaar dat ik af en toe echt dacht: jezus hé. Dan kromp Isa helemaal in elkaar. Hij kon uit het niets omslaan. Of hij zonderde zich ineens van ons af. Wat gebeurt hier nou? dacht ik dan.'

'En weet je dat inmiddels? Wat er gebeurde?'

'Ja, want ik begon zijn depressiviteit te herkennen. Ik merkte dat ik Antonie kon bereiken omdat ik depressie kon begrijpen. Ik heb niet zo'n leuke jeugd gehad, als jongvolwassene neigde ik daardoor naar depressieve gevoelens. Niet omdat het in mijn genen zat, maar omdat er niet zulke leuke dingen waren gebeurd. Ik heb wel een zware kant en daar konden we over praten. Als ik dan vroeg hoe hij zich voelde, zei hij altijd: "Niet fijn." Dat herkende ik wel, het nietfijn-voelen. Maar ik was er inmiddels achter dat als je je niet fijn voelt, je jezelf niet naar beneden moet praten. Dan moet je naar boven gaan. Ik had een manier gevonden om uit dat zware gevoel te komen en ik dacht dat ik dat Antonie kon leren. Dat deed ik in gesprekken en dan werd hij ook wel lichter, maar daarna ging hij weer terug. Hij werd compleet onbereikbaar, of over-emotioneel. Hij ging bijvoorbeeld ineens huilen, heel erg, niet te stoppen. Ik ging vaak achter hem staan om hem te troosten en dat lukte ook wel. "Jouw handen," zei hij dan. "Jouw handen." Daar werd hij rustig van.'

'Weet je waar papa om huilde?' vraag ik.

'Dat was nooit helemaal duidelijk. Ik denk dat hij dat zelf niet eens wist. Het gebeurde op de momenten dat hij ineens omsloeg. We vroegen wat er met hem aan de hand was en vervolgens begon hij te huilen, diep diep verdriet. En na een goed gesprek dachten we dat het beter zou gaan, maar een paar dagen later zat hij opnieuw zo te huilen. Er zat helemaal geen opbouw in, het ging nooit over.'

'En het ging dus nergens over?' vraag ik.

'Alles aan hem was wisselvallig. Hij gaf constant wisselende signalen af. Hij kon je het gevoel geven dat je niet welkom was, terwijl je het wel was. Ik mocht bij hem in huis wonen en dat vond hij heerlijk, maar ondertussen schreef hij op boodschappenlijstjes wat alles mocht kosten. En hoe we dat met z'n drieën gingen splitsen. "Nou, door drie delen," zei ik dan. Maar dat lukte niet in zijn hoofd, want hij vond dat ik zoveel voor ze had gedaan. Ik vond dat heel ongemakkelijk om te zien – ik voelde me op die momenten een buitenstaander – en Isa vond het heel gênant, dan zat hij aan tafel tot op de cent de kosten van de boodschappen uit te rekenen en ingewikkelde rekensommen te maken. Je moest elke ochtend peilen. Maar op een gegeven moment vond ik daar wel iets op. Antonie was altijd heel vroeg wakker, een beetje aan het scharrelen in de keuken. Als ik wakker werd, ging ik bij hem in de keuken hangen. We ontwikkelden toen twee typetjes: Tonnie en Dien uit Rotterdam. Die praatten allebei met een zwaar Rotterdams accent. Daar gingen we helemaal in op. "Goeiemorgen Tonnie, daar bent ik weer!" "Goeiemorgen schat, heb je lekker geslapen, schat?" "Heerlijk schat! Bakkie koffie, schat?" Antonie en ik lagen dan helemaal dubbel, dus het hielp mij ook. Met die typetjes trokken we elkaar de lichtheid in. Want ik vond het heel heftig om bij iemand te wonen die zo zwaar is. Maar Isa was toen zwanger en die werd er soms gek van, terwijl Antonie er heel blij van werd. Het was een beetje een gek stelletje in die periode. Isa wist niet hoe ze met hem om moest gaan, ze wachtte eigenlijk op het moment dat hij zich weer beter zou voelen. Ze liet zijn zware gevoel daardoor heel veel ruimte innemen, daar was ze grenzeloos in. Grenzeloos lief. Als buitenstaander kon ik ietsje bouder zijn: "Jongen, als je zo oeverloos erin blijft hangen, wordt het alleen maar erger. Probeer even iets anders." Isa was daar heel blij mee, dat ik in die inner circle kwam en goede dingen zei. Isa begon toen te snappen hoe ze er ook mee om kon gaan. Maar ik moet er wel bij zeggen... we hebben nooit doorgehad wat er écht met hem aan de hand was, dat hij manisch was.'

Als Medina stopt met praten, merk ik dat er al een tijdje geen muziek meer is. Ik loop naar de platenspeler toe en zet de naald weer aan de buitenkant van de plaat. Na een paar seconden klinkt de trompet van Miles Davis. Het is de eerste keer dat ik ooit een platenspeler heb aangeraakt. Of dat ik me kan herinneren tenminste.

'Hoe ging de bevalling van Vlinder?' vraag ik als ik weer ga zitten.

'Dat was chaos!' Medina moet hard lachen. 'Isa wilde thuis bevallen, dus die zat in de woonkamer een beetje te kreunen en te puffen de hele dag. Antonie kon daar helemaal niet mee omgaan. Die ging koffie voor zichzelf zetten, of op zijn laptop werken. Isa werd helemaal gek van hem, maar dat zei ze niet. Dus ik zei dat: "Antonie, wegwezen!" Ik masseerde haar schouders, eigenlijk deed ik alles wat hij had moeten doen. Toen het moment daar was, ging Isa in bad, want ze wilde in bad bevallen. Ik mocht het filmen. Eerst zat Antonie er wat onhandig naast en toen trok hij ineens zijn kleren uit en ging hij bij haar in bad zitten. En toen was Antonie ineens perfect. Hij ging achter haar zitten, hield haar vast en werkte mee. En toen kwam Vlindertje.'

'Ik weet nog dat ik thuiskwam en ineens een zusje had.'

'Jij was met een vriendje in het park aan het spelen.'

'Ja, met Mitchell. Dat weet ik nog.'

'Isa was in de roze kamer in bed gaan liggen, bij de piano. Ik ging koken, jij kwam thuis en je mocht gaan kijken en je vader deed het opnieuw perfect. Hij wist precies hoe hij Vlinder vast moest houden, hoe het buikje hoort te liggen en het hoofdje. Hij deed alles met haar, dat werd opnieuw iets symbiotisch. Eten, bellen, werken, altijd had hij Vlinder op zijn arm. En wanneer hij dat niet had, was hij met jou. Spelen, zwemmen, jullie konden ontzettend lachen samen.'

'Heb ik als kind geen last gehad van zijn buien? Van zijn depressiviteit?'

'Nee, want bij jou en Vlinder lukte het hem wel om razendsnel een knop om te zetten. En dat deed hij altijd. Pas aan het eind van zijn leven lukte dat niet meer. Toen bleef hij in bed liggen en werd hij afwezig. Maar in die hele periode was hij met jullie altijd wakker en vrolijk. Jullie maakten hem blij.'

'Hoe was ik als kind?'

'Je was heel lief, meegaand. Je speelde altijd rustig en als we het vroegen dan kwam je aan tafel zitten. Je at wat en ging daarna weer verder spelen. Je was een heel licht kind.'

'Wat voor beeld heb je nu van mij, als volwassene?'

'Nou, ik vind je een ontzettend knappe jongen,' zegt ze met het accent van haar Rotterdamse typetje.

'Dank je,' lach ik ongemakkelijk.

Ze kijkt me lang en indringend aan, alsof ze opnieuw moet polsen of ze alles tegen me kan zeggen. 'Ik vind jou eigenlijk ook een heel bijzonder mens,' zegt ze.

Ik weet niet wat ze bedoelt met het woord 'eigenlijk,' maar durf het niet te vragen.

'Je bent... Je lijkt...'

Ze knijpt nu haar ogen tot spleetjes, alsof ze me zo nog beter kan zien.

'Dat speciale dat Antonie heeft, dat heb jij ook. Maar ik vind dat je veel sterker in je schoenen staat dan je vader. Veel sterker.'

'Wat houdt dat in?'

'Dat je heel erg in je eigen kracht staat. Dat deed je als kind al. Misschien voelde je wel wat er thuis aan de hand was, want je was – en bent – heel gevoelig, maar je zat als kind heel lekker in je eigen bubbeltje. Dat beschermde je tegen de gekkigheid om je heen.'

'Had ik een muurtje?'

'Nee, een muurtje is negatief. Je had een bubbeltje. Daarin deed je je eigen spelletjes en je eigen dingetjes. Iedereen bewonderde jou enorm, mensen wilden je ook steeds aanraken. Je was ook zo mooi met je bruine ogen en je lange haren.'

'Iedereen deed daar steeds staartjes in, weet ik nog.'

'Ja, je vond alles prima. Je was een heel fijn kind in dat eigen bubbeltje, dat was een soort bescherming die je vader en je moeder gelegd hebben, door je heel erg lief te hebben. Jouw basis was goed, die was heel veilig. Er is groot geluk geweest in jouw jeugd, ik denk dat je daarom nu zo sterk bent. En ik weet dat je het soms zwaar hebt, dat je niet weet wat je moet met je leven. Dat weet ik van Isa, we praten daar met elkaar over. Dan zeg ik tegen Isa: "Hij komt er wel." Want dat geloof ik echt. Jij komt er wel. Je moet ergens een klik vinden en dan gaat het lopen. Want je hebt zoveel talent en inzicht, je bent echt een bijzonder mens.'

'Dank je wel,' zeg ik.

'Jij zou later misschien nog wel met Antonie botsen. Want jij bent veel nuchterder dan hij. Hij was de gipsy, de vrije geest. Jij bent wat conservatiever.'

'Ik denk dat ik wat dat betreft niet zoals mijn vader ben. Denk je dat ik me door dat vage hippiegedoe zo tegen hem heb verzet? In mijn herinnering was dat allemaal belachelijk. Dat heb ik hem kwalijk genomen. Zou dat zijn omdat het zo ver afstaat van wie ik ben?'

'Dat kan heel goed.'

Ik besef dat ik net zelf het antwoord heb gegeven. En dat ik eigenlijk al niet meer zo boos op hem ben. Dat ik het misschien zelfs leuk vind dat hij zo was. Omdat hij het zo leuk vond met ons. Met mij en met Vlinder. En met mama. Dat hij gewoon op zijn gelukkigst was als hij lekker op blote voeten bij ons thuis was. Als zijn depressie hem tenminste niet dwars kwam zitten. Ik vind het zo zielig dat hij zo gelukkig was en toch zo ongelukkig. Dat hij na al die jaren nog steeds zo verliefd was op zijn vrouw, maar dat die depressie ervoor zorgde dat hij vaak vervelend deed in plaats van verliefd. Dat hij een dochtertje kreeg dat nu mijn mooie zusje is, maar dat geen herinnering aan hem heeft omdat ze pas vijf was toen hij geen uitweg meer zag.

Ik slik en schenk mijn glas weer vol. 'Hoelang heb je echt bij ons gewoond?' vraag ik aan Medina.

'Ik heb er vier maanden echt gewoond. Ervoor en erna kwam ik vrij frequent.'

'Vond je het er fijn?'

'Ja en nee. Die eenzaamheid die je moeder er ervoer, herkende ik er wel. En het was een donker huis, het had lage plafonds. Het was breed, maar laag. Ik hou van licht, van hoog. En 's avonds vond ik het eng. Dat je *in the middle of nowhere* bent. Dan ging ik hardlopen tussen de schapen in plaats van tussen de mensen.'

'Papa vond het er wel prettig, toch?'

'Antonie vond het er prettig, ja. Isa niet, die was liever in de stad gebleven. Maar omdat ze zo zacht en meegaand is, heeft ze hem toch wel leidend laten zijn in die beslissingen. Maar dat is slechts vanuit mijn optiek.'

'Het klinkt wel aannemelijk,' zeg ik.

'Antonie had extreem de behoefte om zich terug te trekken, maar ook extreem de behoefte om in de aandacht te staan. En als hij werk had... hij vond altijd dat hij te weinig werk had. Ach, hij was altijd zo ontevreden.'

Medina klinkt alsof ze zich gelijk weer aan zijn gezeur ergert.

'En zo onzeker was hij ook. Over zijn acteren bijvoorbeeld.'

'Maar hoort dat niet een beetje bij het vak? Zijn niet alle acteurs onzeker?'

'Dat vind ik niet. Niet per definitie.'

'Dus jij wordt niet onzeker als je wordt afgewezen bij een auditie of als je even geen werk hebt?'

'Vroeger wel, maar nu niet meer. Natuurlijk ben je als acteur altijd onzeker, dat is waar je creativiteit zit, maar dat heeft wel een ondergrens. Een nulpunt. Als het daaronder komt, gaat er iets mis. Kijk naar Marilyn Monroe, die was ook gek. Het heeft vooral met het sterrendom te maken, Antonie was natuurlijk een ster. Maar zo kende ik hem niet. Ik keek niet naar *Goede tijden, slechte tijden* en *De kleine blonde dood* had ik ook niet gezien. Voor mij was hij gewoon de man van Isa. En Isa vond ik leuk, maar met die man moest ik het nog maar zien. Nou, die vond ik uiteindelijk wel leuk en interessant. En hij was natuurlijk super *bright*. Als hij lekker in zijn vel zat, had hij een heel leuke lach. Dan was het een stralend persoon, hadden we heel goede avonden. Maar soms ook niet, dan was het kil, koud en unheimisch.'

'En dat zei je dan tegen hem?'

'Ja, maar dat vond ik ook spannend. Want hoe zeg je dat? Het was dan gewoon een heel ander persoon.'

'Ik kan me daar niet eens iets bij voorstellen.'

'Ik schrok er soms gewoon van. Je kunt je de ene dag wat lekkerder of slechter voelen, maar je blijft wel altijd dezelfde persoon. Antonie veranderde echt, zomaar uit het niets.'

'Was dat dat manische?'

'Blijkbaar.'

'Maar waarom bleef je? Je hoefde toch niet bij mijn ouders te wonen? Waarom ging je niet gewoon weg?'

'Ik was inmiddels de beste vriendin van Isa. En ik had met haar te doen. Dus ik voelde me bijna verplicht om Isa bij te staan.'

Ze is even stil.

'Ja,' zegt ze. 'Het klinkt een beetje vreemd. Hoe dat...'

Weer stil.

'Op een gegeven moment ging je wel weg,' zeg ik.

'Ja, toen had ik een nieuw huis gevonden. Dit huis.'

'Voelde je je schuldig dat je hierheen ging? Voelde het alsof je mijn moeder achterliet?'

'Ja, heel erg. Ook omdat we elkaar echt veel minder zagen. *Rozengeur & wodka lime* was afgelopen en ik moest toeren met een andere productie. Isa had ook weer een andere klus. Onze levens zijn chaotisch, soms kun je wekenlang niet afspreken. Tenzij je samenwoont en elkaar 's avonds ziet. Maar we belden wel met elkaar. Op een gegeven moment gingen we elkaar weer vaker zien, daar zat ze.'

Ze wijst naar mijn stoel.

'Dan zei ik...'

Ze schenkt weer water in.

'Dan vroeg ik...'

Ze neemt een slok.

'Dan vroeg ik aan Isa: "Moet je wel echt bij Antonie blijven?" Dat gesprek heb ik met je moeder gehad. "Als hij niet wil," zei ik dan, "en hij steeds een domper op jouw geluk gooit, dan word je steeds ongelukkiger. Moet je dan niet scheiden? Ook voor je kindjes?" Daar hebben we best wel over gepraat. En ik merkte ook, omdat Antonie zich zo terugtrok, dat ik dacht: ik kies voor Isa. Ik belde ook altijd met Isa, nooit met Antonie. Ik moest van mezelf een kant kiezen, ik kon ze niet allebei helpen. Na zijn dood heb ik me daar wel schuldig om gevoeld, ik had vaker naar Antonie moeten gaan. Maar hij was zo heftig afgesloten, het was niet echt mogelijk. Soms leek het alsof hij zich niet beter wílde voelen en dat irriteerde me vaak ook zo. Ik zei dat hij in therapie moest, maar dat deed hij niet.'

'Zag je mijn vader in die tijd als een vriend? Werd hij ooit een vriend van je?'

'Natuurlijk, hij is nog steeds een vriend. Maar aan het einde van zijn leven, al wist ik toen niet dat dat het einde van zijn leven was, dacht ik: Isa moet sterk worden. Ik zag Isa steeds kwetsbaarder worden. Ik zag haar afglijden. Dat Antonie weigerde om er iets aan te doen, betekende niet dat hij een ander daarin mee mocht nemen. Antonie kwam niet meer op feestjes, hij zei dingen af. En op een gegeven moment deed hij zijn eerste zelfmoordpoging.'

'Dat was twee weken voor zijn dood.'

'Ja. Toen kwam Isa hier en hebben we geluncht. We hebben er

zelfs nog samen om zitten lachen. Dat hij naar de zee was gegaan en dat het toen heel druk bleek op het strand. Dat hij langs het spoor liep, maar dat toch niet durfde. We hoopten dat het goed was dat hij dat was gaan uitzoeken, dat hij erachter was gekomen dat dat niet de juiste weg was. Dat hoopten we.'

Ze is even stil.

'Maar toen heeft hij het toch gedaan.'

Medina staat op en loopt de kamer uit. Ik hoor haar rommelen in de keuken en de koelkast. Ik hoop dat ze een fles wijn pakt. Buiten is het al donker. Ik hoor mensen praten en lachen op straat. Als Medina weer de kamer in loopt, draait ze de dop van een nieuwe fles water.

'Antonie wilde nergens anders zijn dan bij jullie,' zegt ze. 'Hij hield superveel van jou en Vlinder en hij was superverliefd op Isa, dat liet hij aan iedereen zien. Hun liefde was heel sterk, dat was heel bijzonder. Isa adoreerde hem. Er was ook amper ruzie, die liefde was enorm groot. Het was een volledig bij elkaar willen zijn, alles samen doen, altijd bij elkaar willen blijven. Veel voor elkaar overhebben, Antonie ook voor Isa. En ondertussen was er die *downside*.'

'Veranderde de liefde toen het zo slecht met hem ging?'

'Toen werd het wel minder leuk, ja. Hij huilde veel en kleedde zich op een gegeven moment niet meer aan. Dan probeerde Isa hem ervan te overtuigen dat hij dat toch moest doen voor de kinderen, dat hij iets leuks met jullie moest gaan doen. Maar het lukte hem gewoon niet meer. Hij moest daar alleen maar meer van huilen, want hij voelde zich schuldig. Het was een constant gevecht. Maar werd hij ineens weer manisch, denk ik nu, dan was het hartstikke leuk. Veel later pas werd ook dat niet meer leuk, toen werd hij een beetje gek manisch.'

'Wat bedoel je?'

'Nou, bijvoorbeeld Twitter, dat kwam toen net op en hij ging daar heel erg op iedereen in. Volledig obsessief met zijn telefoon bezig, dat was een beetje engig.'

'Zei je daar iets van? Dat hij zijn telefoon weg moest doen?'

'Dat zeiden we zeker. Doe eens normaal, zeiden we steeds, doe gewoon normaal. Twitter was misschien een soort bevestiging zoeken, maar dat bedenk je allemaal pas achteraf. Hij ging zich ook steeds meer afsluiten, hij vertelde minder over zichzelf. Toen ik mijn handen van hem aftrok, was alleen Isa er nog.'

Ze neemt een slokje water.

'Het blijft een raadsel,' zegt ze en ze neemt nog een slokje. 'Na tien jaar is het nog steeds een raadsel dat niemand heeft ingegrepen.'

Het is negen uur 's avonds. Achter me, om de hoek, zit een coffeeshop. Ik heb zin om daarheen te gaan, maar ik doe het niet. Omdat ik toch twijfel, ga ik op een bankje zitten. Ik kan nu op mijn scooter stappen en naar huis gaan, maar dan ga ik niet meer de deur uit. Dan zit ik thuis, broodnuchter van Medina's bronwater. Misschien zet ik thee. Ik probeer me voor te stellen hoe het moet zijn om thee te drinken zonder dat ik daar iets bij rook. Het voelt onbevredigend en bevrijdend tegelijk. Als ik vanavond geen jointje draai en geen glas wijn inschenk, heb ik het advies dat mijn vader me gaf, opgevolgd. Dan zou ik trots op mezelf zijn omdat ik weet dat hij trots op me zou zijn. Ik sta op en loop naar mijn scooter. Terwijl ik hem start, kijk ik naar boven. Ik zie Medina achter haar raam staan, maar door het tegenlicht zie ik haar gezicht niet. Zou ze naar me kijken? Zou ze zich afvragen of ze iets heeft gezegd wat ze beter niet had kunnen zeggen? Ik steek mijn hand op en zwaai om haar te laten weten dat dat niet zo is, dat alles wat gezegd is mooi was en dat het me heeft geholpen, al weet ik waarschijnlijk pas over een tijdje hoe het me precies helpt. Ik rij weg en voel de wind langs mijn gezicht gaan. Ik voel me frisser, open. Minder afgestompt. Papa had gelijk.

Ik geef gas en zie in de verte mijn straat al liggen. Ik heb zin in dat kopje thee. En ik ben benieuwd hoe het is om een film te kijken zonder stoned te zijn. Misschien trek ik zelfs mijn schoenen en sokken wel uit.

7
L'ombre de notre ombre

Beau van Erven Dorens

De eerste twintig seconden klinkt het alsof ik op het perron sta en de metro er in de verte aankomt. Pas na twintig seconden herken ik iets van een keyboard, daarna komt er een gitaar bij die heel sloom speelt. Het duurt ruim anderhalve minuut voordat de drummer begint, na twee minuten doet ook de zanger mee.

'Mijn liefde voor de muziek van Pink Floyd begon op mijn twaalfde,' vertelt mijn vader in een *NRC* uit 2007. 'Als ik niet kon slapen ging ik stiekem, terwijl mijn ouders sliepen, naar beneden om de lp *Meddle* te draaien. Dan luisterde ik altijd alleen maar naar kant twee; het nummer "Echoes" dat een hele plaatkant duurt. Zó mooi.'

De zanger van Pink Floyd zingt in dat liedje over een albatros die stil in de lucht hangt. En dat er ver onder de golven een doolhof van koraal ligt en een echo uit vervlogen tijden. Ik kan het moeilijk verstaan, want de zanger zingt nogal eentonig, alsof hij net wakker is. Ik hoor iets over zand en een duikboot, maar een refrein kan ik er niet in ontdekken. Ik snap dat mijn vader hier goed bij in slaap kon vallen. Na heel veel gitaren en psychedelisch gedoe lijkt het alsof het liedje na acht minuten is afgelopen, maar daarna gaat het nog een kwartier door. Verschrikkelijk. In het interview vertelt papa dat hij op gaat treden met het Noord Nederlands Orkest en twee zangers die Bert Heerink en Erik Mesie heten. Ze gaan liedjes van Pink Floyd spelen, papa zingt dan 'Echoes' en 'Wish You Were Here'. Ik zoek ernaar op Spotify. Ik hoor een akoestische gitaar en een duidelijke mannenstem, het is een stuk minder vaag dan dat vorige liedje.

'*So you think you can tell heaven from hell*,' zingt de zanger.

Ik begrijp niet veel van de teksten. Er worden allerlei vergelijkingen gemaakt: blauwe hemels en pijn, een glimlach en een sluier, hete as, bomen. Na ruim drie minuten komt het liedje ineens bij me binnen.

'*How I wish,*' zingt de zanger, '*how I wish you were here.*'

Het zinnetje slaat op mijn ogen, het voelt even alsof papa dit voor me zingt. Ik zet het snel af omdat ik vandaag geen zin heb om iets te voelen, ik wil gewoon mijn vader leren kennen. Ik zou willen dat ik dat wat meer zonder gevoel kon doen.

In een ander interview met *Trouw* uit 1997 vertelt papa dat hij in de Top 40 staat met het liedje 'Toen ik je zag.' Het liedje is geschreven door Guus Meeuwis en papa moest het zingen in de film *All Stars*. Hij treedt er daarna mee op in allerlei muziekprogramma's op televisie. Hij vertelt dat er in zo'n programma vier camera's op je gericht staan en dat hij niet weet in welke hij moet kijken. Ook staat er in dat artikel dat hij advies heeft gevraagd aan Marco Borsato en René Froger, die vertelden dat papa gewoon in de middelste moest kijken en dat hij verder nergens aan hoefde te denken. Ik moet lachen om papa's eerlijkheid en leef ondertussen ook een beetje met hem mee, want welke van vier camera's is in godsnaam de middelste? Papa vertelt ook dat hij niet denkt dat hij ooit een musicalster zal worden, omdat zijn stem daar niet goed genoeg voor is. Grappig dat hij dat zegt, aangezien hij nog geen tien jaar later wordt genomineerd voor de belangrijkste musicalprijs van Nederland. Ook vertelt hij dat hij laatst Franse chansons heeft gezongen bij de opening van een expositie in het Boijmans Van Beuningen, een museum, en dat hij vlak daarvoor nog in Paradiso heeft opgetreden met Acda en De Munnik en daar een liedje van ene Jacques Brel zong: 'Amsterdam.' Ik toets de namen Jacques Brel en Antonie Kamerling in om te kijken of ik dat optreden kan vinden, maar dat lukt niet. Wel vind ik een fragment van papa met een blauwe blouse en een oudere vrouw. Papa loopt een podium op met muzikanten.

'Hallo,' zegt hij zoals ik hem dat steeds hoor zeggen in allerlei fragmenten. Het geeft me het gevoel dat hij zo mijn woonkamer in komt wandelen.

'Hij is terecht,' zegt de vrouw.

Papa zal dus wel weer kwijt zijn geweest. In een balkje onder in beeld staat dat de vrouw Liesbeth List heet en dat dit een fragment uit 2005 is.

'We gaan samen zingen,' zegt Liesbeth List tegen het publiek. 'Dat gaan we ook in ons nieuwe programma doen, hè?' zegt ze tegen papa. Hij knikt een beetje verlegen terwijl hij zijn lange haar achter zijn linkeroor duwt. 'Jij begint,' zegt ze.

'*Ne me...*' zingt papa met hoge stem.

Het publiek begint te klappen.

'*... quitte pas. Il faut oublier, tout peut s'oublier, qui s'enfuit déjà.*'

Ik wist niet dat papa zo goed Frans kende. Ik zoek naar een vertaling van het liedje.

'Ga niet bij me weg. Je moet vergeten, alles kan vergeten worden wat al bijna weg is.'

Ik lees de tekst, terwijl papa er in het Frans doorheen zingt.

'Vergeet de tijd van de misverstanden en de verloren tijd die je nodig had om te begrijpen hoe je de uren moet vergeten die de doodsteek gaven aan het geluk met te veel vragen. Ga niet bij me weg. Ga niet bij me weg. Ga niet bij me weg.'

'Ne me quitte pas,' zingt papa nog een keer.

Ik wist niet dat papa van dit soort muziek hield. Ik kan me nog wel herinneren dat hij vroeger hiphop met me draaide, vooral als we samen in de auto zaten met het dak open. Dan draaide hij heel hard 'Lose Yourself' van Eminem en 'Candy Shop' van 50 Cent. Ik denk dat ik daardoor nog steeds naar hiphop luister. Niet meer zo vaak naar Eminem of 50 Cent, maar wel naar Drake, Meek Mill en Roddy Ricch. Dat klinkt behoorlijk anders dan Jacques Brel.

Ik lees dat Liesbeth List de grote liefde was van Ramses Shaffy, zijn liedje 'Laat me' ken ik wel van het uitgaan, dat wordt vaak gedraaid tegen sluitingstijd. Papa heeft met Liesbeth List opgetreden in het theater, maar er deden ook andere mensen mee, onder wie Beau van Erven Dorens. Ik probeer al een tijd een afspraak met Beau te maken, maar dat lukt niet. Hij appt me wel steeds dat hij me graag wil zien, maar als ik vraag wanneer hij kan, blijft het stil. Misschien dat papa en Beau daarom vrienden zijn geworden, omdat papa ook zo onbereikbaar kon zijn. Waar ze elkaar precies van kennen, weet ik niet. Ze speelden samen in de films *Ik ook van jou* en *Feestje!* Ik doe wat onderzoek naar Beau en mijn vader samen, op YouTube staat een filmpje waarin ze een liedje opnemen voor een cd van een kinderkoor uit Rotterdam. Papa vertelt dat zijn nichtje in het koor zit, dat hij het voor haar doet en dat hij Beau heeft meegenomen. De veters van papa's linkerschoen zitten los en Beau heeft zijn koptelefoon verkeerd op zijn hoofd. Samen zingen ze een liedje van Annie M.G. Schmidt. *Dag mevrouw Van Dore, moet u toch 'ns hore: Hendrik Haan uit Koog aan de Zaan heeft de kraan open laten staan. Zeven dagen stond-ie open, heel het huis is ondergelopen. Denkt u toch eens even, alle meubels dreven.* Ze hebben veel lol samen en zeiken elkaar ook een beetje af. Beau zegt dat papa vals zingt en papa zegt dat Beau altijd maar grappig wil zijn, terwijl dat echt niet altijd hoeft. Een ander YouTube-filmpje heeft de titel 'Antonie Kamerling tackelt prins Willem-Alexander'. Papa is in dat filmpje in het Olympisch Stadion in Amsterdam samen met Beau en Willem-Alexander, die dan nog geen koning is. Ze gaan er hardlopen om aandacht te vragen voor veilig drinkwater in ontwikkelingslanden. Willem-Alexander staat eerst met papa te praten en daarna komt Beau erbij. Ze dragen korte broeken en shirts met de naam van het goede doel erop. Er wordt gefloten en iedereen rent, Willem-Alexander voorop. Papa lijkt geen zin meer te hebben, want hij snijdt af en daarna valt hij voor de voeten van Willem-Alexander, die nog net om hem heen kan. Nog geen vijf maanden later schrijft Beau een column in *Het Parool*, vier dagen na papa's dood.

> *Antonie Kamerling is dood. Hij was mijn vriend. Hij was uniek. Niet uniek zoals in overlijdensadvertenties, maar uniek als in dat er écht geen ander was zoals hij. Elke ontmoeting met hem was een avontuur. Hij maakte op een dag meer mee dan een ander in een jaar. De openbare ruimte was voor hem één groot theater.*

Iedereen die wilde, kreeg een rol in zijn stuk. Gierend van de lach rolden we over straat, de tranen sprongen juichend uit onze ogen. Hij was een wandelende attractie. Een anekdotemijn. Maar ik vertel u er geen. Ik kan het niet. Hij was gevoelig, als een open zenuw, hij was hartelijk, grappig, romantisch, dromerig, perfectionistisch, slordig, sociaal, egoïstisch, lastig, tegendraads, liefdevol, afwezig, eigenwijs, slim, talentvol, leergierig, drammerig, fanatiek, vrolijk, depressief, intens, emotioneel, aanhankelijk, loyaal, knap, sterk, naïef, lief en stout en hij was het allemaal door elkaar. Hij spatte van het scherm en was de nieuwe Rutger Hauer, ook nadat hij de nieuwe Rutger Hauer niet meer was.

Dit is geen stuk met een mooi einde. Aan dit stuk hoort geen mooi einde. Ik schrijf dit stuk over hem omdat ik nergens anders over kan schrijven dan over hem. Ik wil niets moois schrijven. Ik wil niet iets schrijven waar u verdrietig van wordt, ik wil niet iets schrijven wat hem herdenkt. Ik wil niets, behalve naar de onderkant van deze kolom. Er is niets wat kleur mag hebben zo dicht op de dood van Antonie Kamerling. De depressie heeft hem omgebracht. Hij was veel te jong om dood te gaan. Hij had veel te veel om voor te leven. Maar iets in hem wilde dood en nu is hij dood. Of daar iets aan te doen was, of niet, is van geen belang. Hij komt niet terug. Hij is dood en het is verschrikkelijk. Dit is wat het is. Antonie Kamerling is dood. Hij was mijn vriend.

Om kwart over twaalf bestel ik een kop koffie in een cafeetje aan de gracht. Ik weet dat Beau hier ergens in de buurt woont, maar ik weet niet waar. Ik heb vandaag om twaalf uur een afspraak met hem, maar hij heeft me zijn adres niet gegeven. Toen ik vanmorgen om acht uur wakker werd, heb ik er weer naar gevraagd maar hij heeft nog steeds niet gereageerd. Wat lijkt het me heerlijk om zo in het leven te staan.

Om half een belt hij me. 'Sorry, sorry, ik zat in een vergadering.'

Ik moet lachen als ik zijn stem hoor, het is dezelfde stem als die van de televisie. De laatste keer dat ik hem heb gezien, moet bij de uitvaart zijn geweest, maar ik heb geen flarden op mijn netvlies met Beau erin. Ik ken Beau alleen van zijn talkshow en van andere dingen op televisie. Volgens mij hoef je nooit naar een programma van Beau te hebben gekeken om toch het gevoel te hebben dat je hem heel vaak hebt gezien. Ik weet dat hij het meest bekend is van *RTL Boulevard*, maar dat heb ik nooit gekeken, hoewel hij dat programma samen met Albert Verlinde maakte, mijn oom. Ik hou er niet van als mensen over andere mensen praten en al helemaal niet als het over hun privélevens en problemen gaat. Ik denk dat ik dat van papa heb geërfd, die afkeer van showbizz en de overmatige aandacht voor bekende mensen. Ik ken daardoor Albert Verlinde eigenlijk toch vooral als de man van mijn oom Onno, de broer van mijn moeder. Ik kan me niet herinneren dat ik Albert ooit op televisie heb gezien, ik ken hem van verjaardagen. Hij en Onno nemen ons sinds de dood van papa regelmatig mee uit eten. Toen papa was overleden, waren zij als twee van de eersten bij ons thuis en namen ons mee naar hun huis in Cromvoirt bij Den Bosch toen de blauwe zwaailichten en het lichaam van papa weg waren. Ze voelen daardoor echt als mijn ooms, maar tegelijkertijd heb ik niet het gevoel dat ze papa heel goed hebben gekend. Waarom ik dat gevoel heb, weet ik niet zo goed. Het doet er denk ik ook niet veel toe, als ik ze maar lief vind. En dat vind ik.

Door een lange gang neemt Beau me mee naar een kamer achter in zijn huis. Ik kijk naar een diepe tuin die al jaren niet onderhouden lijkt. Middenin staat een lantaarnpaal naast een vijver en tegen een muur met klimop staan houten tuinmeubels die babyblauw zijn geschilderd. Beau zegt dat hij koffie voor me gaat zetten en dat hij op zoek gaat naar eten, waardoor ik alleen achterblijf. Ik heb nog nooit zo'n enorm gezellige rotzooi gezien. Aan alle kanten kijken mensen me aan vanaf schilderijen en ingelijste foto's. Aan een muur hangt vier keer hetzelfde gezicht van Marilyn Monroe, telkens in een andere vrolijke kleur. Er hangen kindertekeningen, abstracte vormen in een gouden lijst, iets pastelkleurigs dat op waterlelies lijkt, een foto van een hert naast een sportauto, een Amerikaanse begraafplaats en een vreemd schilderij van allerlei kinderen met nertsen en witte duiven in een donker landschap. Pas als ik goed kijk, zie ik dat Beau zelf ook op dat schilderij staat. Hij komt de kamer binnen met koffie en croissantjes en Italiaans breekbrood.

'Waarom hangt er nergens een foto van mijn vader?' vraag ik.

'Dat vind ik onprettig. Ik moet gewoon nog heel vaak huilen om hem. Het is voor mij niet goed om hem steeds te zien.'

Hij gaat op een stoel naast de bank zitten en kijkt me een tijdje aan. Dan zegt hij mijn naam hardop en zegt hij dat hij er helemaal geen zin in heeft. Dat hij er niet goed in is om over Antonie te praten. Zijn onderlip begint te trillen, waarna hij opstaat, sorry zegt en de kamer weer verlaat. Misschien is Beau helemaal niet zo slordig met het inplannen van afspraken, bedenk ik, misschien heeft hij alleen moeite gehad met deze afspraak. Ik kijk weer om me heen. Achter de bank ligt hout opgestapeld voor in de open haard naast de stoel van Beau. De open haard heeft Delfts blauwe tegeltjes, de muren eromheen zijn geschilderd in hetzelfde blauw. Naast stapels kranten en televisiegidsen staat een koekenpan met walnoten erin boven op een wollen dekentje. In de hoek staat een sjoelbak rechtop, in de kast liggen platen, cd's, dvd's en boeken dwars door elkaar. Gerard Reve staat naast *Rambo* en Fellini ligt op een dvd van *Fight Club*. Tussen een paar scheve stapels cd's staan twee boeken rechtop. *Frank Boeijen, het mooiste & het beste* en *Brel in Nederland*. In de gang heb ik al een schilderij van Jacques Brel zien hangen, het hangt naast portretten van Beaus kinderen, alsof Brel bij het gezin hoort. Tussen de cd's zie ik ook *Feel* liggen, de cd die mijn vader heeft gemaakt. Ik trek hem uit de stapel om op de achterkant te zien hoe de liedjes ook alweer heten. 'Feel', 'Round & Round', 'Don't Want You To Love Me', 'Make You Mine' en nog acht liedjes. Onderaan staat het jaartal, 2004, en dat de rechten liggen bij Donkerblond BV. Dat was de naam van papa en mama's bedrijfje, ik kwam het laatst nog tegen op internet, er stond 'Permanent gesloten' boven.

'Dat is een steengoede plaat,' zegt Beau als hij weer de kamer in komt lopen en mij met de cd ziet staan, 'die heeft hij helemaal zelf gemaakt.'

Beau komt naast me staan en wijst naar het bovenste liedje.

'"Feel", de titeltrack, had hij als single uitgebracht en ik was ervan overtuigd dat het een hit zou worden, maar dat gebeurde niet. Omdat mensen hem niet als zanger wilden zien misschien. Of omdat het verkeerd in de markt was gezet, want dat deed hij ook allemaal zelf. Hij wilde altijd alles zelf doen. Dat geeft wel aan hoe *devoted* hij was. Ik zie ons nog zitten, ergens op een parkeerterrein. Hij liet me elk nummer horen en ik vond het ontzettend goed. En nog steeds. Ik weet niet of hij nou per se een goede zanger is, maar dat hoeft ook niet altijd, als het maar uit je hart komt. Om die plaat te maken had hij van een kamertje in jullie huis in Zevenhoven een muziekstudio gemaakt. "Hoe kom je aan al die apparatuur?" vroeg ik toen ik er een keer was. "Dat heb ik allemaal gekocht," riep hij dan. Er stond een computer en er lagen overal papieren en er stonden twee enorme speakers. Antonie had nachtenlang uitgezocht hoe het allemaal werkte, hoe het aangesloten moest worden én uitgevogeld hoe hij het aan de praat kreeg. Hij had zichzelf ook geleerd hoe hij allerlei instrumenten moest bespelen, want hij kon toen alleen nog maar pianospelen. Met die nieuwe kennis en spullen had hij deze rockplaat gemaakt. Dat was nieuw voor hem, want muzikaal gezien was hij klassiek geschoold. Hij wist vooral van Chopin en Haydn. Dat draaide hij vaak, maar daar kon ik niks mee. We deelden heel andere muziek met elkaar: Frank Boeijen, Jacques Brel. Heb jij daar iets mee?'

Beau gaat weer op zijn stoel zitten en ik op de bank.

'Ik ken het niet echt,' zeg ik. 'Ik heb laatst naar Jacques Brel geluisterd, maar ik snap het geloof ik niet. Ik hou meer van hiphop en techno. Maar ik kan me wel vaag herinneren dat papa veel The Beatles en The Rolling Stones draaide.'

'Dat vond hij heel goed, ja. De Stones draaide hij altijd in zijn auto. "Start Me Up", dat vond hij heerlijk, en "Sympathy For The Devil":

Please allow me to introduce myself, I'm a man of wealth and taste. Heel theatraal, dat vond hij prachtig. Net als David Bowie, een heel artistieke man die heel vrouwelijk kon zijn en zich niet in een hokje liet stoppen. Ik denk dat dat Antonie heel erg aansprak, omdat hij zich ook niet in een hokje liet stoppen. Net als Bowie was hij een kameleon.'

Ik ken David Bowie niet echt. Ik heb wel ergens gelezen dat papa hem goed vond, dus ik heb laatst een paar nummers gedraaid: 'Heroes', 'Life on Mars?' en 'Changes'. Ik kon er niet zo heel veel mee, het deed me denken aan Pink Floyd. Ik zou het zelf nooit draaien. Dat zou ik wel kunnen doen met Jacques Brel, al snap ik niet helemaal waarom Beau en papa daar zo idolaat van waren.

'Wat is er zo goed aan Jacques Brel?' vraag ik aan Beau.

'Jezus, wat is er goed aan Brel? Het is het levenslied. Je kent wel André Hazes, toch? De oude, bedoel ik. Het levenslied dat Hazes zong was in principe niet anders dan het levenslied van Jacques Brel: het raakt je in je buik. Net als de muziek van Tom Waits, het is muziek die je raakt in je bast. Als ik naar Jacques Brel luister, kan ik in tranen uitbarsten terwijl ik het nummer al honderden keren heb gehoord. Het is met zoveel gevoel gebracht, het zorgt voor echte ontroering. Vooral die Franse muziek, dat is pure melancholie.'

'Ik moet zeggen dat het mij ook raakt,' zeg ik, 'maar ik heb er moeite mee dat ik het niet kan verstaan. En ik moet een nummer begrijpen om het me te laten raken. Maar laatst werd er bij *The Voice of Holland* een Engelstalige cover gezongen van "Ne me quitte pas", dat emotioneerde me wel.'

'Als dat je raakt, zou je naar Billie Eilish moeten luisteren.'

'Dat ken ik,' zeg ik.

'Zij heeft supergoede teksten en zij heeft ook dat melancholische. Ik heb laatst haar plaat gekocht en die is prachtig. Maar om Jacques Brel te snappen – echt te snappen – zou je eigenlijk zijn levensverhaal moeten kennen. Hij is een Belgische zanger en heeft er wel tien jaar over gedaan om door te breken in Parijs. Mensen vonden hem heel lelijk zingen, want hij had een soort krakende stem. Mensen noemden hem een ezel, want hij had een grote mond en grote handen. Maar hij zong wel liedjes die recht uit zijn hart kwamen. Met "Ne me quitte pas" – dat betekent: verlaat me niet – geeft hij zijn hart. Zijn beste nummer vind ik overigens niet "Ne me quitte pas", maar "Quand on n'a que l'amour". Ik stuur vanavond wel een paar mooie nummers naar je op. Vind je dat een goed idee?'

'Heel graag. Ik heb ook het idee dat ik Brel best mooi zou kunnen vinden. Er is een nummer van mijn vader dat ik best op Brel vind lijken.'

'Welk nummer?'

'Een liedje dat hij maakte onder de naam Hero, op het album waar ook "Toen ik je zag" op stond, van vlak na *All Stars*.'

Beau pakt zijn telefoon en toetst de naam 'Hero' in op Spotify. Hij klikt het album *Jam!* aan en noemt de liedjes op.

'"Mis je zo", "Altijd durven denken", "Toen ik je zag", "Verdwenen in de mist".'

'"Ga niet weg",' zeg ik. 'Volgens mij het zesde liedje.'

Beau zet het aan en legt zijn telefoon op zijn schoot. Vier hoge pianonoten trillen door de kamer, waarna het drie seconden stil is. Dan begint papa een beetje beverig en haast a capella te zingen.

Ga niet weg, lieve schat, blijf bij mij
Ga niet weg, denk aan wat je ooit tegen me zei

'O ja,' zegt Beau, 'dit is heel erg Brel.'

Vertrouw op de liefde,
vertrouw ons geluk,
heb geduld met ons,
maak me nou niet stuk,
ga niet weg,
ga niet weg

'Dit is Brel,' zegt Beau nog een keer, 'echt Brel. Wat goed.'

Ik zal je schilderen, ons huis van genot
Ik zal je schrijven, ons allermooiste plot
Ik zal voor je zingen, ik zal zingen over jou,
voor jou alleen,
alleen voor jou

Beau leunt op zijn hand en luistert aandachtig naar mijn vader.

Ik zal voor je werken, ik zal wroeten in de grond
Voor jou, denkend aan jou, aan je warme zachte mond
Ik zal je geven, alles wat je wil,
je vraagt maar, het geeft niet, het maakt me geen verschil

In het liedje lijkt papa nu haast te huilen.

'Die hoge kopstem, wat doet hij dat goed, wat mooi,' zegt Beau.

Ik zal niet meer huilen, ik praat niet meer
Ik zal naar je kijken, hoe je lacht keer op keer
Ik zie je bewegen, je danst de kamer rond
en ik zal jouw schaduw zijn, je hand, je hond

'Wauw, dit is een lofzang op Brel,' roept Beau. '*L'ombre de ta main*, de schaduw van je hand, *l'ombre de ton chien*, de schaduw van je hond. Het zijn teksten van Brel, maar het is met andere muziek. Het is heel knap, het is prachtig. *L'ombre de ton ombre*, de schaduw van je schaduw. Laat mij dat zijn, ik wil gewoon de schaduw van jouw schaduw zijn. Met andere woorden: laat mij niet alleen. Dat is heel goed, heel mooi. Deze ga ik meteen opslaan. Wat mooi, Merlijn. Zo leren we elkaar iets over Antonie vandaag, want ik kende dit niet.'

'Ga niet weg,' zingt papa aan het eind, 'ga niet weg.'

'In zijn stem gaat hij alle kanten op,' zegt Beau, 'hij durft dat gewoon. Hij geeft toe aan wat zijn gevoel hem opdraagt en hij schaamt zich er niet voor dat dat er niet altijd even zuiver doorheen komt. Dat is wat er spannend aan is, dat is wat ook zo spannend is aan

"Toen ik je zag". Sommige mensen worden helemaal gek als ik dat nummer voor ze opzet, die vinden het zo mooi. Omdat je zijn gevoel hoort. Door die microfoon heen, door die speakers heen, hoor je iemands gevoel. Dat kon hij heel goed. Ik denk ook dat hij dit het liefst had gedaan. Weg uit die stomme acteerwereld, weg van die scripts waarin hij andermans teksten moest oplepelen, weg van die audities die hem onzeker maakten en dat de rol vervolgens weer naar Barry Atsma ging. Ik mag het niet hardop zeggen, maar het was voor mij onbegrijpelijk wanneer Barry een hoofdrol kreeg, want dan kreeg Antonie hem dus net niet. Antonie is toch van een heel ander kaliber. Het is misschien niet de betere acteur, maar het is wel iemand naar wie je liever kijkt. Antonie was ook steengoed als hij niet eens zoveel hoefde te zeggen, maar alles met zijn blik kon vertellen. Die dromerige blik. Dat had James Dean ook. Je vader was gewoon een spetterend figuur. Ik was een keer met hem in New York, we gingen naar het Stony Brook Film Festival op Long Island. De film *Feestje!* van regisseur Ruud van Hemert werd daar vertoond en we kregen er een prijs uitgereikt als het beste duo in een film, we speelden namelijk de twee hoofdrollen. We zouden daarom zes dagen in New York zijn met z'n tweeën en daar hadden we ons natuurlijk enorm op verheugd. Ik had een penthouse gehuurd in het Mercer Hotel in SoHo, dat was echt je van het. We deelden de kamer, sliepen in één bed en deden alles samen. Zelfs als hij in bad lag, kletsten we door. Maar tussendoor ging hij ook nog wat audities doen bij ABC, NBC, echt grote partijen, want hij was gewoon hot. Hij had ook een soort gebeeldhouwd lijf, terwijl hij helemaal niet aan sport deed. Die Amerikaanse filmbonzen namen met hém contact op, niet andersom. Als je hem zag in *Suite 16* en *Exorcist: The Beginning*, dan spatte hij van het scherm af. Toch had hij helemaal geen zin in die audities, die vond hij verschrikkelijk. Hij wilde heel graag doorbreken in Amerika, maar hij kon het niet opbrengen. Toen we daar in New York oesters zaten te eten en wijn dronken, uitte zich dat ineens en was hij vreselijk down. Pas achteraf denk ik dat dat een symptoom van zijn depressie moet zijn geweest, maar op dat moment had ik dat niet door. Ik wist gewoon niet dat hij zo depressief was. Natuurlijk vraag ik me al tien jaar af welke aanwijzingen ik over het hoofd heb gezien. Ik weet het oprecht niet.'

'Hoe hebben jullie elkaar ontmoet?'

'We leerden elkaar kennen tijdens de opnames van *Ik ook van jou*, een film naar het boek van Ronald Giphart. Die film werd geregisseerd door die Ruud van Hemert, die heel populair was door de films *Schatjes!* en *Mama is boos!* Hij had wel een ongelofelijk slechte reputatie, hij schold iedereen uit en tikte jonge meisjes op de billen. Een paar jaar geleden bleek bijvoorbeeld dat de hoofdrolspeelster uit *Schatjes!*, die in de film als een ontzettend lekker wijf wordt neergezet en ook veel bloot was, pas veertien jaar oud was. Maar goed, Van Hemert ging die boekverfilming maken en wilde Antonie hebben voor de hoofdrol. Logisch, want die rol paste hem perfect. Maar tijdens de opnames gebeurden de vreselijkste dingen. Ruud begon Antonie en plein public uit te schelden. Antonie werd volledig gekleineerd. "Je kunt helemaal niks!" riep hij dan. "Je bent superslecht!" En tegen ons riep hij: "God, die Antonie!" Dat was gewoon verschrikkelijk, want Antonie is onzeker en heeft een beetje aanmoediging nodig. Dus de allerslechtste regisseur die je voor zo'n acteur moet hebben, was Ruud. Ruud de Bruut.'

'Deed hij dat alleen tegen papa?'

'Nee, hij deed dat bij iedereen. Ook bij mij. Maar ik kon het wat beter hebben. Er was een keer een nachtshoot in een discotheek en toen ging hij ook zo tegen ons tekeer. "Kunnen jullie dan helemaal niets?" We zaten er allebei helemaal doorheen. Maar daardoor draaiden we die nacht misschien wel de beste scène. Het was zes uur 's ochtends en we stonden onder een viaduct. Antonie speelde dat hij in paniek was en ik moest hem sussen. "Ik geef je de creditcard van mijn vader," was mijn tekst, "dan komt het helemaal goed." Ik weet het nog precies. Het was een heel kleine scène, maar door alle woede en frustraties is hij wel ontzettend mooi geworden.'

'Maar was het dan geen tactiek van die regisseur?'

'Welnee joh, het was gewoon *abuse*. Misbruik.'

'Een enorme eikel dus.'

'Een totale lul. Maar het was een soort haat-liefdeverhouding, want we konden ook heel erg met hem lachen. We hadden lol met hem, maar het volgende moment maakte hij je weer kapot, en daar moest je dan maanden achtereen mee werken. Daardoor trokken je vader en ik naar elkaar toe en raakten we ontzettend close met elkaar. We werden heel goede vrienden. Maar wat ik erg vond, is dat er heel veel dagen op die set waren dat je vader er alleen voor stond en op die dagen deed Van Hemert precies hetzelfde. Schelden, kleineren. Ik voel die onmacht nu weer.'

'Maar jullie hebben daarna dus nog een film met die man gemaakt: *Feestje!* Waarom deden jullie dat dan?'

'Ja, dat weet ik niet precies. De cirkel moest rond worden gemaakt misschien. Ruud zei letterlijk tegen ons: "Jullie kunnen allebei natuurlijk geen hol, maar ik ken jullie tenminste dus jullie krijgen de hoofdrol." Daar hebben we heel lang over na moeten denken, maar inmiddels stonden we er een stuk sterker in. Bovendien was het thema van deze film veel minder zwaar. *Ik ook van jou* ging over een man die verliefd werd op een vrouw met borderline en die daardoor zelf helemaal doordraait, de tweede film was een romantische komedie vol humor en muziek. Dus we deden het. Tijdens de opnames van *Feestje!* kon het ook vaak behoorlijk vlammen, maar ons idee klopte, we konden er beter mee omgaan. Na de film kreeg Ruud kanker en vertrok naar Spanje. Antonie en ik zijn hem daar toen op gaan zoeken, dat werd een vreemde ervaring. We gingen uit eten en Antonie betaalde na afloop de rekening. Ruud zei daar geen dank je wel voor en toen werd Antonie boos. Dat ontaardde in zo'n heftige ruzie, dat was echt verschrikkelijk. Antonie sloeg zo ontzettend door, hij trok het niet meer. Alles kwam naar boven, alle pijn van *Ik ook van jou*. Antonie was echt wreed. Terwijl het de bedoeling was om alles juist op een goede manier af te sluiten omdat hij zou gaan overlijden. Ik zat die nacht met Antonie in een hotel en hij was zo obstinaat, zo vervelend, dat ik helemaal gek van hem werd. Toen heb ik 's nachts dat hotel verlaten – we sliepen weer samen in één bed – en heb ik in een hotel ertegenover een kamer geboekt. Zó gek werd ik van hem.'

'Wat deed hij dan?'

'Ik denk dat hij in een depressieve periode zat, die had ik nog niet eerder zo heftig gezien. Alles vond hij naar, alles vond hij stom. Waar hij normaliter kon stralen, zo donker kon hij dus ook zijn. Hij was een intense levensgenieter, maar soms kon je hem ook een maand niet spreken. Later ben ik dat natuurlijk terug gaan rekenen. Dan realiseerde ik me dat dat de periodes waren waarin hij zich zo slecht voelde. Bij mij voelde hij zich ook wel eens heel slecht, maar ik zag dat niet als een depressie. Ik zag dat als zijn wiebelige geest. Maar het belangrijkste wat je over je vader moet onthouden, is dat als hij binnenkwam – *wherever* hij was – dan was het echt alsof er een vuurtoren binnenkwam. Niet zomaar een lantaarn, hij was een vuurtoren. Met een zwaailicht dat voortdurend rondging. En iedereen verdraaide zijn nek om hem te kunnen zien. Hij was ook nogal een verschijning. Met enorme kragen of bontjassen, over zijn schouders hingen allemaal tassen waar zijn computer uit hing. Hij liet continu van alles vallen en hij vergat alles overal. Maar hij was zo ontzettend liefdevol, zo'n hartelijke vriend. Ik kon alles tegen hem zeggen en hij alles tegen mij. Hij was heel lief tegen mensen en heel erg begaan, ook met hun werk. Als je met hem een cappuccino ging drinken, kon hij aan de ober ellenlang vragen stellen over die koffie en de melk die hij gebruikte. En dat was dan nog ver voor al dat havermelkgedoe. "Ik doe er gewoon melk in," zei de ober dan. "En wat voor bonen?" vroeg hij vervolgens, dat duurde soms wel twintig minuten. Dus als hij een cappuccino bestelde, dacht ik direct: o nee, Antonie Kamerling heeft een cappuccino besteld. Ik zie hem nog zo zitten aan die bar. We spraken daar vaak af, in een café op de hoek van de Willemsparkweg. "We moeten over vijf minuten weg," zei ik dan, "bestel gewoon die fucking koffie!" Zo ging het overigens ook met eten. Dan bestelde hij een uitsmijter, maar dan moest de rosbief wel op een bepaalde manier erop en de kaas weer op een andere manier. Liep-ie uiteindelijk de keuken in om aan de kok uit te leggen hoe zijn eitje gebakken moest worden. Dat deed hij wel heel beleefd hoor, maar dan had hij tijdens onze afspraak twintig minuten met een ober gepraat en vijf minuten met mij. Maar hij was oprecht geïnteresseerd in mensen en probeerde ze altijd te helpen. Waar zit je mee, kan ik iets voor je doen? En dan schreef hij telefoonnummers op van mensen die gebeld konden worden die de ober misschien zou kunnen helpen met zijn probleem. Mensen vonden hem altijd heel lief en heel bijzonder, omdat hij echt de tijd voor je nam, zelfs na nachten waarin hij nul uur sliep. En dat soort nachten had hij vaak, dat zag ik wel toen hij met Twitter begon. Antonie was daar ontzettend goed in. Destijds draaide Twitter vooral om humor, om leuke zinnen en grappen maken in honderdveertig tekens. Niemand deed er toen onaardig tegen elkaar, het was een heel positief medium. Maar Antonie sloeg erin door. Voor hem was het een manier om constant uit te zenden, dag en nacht. Soms reed ik terug van een opname en dan belde ik Antonie nog even of keek ik op zijn Twitter-account. Dan zag ik dat hij zomaar twintig tweets kon plaatsen midden in de nacht, hij was daar zo monomaan mee bezig.'

Laatst ben ik zelf op Twitter gaan zoeken naar oude tweets van mijn vader. Ik schrok ervan dat zijn account er nog was, alsof hij er nooit mee is gestopt. Het account heet @AntonieKamerlin, zonder g, en heeft 6950 volgers. In zijn bio omschrijft hij zichzelf als 'een MiddenMan die zich verwondert over het leven.' Op zijn profielfoto draagt hij ouderwetse kleren. Hij heeft een langharige pruik en een plaksnor op en hij heeft een ouderwetse koptelefoon op zijn hoofd. In zijn tweets lees ik dat het een foto is voor de rockmusical *Herinnert u zich deze nog?!*, over de periode in de jaren zestig waarin Veronica nog een piratenzender was en uitzond vanaf een schip op zee. Papa zou in december 2010 met het stuk starten. In zijn tweets schrijft hij over van alles. Over voetbal, muziek, politiek en over mij. Zo vertelt hij over mijn laatste dag op de basisschool op 1 juli 2010: 'Laatste schooldag van Merlijn, toegezongen worden door groep één. Wat wil je nog meer bij je afscheid. Brok in de keel van de speeches van juf Marloes.'

Op diezelfde dag tweet hij over hoe mooi Zevenhoven is, over een verkeersboete van honderdveertig euro en over Mart Smeets. En zo gaat het de hele dag door, ik vind het bizar dat een volwassen man van in de veertig zich zo druk maakt op een sociaal medium. Dat doe ik als begin-twintiger niet eens op Instagram. 's Nachts om 02.22 uur tweet papa dat hij zijn laptop op gaat ruimen om televisie te kijken, maar om 03.49 uur is hij nog steeds wakker en tweet hij iets naar ene Cynthia. In een bericht van een paar dagen later is hij om kwart voor vijf 's morgens nog actief, al zegt hij wel dat hij anderhalf uur op de bank heeft geslapen. In de nacht van 19 juli stuurt papa maar liefst dertig tweets de wereld in. Het gaat over wakker zijn als iedereen slaapt, dat hij in de tuin zou willen liggen om te luisteren naar de vogeltjes die al beginnen te fluiten en hij stuurt iets naar Humberto Tan over voetbal, en over een olielek. Tegen een onbekende vrouw zegt hij iets over mijn verjaardag die over drie maanden plaatsvindt. Twee weken voor die verjaardag overlijdt papa, maar dat heeft hij bij het versturen van deze tweet blijkbaar nog niet besloten. In de laatste tweet van die nacht zegt hij dat hij straks gaat golfen, ook al heeft hij maar tweeëntwintig minuten geslapen. Ik herken de slapeloosheid trouwens wel. Sinds ik minder ben gaan blowen, kan ik soms ook niet slapen. Laatst lag ik om tien uur in bed en was ik om vijf uur 's morgens nog wakker. Dat komt ook doordat ik geen Netflix meer aan mag zetten van mezelf als ik ga slapen. Sinds oktober 2010 kan ik alleen nog maar gaan slapen met de televisie aan. Ik heb dat van mijn moeder overgenomen, die daar na papa's dood mee is begonnen. Het is een soort angst voor de avond. Als het stil en donker is, word ik bang. De televisie verdrijft dat. Maar nu ik daarmee ben gestopt en ik ook niet meer dagelijks blow, kan ik nachtenlang malen. Dan ga ik uit bed en terug naar de bank, gamen of lezen, maar ik verstuur geen berichten naar mensen op social media zoals papa wel deed.

Ik lees dat hij op Twitter contact heeft met René van der Gijp, Nico

Dijkshoorn, Ryan Babel, Michiel van Erp en Heleen van Royen. Met Kluun heeft hij het over het spelletje Memory en dat papa altijd van mij en Vlinder verliest en aan ene @hendrika laat hij weten dat hij over een uur bij een restaurant is en dat hij haar daar kan ontmoeten. Waarom ze elkaar gaan ontmoeten, staat er niet bij. Een genderneutrale dichter die zichzelf Gewoon Kim noemt, wil iets van hem weten. Papa vraagt om zijn/haar telefoonnummer en belooft dat hij de volgende dag zal bellen. Ik snap er helemaal niks van dat hij deze mensen, die hij van Twitter kent, opbelt en zelfs met ze afspreekt.

'Hij beantwoordde iedereen heel aardig op Twitter,' vertelt Beau, 'waardoor hij zich op een gegeven moment liet opslokken door zijn fans, door mensen die iets van hem wilden. Eén keer liep dat totaal uit de hand, dat was met een man die een devoot Antonie-fan was. Antonie wilde met dat contact stoppen. Toen is hij naar het huis van die man gegaan om dat persoonlijk te vertellen en hebben ze er samen nog wat gegeten. Op een gegeven moment liep die man weg, waarna Antonie hem in het huis is gaan zoeken. Hij vond hem in de slaapkamer, hij hing aan een riem.'

'Aan de riem van mijn vader,' zeg ik.

'Ja, hoe weet je dat?' roept Beau.

'Dat herinner ik me ineens weer, het is me blijkbaar eerder verteld. Die man was een soort doorgedraaide fan, toch?'

'Ja! Toen heeft Antonie die man naar beneden gehaald en zijn leven gered.'

De deur van de kamer gaat open. Selly, de vrouw van Beau, komt binnen. Ze vraagt of ik haar nog ken, ik zeg van wel.

'Selly en jouw vader,' zegt Beau, 'waren zo ontzettend dol op elkaar.'

'Antonie belde me vaak op,' zegt Selly als ze in een stoel naast Beau gaat zitten, 'en dan ging hij heel lang met me praten. Over Beau. Dan ging hij hem analyseren. Dat vond ik toen heel gezellig. Hij kende Beau erg goed en ik ook, dus we waren het vaak met elkaar eens.'

'Maar praatten jullie dan positief of negatief over Beau?' vraag ik.

'Positief, het was gewoon praten. Zoals Beau nu over Antonie praat met jou, zo dacht hij na over Beau met mij. En hij had vaak heel goede punten. Bijvoorbeeld dat Beau en Antonie een afspraak hadden die op het laatste moment niet doorging en hoe dat dan kwam. Of dat ze samen mee gingen doen aan een hardloopwedstrijd en dat Beau daar ongetraind aan deelnam en hij dat toch met veel energie kon doen. Antonie belde me om te vragen hoe ik daartegen aankeek. Dat waren heel leuke gesprekken.'

'Als wij samen waren,' zegt Beau, 'dan had ik pijn in mijn wangen van het lachen. De tranen sprongen uit onze ogen, letterlijk. De laatste keer dat Antonie hier was, hadden we ook weer zo hard gelachen. We hadden afgesproken dat we niet zouden drinken, maar ik had uiteindelijk toch geen zin om me daaraan te houden. Dus had ik vijftig speciaalbieren gekocht en de hele keukentafel daarmee vol gezet. Hij kwam het trapje af en zag vijftig verschillende soorten bier staan. Hij lag gewoon een minuut op de grond van het lachen. Met dat soort dingen kon je hem zo blij maken.'

'Dat vond ik het leukste aan Antonie,' zegt Selly, 'dat hij zo ontzettend hard kon lachen.'

Ze zegt dat ze een afspraak heeft en weg moet. Ze knijpt Beau in zijn schouder en zwaait en glimlacht me gedag in de deuropening.

'Toen ik je vader leerde kennen,' gaat Beau direct verder, 'was hij al een echte ster. Ik begon pas net een beetje bekend te worden. Daardoor leek er aanvankelijk wat afstand tussen ons, maar al heel snel hadden we een enorme klik met elkaar. Antonie was net als ik een goed opgevoede jongen en hij zat ook bij het corps. Dus dat bond ons, hoewel we echt getypecast werden: ik speelde altijd de kakker, hij de dromer. In zulke rollen was hij het best. En we hadden hetzelfde gevoel voor humor. We namen het allemaal niet zo serieus en we vonden het vooral niet heel belangrijk. We konden ontzettend om onszelf lachen. BN'ers zijn doorgaans allemaal planeet *ego*, hoofdstad *ik*. Echt narcistisch. Maar dat had hij helemaal niet. Hij vond niks leukers dan dat hij door mij werd afgezeken, daar kon hij zo ongelofelijk hard om lachen. En toen werden we vrienden. Objectief gezien was hij toen op zijn gelukkigst: hij had een leuke vrouw, jij was net geboren, er was een mooie boerderij gekocht in Zevenhoven en hij stond op het punt om door te breken in Europa en Amerika. Dat wilde hij, want dan hoefde hij niet meer te werken in Nederland. Al was hij hier een ster en was *Ik ook van jou* een heel grote film, toch hoorde hij er niet echt bij. Dat is zo verneukeratief aan het incestueuze Nederlandse acteerwereldje: als je niet de toneelschool van Maastricht of Amsterdam hebt gedaan, dan moeten ze je niet. Dat houden ze vol tot het einde der dagen als ze met z'n allen dood in hun graf neervallen met hun alcoholhoofd en dat stak Antonie heel erg. Hij werd nooit serieus genomen door de crème de la crème, door de geschoolde acteurs. Hij voelde zich daardoor een buitenstaander. Hij kwam uit *Goede tijden* en dat was toen echt nog een smet. Tegenwoordig kom je uit *Goede tijden* en kun je gewoon toneelstukken gaan spelen. De grootste rol van zijn leven heeft hij uiteindelijk nooit gespeeld. Antonie was de gedoodverfde hoofdrolspeler voor de film *Soldaat van Oranje* 2. Het eerste deel met Rutger Hauer is de beste Nederlandse speelfilm *ever*. Jean van de Velde schreef het scenario van het vervolg met Antonie in zijn hoofd. Er was een budget van elf miljoen, het zou de duurste Nederlandse film aller tijden worden. Drie jaar lang was die film in voorbereiding en Antonie wachtte op het moment dat de opnames konden beginnen. Op het allerlaatste moment bleek dat producent Rob Houwer – producent van films als *Turks fruit, De kleine blonde dood* en de eerste *Soldaat van Oranje* – via een Duitse constructie geld had weggesluisd. Dus die zei tegen Jean van de Velde: “Jean, je mag het voor zes maken.” “Wat?” zei Jean. “Je had me elf miljoen beloofd, voor minder kan ik het niet maken.” Toen is dat hele project geklapt en spatte de droom van Antonie uiteen om die iconische rol van Rutger Hauer over te nemen. Antonie had er andere projecten voor afgezegd, films en stukken waar hij wel in had kunnen spelen. Want hij stond vooraan: als er een top drie was van acteurs die je in een speelfilm wilde, dan stond hij daarin. Toen *Soldaat van Oranje 2* klapte, moest hij opnieuw beginnen. Moest hij weer audities langs. En werd hij natuurlijk weer een paar keer afgewezen, dat hoort erbij.'

'Viel hem dat zwaarder dan andere acteurs?'

'Ja, veel zwaarder. Als je zo hoog op de ranglijst staat dat je voor iedere hoofdrol in aanmerking wordt genomen en je ziet dat je die dan niet krijgt, dan is dat verschrikkelijk. Voor Antonie was het ook een knauw voor zijn zelfvertrouwen. Wat dat betreft heb ik dus altijd gedacht dat het acteursvak niet goed voor hem was. Want hij lag supergoed, maar er zijn altijd periodes dat dat minder is. Dat hoort erbij, de beste acteurs maken dat mee, van Peter Paul Muller tot Pierre Bokma. Maar Antonie vatte het heel persoonlijk op. Wat ondertussen fascinerend was aan je vader is dat hij ondanks zijn onzekerheid ook aan enorme zelfoverschatting leed. Zo vergeleek hij zichzelf vaak met Tom Cruise. Hij kon zonder met zijn ogen te knipperen beweren dat hij en Tom Cruise hetzelfde waren en hetzelfde zouden hebben gedaan als Antonie niet in een ander land was geboren. Dus als Antonie een rol van Tom Cruise zou spelen, dan zou hij dat net zo goed doen. Dus hij had een fantasie die hem door zijn onzekerheid heen hielp. Dat maakte hem zo fascinerend, hij was een karakter met ontzettend veel elementen. Antonie was heel veel mensen, hij was een heleboel dingen.'

'Volgens John, onze oude buurman, was mijn vader net als hij een kakker, al deed papa heel erg zijn best om dat niet te zijn. Hoe sta jij daarin?'

'Het is niet het een of het ander. Je vader had inderdaad een mooie Amerikaan, we hadden dezelfde voorliefde voor oude auto's. En hij had wel eens een chique hoed op en kon er netjes uitzien. Hij sprak ook netjes en speelde klassieke muziek op de piano, dat is alles bij elkaar misschien wel kakkerachtig. Maar jouw vader was de ultieme artiest. Het hoeven toch niet twee verschillende dingen te zijn? Tuurlijk zat je vader een tijdje midden in het studentenleven en bij het corps, maar hij ging bij dat dispuut met de jongens om die juist een beetje anders waren, die anders in het leven stonden. En hij vond het niet heel leuk bij het corps, hoor. Die bralapen en dat vechten trokken hem niet zo. Hij is daar vooral beland door zijn achtergrond, daar heeft hij zich heel lang tegen verzet en hij heeft dat in de opvoeding van jou heel anders gedaan. Hij heeft jou altijd heel vrijgelaten in je ontwikkeling. Ik zie jullie nog zo samen door die tuin in Zevenhoven rennen. Allebei met lang haar, jij had één tand eruit. Jullie waren altijd aan het voetballen en hij was lekker met je aan het gooien. Ik denk dat hij al vrij snel heel volwassen tegen je deed, want hij kon zó goed met kinderen omgaan. Ook met mijn kinderen trouwens, hij ging altijd met ze zitten kletsen. Dat vonden ze zo ontzettend leuk, want hij zat meteen op het niveau van het kind. Alleen maar keten.'

'Hij vertelde in een interview dat mijn moeder hem vaak corrigeerde dat hij niet mijn beste vriend was.'

Beau moet hard lachen. 'Dat is natuurlijk de beste vader die je je kunt wensen, een vader die je beste vriend is.'

Op 11 augustus 2010 tweet papa: 'Fietsen met Merlijn werkt zeer onttwitterend.'

Hij blijkt een Twitter-pauze gehad te hebben, hij heeft twee dagen niet getwitterd omdat hij met mij een fietstocht maakte. Papa is trouwens de enige die tijdens die fietstocht offline is, want ik zit blijkbaar constant op Hyves. 'Even dertien berichten beantwoorden, pap,' citeert hij me.

'Ik geniet me helemaal gek,' schrijft papa. 'Dagenlang gelachen en geluld en maar één keer ruzie gehad.'

Papa vat onze fietstocht met steekwoorden samen: ouwehoeren, *Karate Kid*, ontbijtbuffet, onze plannen elf keer veranderen, zeeturen, caprese delen, kussengevechten, film, watertaxi, hotelzwembad en zeezwemmen. Hij schrijft dat ik onvermoede dieptes heb en meldt dat morgen de plicht weer roept en dat onze vader-zoonvakantie dan voorbij is. Ik wil me dat allemaal nog kunnen herinneren, maar het lukt me niet. Als ik het zo lees, moet het heel waardevol zijn geweest. Misschien dat ik me er daarom zo weinig van herinner, omdat ik het gestoord vind dat we dagenlang zo samen zijn en hij me nog geen twee maanden later voor altijd in de steek laat. Zou hij naar me hebben gekeken en ondertussen hebben overwogen om het wel of niet te doen? Of speelde dat toen niet? Overviel zijn dood hem dan toch net zo erg als mij? Die fietstocht voelt daardoor zo zinloos, want ik kan het me amper herinneren. De enige herinneringen die er zijn, heeft hij met zich meegenomen.

Half augustus ben ik met mama in Portugal, lees ik, papa blijft thuis met Vlinder. Hij tweet dat hij ziek is en dat hij met Vlinder op de bank in slaap gaat vallen. Vlinder is op dat moment vijf jaar oud. Een dag voor zijn laatste verjaardag halen ze ons samen op van Schiphol. Over zijn verjaardag meldt hij dat het leven als vierenveertigjarige hetzelfde voelt als anders, maar dat hij wel een zelfgebakken taart van Vlinder heeft gekregen. Een dag later, op 26 augustus, schrijft hij dat hij vroeg naar bed moet. Om half zeven gaat de wekker, omdat ik mijn eerste dag heb op de middelbare school. Hij tweet een foto waarop ik onderweg ben.

'Héél erg in de verte loopt mijn zoon. Eerste dag middelbare. Snik.'

De rest van de dag is hij thuis. Hij doet boodschappen en beantwoordt e-mails. Twee dagen later komen mijn twee neefjes logeren, de kinderen van tante Liesbeth. We draaien muziekjes, kinderen worden in de lucht gegooid en er wordt gespeeld in de hangmat. Papa noemt het een heerlijk dagje. Die week treedt hij ook samen met Herman van Veen op in een dagcentrum voor verstandelijk gehandicapten, ze zingen een duet. Een dag later moet hij naar Kijkduin voor een interview in een tijdschrift over vriendschap. Er moet ook een foto worden gemaakt, meldt hij, waarop hij met een vriend poseert. Hij schrijft er niet bij wie het is. Aan iemand die zich op Twitter Zuster Lucretia noemt, vertelt hij dat hij om tien uur in Kijkduin zal zijn, bij een strandtent waar ze lekkere cappuccino hebben. Daarna twittert hij over een hotel waar hij twee wilde nachten heeft beleefd met iemand en dat dat niet Isa was. Een paar tweets later blijkt het om mij te gaan, hij haalt herinneringen op aan de kussengevechten die we in dat hotel hadden. Ineens zie ik een schip voor me waar we op hebben geslapen tijdens onze fietstocht, in mijn herinnering ziet het eruit als een cruiseschip. Ik zoek op internet naar een schip dat als hotel dient en kom op de website van een cruiseschip waarop je kunt overnachten in de Rotterdamse Maashaven. Ik zie een foto van het schip, het ziet er nog precies zo uit als tien jaar geleden.

'ss Rotterdam,' staat er bij de foto, '*the start of new memories*.'

Op 2 september tweet hij dat hij voor zeven audities is afgewezen, maar dat hij zich wel goed voelt. Hij vraagt aan zijn volgers of het dan juist wel of juist niet goed met hem gaat. Hij schrijft dat hij zich opgelucht voelt dat hij tot december even niet hoeft te werken, omdat hij zich dan rustig op die rockmusical over Veronica kan voorbereiden. Hij tweet nog wat over Vlinder, die niet wil dat hij haar 'baby' noemt.

'Hello baby,' zeg ik tegen Vlinder.

'Ik bén geen baby!'

'Nee, maar baby kun je ook zeggen als je iemand lief vindt.'

'Alsnog, ik ben geen baby.'

Ik moet lachen om mijn slimme zusje, dat op haar vijfde blijkbaar al 'alsnog' gebruikt. Hij twittert verder veel over politiek, hij is openlijk aan het uitrekenen hoeveel zetels er nodig zijn om de VVD, D66, GroenLinks en Partij voor de Dieren een coalitie te laten vormen. Ik vraag me af wat dat je uitmaakt als je een maand en drie dagen later uit het leven stapt en je het toch niet meer mee zult maken. Uit zijn tweets maak ik op dat papa op politiek vlak de grootste hekel had aan de PvdA en aan Geert Wilders.

Die avond tweet hij weer over mij.

'Mag mijn zoon naar boven tillen, want hij is zo moe. Hoelang nog? Snik.'

Nou, nog één maand en drie dagen dus. Maar wat mij betreft had dat nog langer mogen duren.

Op 9 september stuurt hij zijn laatste tweet.

‘Bezig met huis opruimen, administratie, dat soort dingen. Weinig twittertijd. Ook geen inspiratie eigenlijk. En om jullie nou lastig te vallen met kopjes koffie en ritjes naar school, ach...’

Zevenentwintig dagen later is papa dood.

Beau zegt dat hij wil weten hoe het met mij gaat en vraagt of hij me wat vragen mag stellen. Ik zeg dat dat prima is.

‘Ik heb wel eens gehoord dat het niet goed met je gaat,’ zegt Beau. ‘Dat je een moeilijke periode hebt gehad, dat je veel aan het blowen was.’

Ik schrik van zijn directheid.

‘Ik weet niet welke periode je bedoelt,’ antwoord ik.

‘Zit je nog steeds in depressies?’

‘Die heb ik nooit gehad,’ zeg ik.

‘O, gelukkig.’

‘In die zin lijk ik niet op mijn vader. Ik heb wel moeilijke periodes gehad, maar dat heeft met van alles en nog wat te maken.’

‘Niet met hem?’

Ik kijk Beau aan. Hij praat ineens met me zoals hij in zijn talkshow praat. Zijn rechterhand heeft hij tot een vuist gebald, zijn linkerhand houdt de vuist losjes vast, hij wrijft over de knokkels.

‘Misschien onbewust ook,’ antwoord ik.

Beau knikt nadenkend. Dit was niet wat ik verwachtte toen hij zei dat hij vragen voor me had.

‘Op mijn zestiende heb ik mijn diploma gehaald,’ zeg ik, ‘mijn havodiploma. Toen besloot ik een tussenjaar te nemen om te bedenken wat ik wilde doen. En dat tussenjaar duurt eigenlijk nog steeds. Ik heb nog geen antwoord kunnen vinden op een aantal vragen. Ik weet niet wat ik wil, waar ik goed in ben en of ik met een studie of een baan wil beginnen. Pas toen die zoektocht al heel lang aan de gang was, belandde ik op de bank en begon ik te blowen, ik verklaarde dat voor mezelf als iets wat bij mijn leeftijd hoorde.’

‘Ja, tuurlijk,’ zegt Beau begripvol.

‘Maar ook dat blowen begon te lang te duren. Waardoor het nadenken over wat ik wilde, stopte. Ik werd wakker en ging blowen. Op een gegeven moment heb je dan allemaal vrienden om je heen die hetzelfde doen, waardoor er helemaal niks verandert. In die situatie zit ik niet meer, daar ben ik uit gestapt. Maar ik ben nog steeds heel erg zoekende. Daarom ben ik ook hier, om uit te zoeken of dat misschien met mijn vader te maken heeft. Of hij me op de een of andere manier in de weg zit.'

Beau zegt niks.

'Of eigenlijk,' voeg ik toe, 'of het verdriet om mijn vader me in de weg zit. Omdat ik dat verdriet nog niet heb verwerkt, denk ik nu. Misschien weet ik daarna welke kant ik op wil.'

Beau knikt en legt zijn handen over zijn armleuningen. 'Wat je nu allemaal zegt,' zegt hij, 'is al zo coherent, zo duidelijk. Hoe je je gedachtes opbouwt. Je klinkt als een ontzettend leuke knaap die het allemaal hartstikke op een rijtje heeft. Want het is geen kattenpis wat daar allemaal in je hoofd zit. Voor een deel is dat misschien puberaal Oud-Zuid-gedrag, maar voor het grootste deel moet dat toch te herleiden zijn naar wat je is overkomen. Ik ben geen psychotherapeut, maar het lijkt me toch dat dat een enorme indruk op je moet hebben achtergelaten.'

'Maar van wie hoorde je hoe het met me ging? Hoe bleef je op de hoogte?'

'Als ik iemand tegenkwam bijvoorbeeld, laatst nog een vriendin van je moeder. Dan vraag ik altijd even hoe het met jullie gaat. Ik zag ook wel vrij snel dat Isa heel sterk was. Dat al vlug het besef kwam dat ze het zelf moest doen, dat ze een knop heeft omgezet en ervoor is gegaan. Ik kwam haar ook wel eens tegen, gingen we thee of koffie drinken. Maar ik was altijd een Antonie-man, ik was niet een Isa-en-Antonie-man. We gingen nooit met onze vrouwen op dubbeldate. Het was altijd met Antonie alleen. Wij gingen samen naar het buitenland, keten, golfen, zuipen. En we gingen samen naar premières: rode loper, smoking aan en tegenover zo'n leger aan fotografen. Van Antonie heb ik geleerd dat je nooit mag zwijgen, dan sta je als een houten klaas in die lenzen te staren. Hij leerde me dat je er dynamiek in moet gooien: lachen, roepen, armgebaren. Als je al die foto's later terugziet, zie je al die mensen stokstijf staan, maar Antonie staat er te schreeuwen. Dat doe ik nu nog steeds, dat heb ik van hem.'

'Mag ik jou dan nu een vraag stellen?' vraag ik.

'Tuurlijk,' zegt Beau lachend, 'alles wat je wil.'

'Waarom heb ik jou de afgelopen tien jaar nooit gezien? Was dat een bewuste keuze?'

Beau is even stil. Misschien was mijn vraag wel net zo direct als die van hem. Maar ik geloof dat dat bij hem wel kan. En bij mij trouwens ook.

'Ja, dat was wel bewust. Want wat hebben jullie aan mij? Helemaal niks, echt helemaal niks. En hoewel ik het op afstand in de gaten heb gehouden, heb ik me nooit verantwoordelijk gevoeld om te gaan helpen. Dat zat gewoon niet in mijn hoofd. Misschien dat het nodig is geweest, ik weet het niet.'

'Het had een gedachte kunnen zijn,' zeg ik. 'Al weet ik ook niet of het nodig is geweest. Je had het kunnen bedenken.'

'Dat heb ik wel gedaan. Ik heb wel gezegd: "Als je me nodig hebt, dan ben ik er." Maar wat heb je aan zo iemand als die niet daadwerkelijk op de stoep staat om te vragen hoe het met je gaat? Dat heb ik niet gedaan. Of te weinig. Maar ik denk dat Isa zou zeggen: "Ach ja, Beau." We vinden elkaar leuk en lief, denk ik, maar niet door dik en dun. Er zit namelijk ook nog een sprankeltje... God, hoe moet ik dit zeggen? Dit moet je niet verkeerd opvatten, Merlijn, maar ik heb me na de dood van je vader echt afgevraagd waarom niemand heeft ingegrepen. Die gedachtes hebben geen zin, maar ik snap niet hoe het heeft kunnen gebeuren. Waarom is hij niet vastgebonden en vol met medicijnen gepropt? Ik weet dat hij vlak voor zijn dood naar een dokter is geweest, dat hij aan de medicijnen is geweest en dat hij daar ook weer vanaf is gegaan. Hij zou hebben gezegd dat het wel weer met hem ging, terwijl hij al een zelfmoordpoging had gedaan.'

'Dat was in een heel kort tijdsbestek, ja. Dat was allemaal binnen twee weken.'

'Selly zou me meteen op laten nemen, die zou zeggen: "Het gaat niet goed met je, je gaat naar een ziekenhuis." Maar zij waren natuurlijk artiesten, Isa is ook artiest. Die had wel vaker meegemaakt dat hij zo down was, die dacht waarschijnlijk dat hij er wel weer bovenop zou komen.'

'Maar jij hebt ook niks gedaan.'

'Ik wist het niet. Ik wist niet dat hij zo depressief was, ik wist niet dat hij aan zelfmoord dacht.'

'Maar daar heeft hij openlijk over gepraat in interviews.'

'Ja, en dat moet ik ongetwijfeld hebben gezien, maar hij praatte er niet over met mij.'

'Terwijl hij met je in bed lag. Dan vertelde hij je niet dat hij zich vaak ongelukkig voelde?'

'Dat hij ongelukkig was, dat voelde iedereen natuurlijk wel. Of ongelukkig... ik bedoel dat zijn onzekerheid soms doorsloeg. Dat hij daardoor zwaarmoedig was. Zover durf ik wel te gaan, Merlijn. Soms had je gewoon een maand lang geen contact met hem, reageerde hij helemaal nergens op. Ik belde en er werd gewoon niet opgenomen. Toch maakte ik me niet zoveel zorgen dat ik het nodig vond om naar zijn huis te rijden, soms was hij ook gewoon druk met opnames van een film of iets dergelijks. Dus er waren periodes dat we elkaar heel veel zagen en er waren periodes dat we elkaar weinig zagen omdat hij om wat voor reden dan ook even van de radar was, maar daarna kwam hij ineens weer als een bloemetje tevoorschijn. Dat hij suïcidaal was, heb ik nooit geweten. Terwijl andere mensen beweren het wel te hebben geweten.'

Beau kijkt naar de muur tegenover ons. Hij heeft een vuist voor zijn mond die hij zo hard dichtknijpt dat de knokkels wit zien.

'Ik ga je gewoon alles zeggen,' zegt hij.

'Dat is goed,' zeg ik.

'Ik was op de uitvaart van je vader, die bijeenkomst in het Amstel Hotel. En ik hoorde Albert Verlinde zeggen dat het zo beter was. Dat hij niet verbaasd was. Dat de dood van je vader onvermijdelijk was. Als het nu niet was, dan had hij het wel een jaar later gedaan.'

Beau is even stil.

'Dat vind ik gewoon een rotopmerking,' voegt hij toe. 'Dat soort dingen kun je helemaal niet weten, dus hoe weet hij dat? En misschien is het wel waar, maar waarom zou je het zeggen?'

'Wanneer hoorde je eigenlijk dat papa zelfmoord had gepleegd?'

Ik had een afspraak bij Panini op de Vijzelgracht. Ik kwam binnen en iemand liet me iets op zijn laptop zien en zei: "Jezus, Antonie Kamerling is dood." Ik ontplofte. Het was als een donderslag bij heldere hemel. Ik rende naar buiten en heb zo hard geschreeuwd dat ik de rest van de dag geen stem meer had. Het kwam gewoon uit mijn buik. Nog steeds als ik de brug zie waar ik toen naartoe rende, denk ik aan dat moment. Ik ben direct naar Zevenhoven gegaan, maar daar was niemand. Ik ben om het huis heen gaan lopen, ik wist niet waar jullie naartoe waren. Ik keek door de ramen en zag op de piano zijn portemonnee liggen. Op de grond lagen zijn schoenen.'

'We waren toen bij mijn oom,' vertel ik. 'Ben je niet gebeld?'

'Hoe bedoel je?'

'Waarom moest je het in een café van iemand horen? Waarom hebben ze je niet gebeld dat papa dood was?'

'Dat weet ik niet. Er was direct een... ik wil niet zeggen verwijdering, maar Isa had haar groep met mensen, daar zat ik niet in. Daar zit ik nog steeds niet in. Ook Antonie had van die groepjes. In mijn beleving was jullie buurman John de beste vriend van je vader. Maar Antonie had altijd verschillende wereldjes. Verschillende mensen. En ik was een van die mensen. Terwijl hij een van mijn twee vrienden was. Die andere vriend was mijn neef, die overleed toen hij zevenentwintig was. Daarna had ik Antonie. Er is in de tussentijd niet iemand anders opgestaan die mijn nieuwe vriend is geworden. Dat vind ik heel erg, dat ik die niet meer heb. Zoals jij geen vader hebt met wie je kunt kletsen en ruzie kunt maken en tegen wie je op kunt kijken. Wat natuurlijk veel erger is dan wat ik voel. Maar die leegte, Merlijn, vult zich wel.'

'Met wat?'

'Met herinneringen. Ik moet nog heel veel aan hem denken. En dan voel ik hem weer. Dat zie ik ook aan Selly. Als zij aan hem denkt, krijgt ze direct een lach op haar gezicht.'

Beau kijkt rond. Naar zijn foto's en schilderijen en uitpuilende kasten. Dan kijkt hij mij weer aan. Hij glimlacht kort naar me en stopt daarmee als hij weer gaat praten.

'Tegelijkertijd,' zegt hij, 'voelen we ons schuldig. Ik denk dat iedereen zich schuldig voelt. Maar niemand weet goed wat-ie had moeten doen.'

'Ik ook niet,' zeg ik. 'Ik weet inmiddels best veel van mijn vader, maar dat weet ik niet.'

'Nog steeds,' zegt Beau, 'als er iets is waar ik niet uit kom, bedenk ik wat Antonie zou hebben gedaan. Hij is een wond, maar wel een mooie wond. Antonie loopt met me mee.'

Ik glimlach nu ook. En ik zie het voor me, hoe papa ons allemaal een beetje volgt bij alles wat we doen. Precies zoals hij in dat liedje zingt. Als onze schaduw. Nee, dat niet, want we hebben al een schaduw. Hij loopt met ons mee, maar niet als onze schaduw. Hij loopt met ons mee als de schaduw van onze schaduw. *L'ombre de notre ombre.*

8
Blij verdrietig

Ammie Kamerling-van Nispen

Hoewel papa precies tussen ons in zit en ons dus letterlijk verbindt, heeft hij nooit een rol gespeeld in de relatie met mijn grootmoeder. De herinneringen die ik aan haar heb, zijn zonder papa erbij. Misschien omdat hij al te lang dood is, misschien omdat ik te jong was of misschien omdat ik het me gewoon niet kan herinneren. De herinneringen die ik aan mijn grootmoeder heb, zijn fijne herinneringen. Als ik aan haar denk, word ik vrolijk. Omdat ze zo lief is, maar ook omdat ik er altijd voor heb gezorgd dat er geen ruimte is voor verdriet. Door niet over papa te praten, door niet te vragen of zij verdrietig is. We hebben het er gewoon niet over. Supermakkelijk. Maar vandaag ga ik naar haar toe en ga ik wel met haar praten, ook over verdriet. Want ik ben niet meer haar schattige kleinzoon, maar een volwassen man. En volwassen mensen praten met elkaar. Daarom ga ik naar haar toe en ga ik haar vragen stellen over papa. Haar zoon, die al bijna tien jaar dood is. Ik zie er verschrikkelijk tegen op.

Met de auto zit er anderhalf uur tussen onze deuren, haar huis staat in een dorpje in het zuiden van Zuid-Holland. Als je op de kaart kijkt, lijkt het alsof ze in Zeeland woont en om er te komen moet je met een brug het Haringvliet oversteken. Sinds mijn grootvader is overleden, gaan er wel ideeën rond in de familie om mijn grootmoeder dichter bij Amsterdam te krijgen. De voornaamste reden is dat ze dan in de buurt van haar kinderen en kleinkinderen is. Maar ze vindt Amsterdam te druk en is gehecht aan het huis, de omgeving en de buurt. Het huis is veel te groot voor haar alleen, maar fijn om de hele familie of de buurt over de vloer te hebben. Er is zelfs een kamer speciaal voor zulke gelegenheden. Ik noem het een kamer, maar eigenlijk is het een zaal. Er zit een grote open haard in en er staat een biljart. Met de familie zitten we ook vaak in die kamer. Boven onze hoofden lopen oude balken waar de katten overheen wandelen. De condoleance van mijn grootvader was ook in deze ruimte, dat wilden mijn grootouders graag thuis laten plaatsvinden. Overal hingen foto's van zijn leven. Iedereen die belangrijk voor hem is geweest, staat met hem op een foto. Ook papa. De crematie zelf was in besloten kring, alleen mijn oma en haar kinderen waren erbij. Omdat papa de oudste van de vier kinderen was, stond hij na mijn grootmoeder als eerste genoemd in de rouwadvertentie. Papa had een kruisje achter zijn naam, alle anderen gelukkig niet. De naam van mijn grootvader was het grootst afgedrukt: Freek. Iedereen noemde hem altijd zo, al heette hij eigenlijk Anton Frederik August. Ik heb hem ook altijd Freek genoemd, ik kan me niet herinneren dat ik ooit oma en opa tegen mijn oma en opa heb gezegd. Ik noem mijn oma dus Ammie. Niet omdat dat leuk klinkt, maar omdat ze zo heet.

'Heel dankbaar voor wat hij voor ons heeft betekend en voor wie hij was als mens,' staat in een tekstje bovenaan de rouwkaart, 'nemen we heel verdrietig afscheid van mijn man en beste vriend, onze vader, schoonvader en grootvader opa Freekie.'

Freek overleed vlak nadat ik had besloten me in papa te gaan verdiepen. Hij weet dus niet dat ik er eindelijk aan toe ben om over papa te praten.

Ik parkeer de auto van mijn moeder naast het lange hek van de woonboerderij. Op het schermpje van mijn telefoon staat dat ik geen bereik heb, niet eens 3G. Als ik het portier open en uit wil stappen, springt Saartje half bij me in de auto. Ik heb haar nog nooit zo enthousiast gezien, normaal gesproken mijdt ze me als de pest.

'Hé Saar,' roep ik. 'Wat gezellig!'

Ze kwispelt en duwt haar neus in mijn jas en mijn gezicht.

'Dat ik dit nog mag meemaken,' hoor ik Ammie roepen, 'Merlijn en Saartje die blij zijn om elkaar te zien!'

Saartje is een donkerblond hondje, ik heb geen idee van welk ras ze is. Ze is er al een paar jaar, maar ze heeft nooit enige interesse in me getoond. Ze liep zelfs weg als ze me zag. Ik pak haar vast en zet haar buiten de auto op de grond. Wanneer ik uitstap, beland ik meteen in Ammies armen terwijl Saartje tegen mijn benen opspringt.

'Wat fijn dat je er bent,' zegt ze.

In de hal zie ik meteen papa's vleugel staan. Die staat daar altijd, maar hij valt me nu pas echt op. De andere keren dat ik hier was, wilde ik hem misschien ook niet zien. Volgens mij speelt niemand nog op de vleugel, maar papa's pianokrukje staat klaar en de klep omhoog. Via hoge deuren komen we in de biljartkamer. De foto's van Freek hangen er nog, Ammie zegt dat ze die binnenkort gaat weghalen. Het zijn foto's op A4-formaat geprint, ze hangen aan punaises. Het is hier koud, toch heeft gisteravond de open haard nog gebrand en is er gebiljart door Freeks vrienden uit de buurt. Een tijdje is er niet gebiljart, vertelt Ammie. Freek biljartte altijd mee op de biljartavondjes, maar op een gegeven moment werd hij te ziek om nog mee te doen. Hij zat er dan alleen nog maar naast in een stoel. Toen ook dat niet meer ging, kwam aan de biljartavonden een eind. Onlangs zijn ze weer begonnen. Het was druk en gezellig, vertelt ze. En met de foto's van Freek die hier nog steeds hangen, is hij er toch een beetje bij. Dat kan ik me tenminste zo voorstellen. Het valt me op dat er een enorme rust heerst in het huis. Een soort ontspannen sfeer die ik eerder niet zo heb ervaren. Ammie is vrolijk en ze lacht veel, ze laat me merken dat ze blij is om me te zien. In de keuken maakt ze koffie, ze laat me altijd kiezen of ik die sterk of minder sterk wil. Elke keer antwoord ik volgens mij iets anders, waardoor ze het telkens opnieuw moet vragen. Ze draagt een gebreid vest en zwarte sportschoenen die vast heel lekker zitten. Aan niets zie je dat ze een deftige dame is. Ze ziet er gewoon uit als een lief vrouwtje met een lief brilletje en een ontzettend lief gezicht. Van haar vier kinderen lijkt ze nog het meest op Liesbeth, de jongste. Ammie is in de zeventig, maar ze komt net zo jong en vitaal over als een vrouw van eind vijftig of begin zestig.

'Ik was wel verbaasd over je telefoontje, hoor,' zegt ze als ze koffie-zet.

'Hoezo?' vraag ik.

'Nou, dat je helemaal deze kant op komt om met mij over Antonie te praten.'

'Vind je dat niet fijn?'

'Jawel, dat vind ik heel fijn. En spannend. En ook wel gek natuurlijk, omdat we nog nooit over hem hebben gepraat samen. Jij wilde dat niet.'

'Dat weet ik, en nu wel. Ik wil hem leren kennen en ik geloof dat het mij ook kan helpen om nu eindelijk eens met papa bezig te zijn. Want ik heb eigenlijk geen idee wie hij was. Ik heb vooral mensen die hem van televisie of van de bioscoop kennen over hem horen praten. Die vertelden me altijd ongevraagd hoe gaaf ze hem vonden en hoe erg het is dat hij dood is. Maar die mensen kenden hem helemaal niet. Dus wilde ik op zoek naar de verhalen van de mensen die hem wel hebben gekend. En jij kende hem het beste. Of in ieder geval het langst.'

'Dat is zo.'

We lopen met onze kopjes door de hal en gaan in een kamer achter in het huis zitten. Ook daar is een open haard, eromheen staan twee banken en twee stoelen: genoeg om de hele familie op kwijt te kunnen. Op de banken liggen dekentjes en kussentjes, op een tafel liggen boeken en foto's. Rieten manden naast de haard zijn gevuld met takken en dennenappels die Ammie zelf heeft gesprokkeld. Als nu m'n oom en tantes binnen zouden komen en we hier de hele dag en avond zouden borrelen en kletsen, zou ik dat alleen maar gezellig vinden.

'Hoe was het vroeger thuis?' vraag ik. 'Met vier kinderen?'

'Een drukke boel, een heel leuke chaos,' zegt ze. 'Antonie zei wel eens dat ik geen regels had. Hij zei dat Freek wel regels had en ik niet, maar dat is niet waar. Ik had alleen andere regels. Maar niet zozeer regels waarin precies moest worden gedaan zoals het hoort.'

'Had Freek wel zulke regels?' vraag ik.

'Ja, maar die was vaak laat thuis.'

'Waar was hij dan?'

'Aan het werk. Eerst bij SHV, de Steenkolen Handels Vereeniging. Dat was echt carrière maken. Daarna is hij Dille & Kamille begonnen. Toen dat bedrijf niet goed ging, heeft hij het grotendeels verkocht en is hij de advocatuur in gegaan. De begintijd van de advocatuur is natuurlijk zwaar. Hij was daardoor niet zo vaak thuis. Later is hij teruggekeerd bij Dille & Kamille om het winkelbedrijf verder uit te breiden. Altijd druk dus, vaak van huis. Als Freek wel thuis was, dan was hij wat strenger dan ik. Daardoor leek het voor Antonie misschien alsof ik geen regels had, maar daar was ik het absoluut niet mee eens.'

Ik bouw een wigwam van takken in de haard en steek die aan de onderkant aan.

'Het was wel druk met vier kinderen, neem ik aan,' zeg ik. 'En toen kwam Ernst er ook nog bij.'

'Ja, die zat bij Antonie in de klas op de middelbare school. Ernst en zijn broer Steven hadden geen moeder meer, zij was overleden toen ze heel jong waren. Tijdens een paasvakantie ging hun vader op reis naar Spanje en is daar omgekomen bij een auto-ongeluk. Ernst zakte voor zijn eindexamen, waardoor hij nog een jaar in de buurt moest blijven. Steven ging in Amsterdam studeren en Ernst is toen bij ons komen wonen. Het klikte, dus is hij bij ons gebleven. Hij is inmiddels getrouwd en heeft twee kinderen. Die tel ik op bij mijn andere kleinkinderen. Ik heb er tien plus twee, zeg ik dan. Maar ik heb er dus gewoon twaalf.'

'Vier kinderen, al hun vriendjes en vriendinnetjes en later Ernst erbij,' zeg ik, 'lijkt me best hectisch.'

'Dat vinden we alleen maar leuk. Hoe vaker de kinderen hier zijn, hoe gezelliger ik dat vind. Antonie en Isa hebben zelfs nog een tijdje bij ons op het erf gewoond en later ook Liesbeth en haar man Frans. Er werden veel spelletjes gedaan en er werd veel gespeeld, ook buiten. Toen Antonie jong was, waren er zomers dat hij elke avond buiten in de tuin sliep, in een tentje. Hij kwam alleen naar binnen als het stormde of onweerde. In dat tentje las hij veel, ook *Suske en Wiske*. Hij verslond ze. Alles wat hij van het leven wist, wist hij van *Suske en Wiske*.'

'Die heeft hij later aan mij gegeven,' zeg ik, 'maar ik geloof niet dat ik er veel van heb opgestoken.'

Ammie lacht.

'Wat waren de raakvlakken tussen jou en papa?' vraag ik.

'We konden goed met elkaar praten. Ik snapte hem en hij snapte mij.'

'Kon hij dat minder met Freek?'

'Anders. Dat was een andere band. Niet minder, maar anders.'

'Hoe anders dan?'

'Ik denk dat we meer zielsverwanten waren, Antonie en ik. Van Freek leerde hij dingen, ze deelden dezelfde talenten. Muziek bijvoorbeeld, het kunnen performen. Freek speelde cello en gaf ook concerten. Van tevoren was hij dan zenuwachtig, maar op het moment dat hij op moest, kwam het eruit. Antonie had dat ook. Die kon voorafgaand aan een optreden moe zijn, dan gedroeg hij zich een beetje sullig. Maar zodra hij dan moest leveren, spatte het eruit. Hij vond het heerlijk om met zijn muziek op het podium te staan. Dat hebben ze met elkaar gemeen.'

'Heeft papa het pianospelen ook van Freek geleerd?'

'Nee, van de moeder van Freek. Zijn vader, jouw overgrootvader, overleed toen Freek dertien was. Hij had een hartgebrek door roodvonk uit zijn jeugd. Zijn moeder was pianiste, ze had conservatorium gedaan. Toen haar man overleed, is ze grotendeels gestopt met optreden. Ze ging pianoles geven en heeft toen ook Antonie lesgegeven.'

'Op die vleugel die nu in de hal staat?'

'Ja. Ze heeft altijd gezegd dat die vleugel na haar dood voor Antonie zou zijn. Toen ze overleed, zorgde Freek daar dus voor. Hij kwam bij jullie thuis in Zevenhoven te staan.'

'Dat weet ik nog, papa zat daar altijd op te spelen.'

'Toen Antonie hem kreeg, heeft hij hem babyblauw geverfd.'

'Wat vond Freek daarvan?'

'Hij verbleekte,' zegt Ammie lachend.

'Werd hij boos?'

'Enorm. Hij was geschokt, maar ik weet niet meer of hij dat aan Antonie heeft laten merken of alleen aan mij. Ik vond het wel grappig. Typisch Antonie.'

'Het is denk ik vooral omdat babyblauw een kleur is die niet op een vleugel hoort,' zeg ik.

'Het hoort natuurlijk ook niet. En zo is Freek wel opgevoed, dat je je gedraagt zoals het hoort. Antonie was ondertussen heel puur in zijn gedachtes en in zijn gedrag, terwijl Freek veel meer volgens regels leefde.'

Ik kijk naar rechts en zie de babyblauwe vleugel staan, ik kan me niet anders herinneren dan dat-ie blauw was.

'Na de verhuizing uit Zevenhoven kwam de vleugel hierheen,' zeg ik. 'En toen werd die het eerste wat je zag als je jullie huis binnenkwam.'

'Ja. Hij heeft de kleur er nooit vanaf gehaald. Toen had Freek er vrede mee.'

'Voor mijn gevoel kon papa vaak overhoopliggen met Freek. Omdat papa de dingen wilde doen zoals het juist niet hoorde, terwijl Freek hem heel anders probeerde op te voeden.'

'Een beetje wel natuurlijk.'

'Botsten zij daardoor niet heel vaak met elkaar?'

'Er was een periode in Antonies puberteit dat hij Freek heel graag uit wilde dagen. Jij hebt zo'n periode nooit echt gehad volgens mij. Ik zag jou als kind eerder bezig met het beschermen van je moeder en je ontfermen over je zusje. Maar Antonie kon heel goed aanvoelen waar Freek niet tegen kon en daar ging hij soms wel voor, ja.'

'Ik kon dat heel goed bij leraren. Ik wist precies hoe ik ze op de kast kon krijgen.'

'Dat was dan misschien jouw manier van puberen.'

'Ik heb altijd een hekel gehad aan hiërarchie, ik geloof er niet in.

Waarom zou iemand anders mij mogen vertellen wat ik moet doen? Dat doe ik andersom toch ook niet?'

Saartje klimt op de bank en komt half op mijn schoot liggen. Haar kop en voorpoten legt ze op mijn bovenbenen, met haar onderlijf begint ze onrustig te kwispelen. Als ik haar over d'r kop aai, gaapt ze en doet ze haar ogen dicht, ook haar staart glijdt langzaam in de ruststand.

'Goed dat je je in je puberteit toch nog op die manier hebt kunnen uiten,' zegt Ammie. 'Een kind heeft het nodig om ergens tegen in te kunnen gaan. Dat jij thuis geen vader hebt gehad om je tegen te verzetten, maakt dat wel lastig. Dus dan is dit goed geweest, toch?'

'Dat ik haast onhandelbaar was voor leraren? Dat weet ik niet. Het heeft me niet echt verder gebracht natuurlijk. Maar die strijd die ik met leraren had, had papa dus met zijn vader?'

'Ja, maar je vader en je grootvader hielden wel echt van elkaar. Freek hield echt van Antonie.'

Ze zwijgt even.

'En Antonie ook van hem.'

Ik weet even niet wat ik moet zeggen.

'Hebben jullie dat interview gezien met Theo van Gogh?' vraag ik. 'Dat was best heftig. Hij vertelde daarin over zijn lastige band met Freek en over zijn depressies en over een stemmetje in zijn hoofd dat hem steeds naar beneden praatte.'

Ammie staart een tijdje naar het vuur. Ze doet haar mond al open, maar wacht nog even met praten.

'Het stomme is,' zegt ze, 'dat wij dat niet zo serieus namen. Omdat we hem na zulke interviews weer spraken en dan was alles goed en deed hij vrolijk en was het gezellig. Als hij hier was, bleven we soms tot laat op. Freek ging meestal eerder naar bed, maar wij bleven tot diep in de nacht met elkaar praten over het leven en de toekomst, vaak ook met de andere kinderen erbij: Kris, Anique, Liesbeth en Ernst. Dan voerden we echte gesprekken, waardoor die uitspraken uit interviews veel minder belangrijk leken.'

'Wat wilde papa als kind later worden?'

'Voetballer natuurlijk, hij had me een zwembad beloofd.'

'Echt? Wilde hij geen acteur worden? Zat hij als kind niet altijd films te kijken?'

'Nee, hij luisterde veel muziek en las veel. In tegenstelling tot jou.'

'In tegenstelling tot mijn hele generatie. Als kind was ik altijd heel blij wanneer ik een boek van je kreeg, maar op een gegeven moment stopte ik met lezen. Nu denk ik er wel weer eens aan. Ik heb laatst een paar zelfhulpboeken gekregen. *De kracht van kwetsbaarheid* van Brené Brown en *Houden van dingen die niet perfect zijn* van een of andere Koreaanse Yoda.'

'Heb je honger?' vraagt Ammie. 'Dan kunnen we in de keuken verder praten.'

Ik doe twee eieren in de koekenpan die ik ken van Freeks beroemde spiegeleitjes. Ik doe mijn best om hem te evenaren en ben niet ontevreden. Ook Ammie toont zich onder de indruk.

'Ben jij al vegetariër geworden?' vraagt ze.

'Nee, maar ik heb het wel een tijdje geprobeerd. Ik heb op Netflix een documentaire gezien, *The Game Changers*, waarin bodybuilders besluiten om vegetariër te worden. Zij zweerden altijd bij het eten van veel rood vlees, omdat hun spieren daardoor extra massa kregen. Dat blijkt dus een illusie te zijn. Zelfs Arnold Schwarzenegger is gestopt met vlees eten, terwijl hij altijd het uithangbord van bloeddoorlopen steaks was. In de documentaire zie je hoe ons darmstelsel werkt en hoe moeilijk het voor ons lijf is om vlees te verwerken en af te voeren. Anders dan het darmstelsel van een leeuw, zijn onze darmen echt een doolhof vol hoeken en kieren. Vlees komt daar alleen maar vast te zitten, met alle gevolgen van dien.'

'Maar waarom ben je gestopt?' vraagt ze.

'Omdat ik af en toe vlees eten toch gewoon lekker vind. Zolang je het dus maar niet elke dag doet.'

'Dat is mooi,' zegt ze, 'want ik heb een ontzettend mooie rosbief in de diepvries liggen. Zullen we die dan binnenkort samen opeten? Met een groot deel van de familie gaat dat niet meer lukken. Zelfs

Peter Paul is nu gestopt met vlees eten en leeft helemaal gezond en verantwoord. Hij is ook flink gaan sporten.'

'Ik sport ook veel,' zeg ik, 'maar die rosbief kan ik hebben.'

We gaan aan de keukentafel zitten met de gebakken eitjes, niet zo mooi als die van Freek, maar ze komen in de buurt. De ramen geven uitzicht op het grote niks om ons heen.

'Gezellig,' zegt Ammie, 'de volgende keer zitten we hier dan 's avonds bij kaarslicht.'

'Dat papa veel las,' vraag ik, 'betekende dat ook dat hij leergierig was? Deed hij zijn best op school?'

'Nee, want hij vond de middelbare school makkelijk. En hij vond het nerderig om hoge cijfers te halen. Hij stopte daarom met leren en haalde toen alleen nog maar vijven en zesjes. Toch kon hij door naar de universiteit. Hij ging rechten studeren, omdat hij niks anders wist. Zoals veel studenten dat deden, maar ook omdat Freek dat had gestudeerd en hem dat geadviseerd heeft.'

'Kwamen jullie er snel achter dat hij niet echt met zijn studie bezig was?'

'Ja, dat was wel snel duidelijk.'

'Wat vonden jullie daarvan?'

'Niet zo fijn. Hij haalde geen tentamens.'

'Maakte je je daar zorgen om?'

'Ja, heel erg. Niet zozeer vanwege die tentamens, maar vanwege zijn leven. Hij blowde veel. Daar voerden we gesprekken met hem over. Uiteindelijk heb ik gelijk gekregen. Met wat we er nu over weten en wat er destijds over bekend was.'

'Hoe bedoel je?'

'Dat je er psychotisch van kunt worden en weet ik wat allemaal.'

'Papa ging bij het corps in Amsterdam, daar vind ik hem niet echt een type voor.'

'Dat deed hij naar het voorbeeld van zijn vader.'

'Was papa heel actief binnen het corps?'

'Nee, hij had er een groep vrienden, maar verder deed hij er niet zoveel mee. Behalve een studentenmusical, *Pippin*, zo is het allemaal begonnen. Die musical gaat over een jongen die niet precies weet hoe hij zijn leven wil inrichten. Antonie werd gevraagd voor die rol, maar hij had daar helemaal geen zin in. Ik moedigde hem aan om het toch te proberen, maar hij wilde het toch echt niet. Toen werd hij nog een keer gevraagd voor die rol, want hij was er echt heel geschikt voor. Pas toen ze hem voor de derde keer vroegen, dacht hij: oké, dan ga ik wel naar die auditie. En zo is het allemaal begonnen. Het was dus niet iets wat hij heel graag wilde.'

'Of hij durfde het gewoon niet,' zeg ik.

'Dat zou kunnen,' antwoordt Ammie, 'dat weet ik niet zeker.'

'Dat is het bij mij vaak. Mensen zeggen altijd dat ik net als mijn ouders moet gaan acteren, dan zeg ik altijd dat ik dat niet wil. Maar eigenlijk durf ik het gewoon niet.'

'Ik heb ook ooit meegedaan aan zo'n studentenmusical, net als Antonie. Ik was op een feest waar mensen waren die met de musical te maken hadden. Ik was aan het dansen met iemand en werd gevraagd om auditie te doen, maar ik durfde dat niet. "Zing dan maar wat," werd me gezegd. Toen heb ik door de muziek heen het Feyenoord-lied staan zingen: "Hand in hand, kameraden. Hand in hand, voor Feyenoord één. Geen woorden maar daden, leve Feyenoord één." Toen kreeg ik een rol in de musical. Geen grote, ik mocht op de achtergrond meezingen en vooral dansen, dat was een heel leuke tijd. Antonie bleek het in zijn studentenmusical ook heel erg leuk te vinden. Hij heeft zich daarna ingeschreven bij een castingbureau om geld te verdienen en zo belandde hij vervolgens in *Goede tijden, slechte tijden*.'

'Vond je het een goed idee dat hij in plaats van verder studeren in *GTST* ging spelen? Vond je dat beter voor hem?'

'Niet beter, maar het was in ieder geval iets. Hij kon niet voor altijd doorgaan met niets doen.'

'Dus jullie hebben er niet op gehamerd dat hij zijn studie af zou maken?'

'Nee, dat was op dat moment een kansloze zaak. Later heeft Freek er nog wel met hem over gesproken, om het weer op te pikken. Maar dat was veel later, hoor. Toen was je vader echt een acteur en kon het dus ook wel eens moeilijk zijn. Wanneer er even geen rollen voor hem waren, kon het zwaar zijn. Dan begon Freek er wel eens over. Hij had altijd het idee dat Antonie een goede rechter zou zijn. Wat misschien ook wel waar was.'

'Ik las in een interview met papa in een oude *Hitkrant* dat hij – als hij geen acteur was geworden – graag jurist had willen zijn.'

'O ja? Grappig. Ik geloof niet dat hij het ooit serieus heeft overwogen, hoor. Om weer te gaan studeren.'

'Wat vond je van die periode in *GTST*? Papa kon toen amper over straat, toch?'

'Dat was heel raar. Wij woonden buiten, dus dan heb je er niet zoveel last van. Maar er begonnen wel meisjes langs te fietsen en zijn naam te roepen en op te bellen, die wisten blijkbaar dat wij zijn ouders waren. Antonie vertelde ook dat hij en Reinout met politiebegeleiding naar plekken toe gereden moesten worden, dat vond hij achteraf wel cool. Maar verder merkte ik er niet veel van.'

'Merkte je dat hij veranderde? Dat hij het moeilijk had met bepaalde dingen die bij de roem hoorden?'

'Nee,' zegt Ammie resoluut. 'De Antonie die hier thuiskwam, was een andere Antonie dan daar.'

'De Antonie van daar,' zeg ik, 'is een Antonie die niet meer over straat durfde.'

'Ja, maar dat merkte ik dus niet. Ik was daar niet bij, maar hij vertelde het wel eens.'

'Schrok je daarvan?'

'Ik vond het vooral raar. Dat hij dat meemaakte. Dat het zo'n toestand was. We maakten ons daar wel zorgen om, maar je hebt er als ouder geen invloed op. Hij was immers volwassen.'

'Was je trots toen het hem lukte om na *GTST* een serieuze acteur te worden?'

'Ik vond het leuk voor hem, dat vooral.'

'Dus je dacht niet: wauw, dat is mijn zoon die daar op het podium of in de bioscoop te zien is?'

'Ja, tuurlijk wel! Maar toch is dat niet onze Antonie.'

'Ging je wel eens naar premières?'

'Ja, maar niet met veel plezier. Het was leuk omdat het van hem was, maar ik vond het altijd een hoop gedoe. Dan moest ik altijd die fotografen ontwijken omdat ik niet op de foto wilde.'

'Mijn moeder vindt het ook niet leuk, die gaat erheen omdat het moet.'

'Isa kan er beter tegen dan Antonie, hij was een stuk onzekerder.'

'Wanneer was hij gelukkiger? Als hij aan het werk was of als hij veel thuiszat?'

'Als hij aan het werk was, denk ik. Vooral tijdens *Turks fruit*, toen was hij heel erg in zijn element. Maar niet bij die laatste musical, die grote van Joop van den Ende.'

'*Sunset Boulevard*,' zeg ik uit mijn hoofd.

'Die, ja. Dat vond hij heel zwaar. Elke avond trad hij op. En het waren lange dagen. *Turks fruit* was iets meer op zijn lijf geschreven, bij die musical van Van den Ende had hij het gevoel op zijn tenen te moeten lopen. En als iets te zwaar is, kun je maar beter lekker thuis zijn. Maar thuis zat hij dan weer te wachten op een nieuwe klus. Daarom zei Freek vaak dat hij gewoon een rotberoep had.'

'Zou hij gelukkiger zijn geweest als hij rechter of jurist was geworden?'

'Dat kan ik me nauwelijks voorstellen, ik zie niet voor me dat hij dat zou doen.' Ze lacht even. 'Kunnen we een ander beroep voor hem bedenken, Merlijn?'

Ik prik het laatste stukje ei op mijn vork en doe alsof ik nadenk, maar weet nu al dat ik niet met een antwoord zal komen.

'Pianist,' zegt Ammie, 'dat was beter geweest. Omdat hij zo ontzettend mooi piano kon spelen. Of tuinier. Hij was altijd in de tuin bezig, als kind al. In Zevenhoven ook.'

'We hadden een heel grote kas in Zevenhoven,' zeg ik, 'maar die stond vol met onkruid.'

'Dat was misschien anders geweest als hij het voor zijn beroep had gedaan. Lekker met zijn handen in de aarde. Of werken op een kwekerij of zoiets. Boerenkool verbouwen.'

Ik probeer het voor me te zien. Mijn vader met armen vol boerenkool. Ik weet inmiddels dat ik op hem lijk en dat we allebei misschien niet zo goed wisten wat we wilden, maar we wisten ook heel goed wat we niet wilden. Ik weet nog dat ik hier in de tuin veel aan het werk ben geweest, Freek betaalde me er per uur voor. Twee dagen achter elkaar deed ik het, ik bleef dan logeren. Ik plantte planten en draaide onkruid tussen stenen en tegels vandaan. Leuk ben ik tuinieren nooit gaan vinden. Op een gegeven moment wilde ik het niet meer.

'Herken je veel van papa in mij?' vraag ik.

'Hoe je beweegt. Je charme, je lach. En dat je ook niet weet wat je met je leven moet doen.'

'Ik dacht altijd dat papa dat wel wist, dat hij juist boordevol plannen zat. Studeren, acteren, zingen. Ik dacht dat hij mijn besluiteloosheid nooit zou snappen of accepteren. Pas sinds kort weet ik dat hij op mijn leeftijd ook maar wat aanklooide. Het lucht op, maar aan de andere kant maakt het me ook verdrietig. Omdat hij misschien de enige is die me zou snappen en zou kunnen helpen.'

'En nu,' zegt Ammie, 'is het misschien nog wel moeilijker dan toen om een keuze te maken. Het waren de jaren tachtig toen hij zo oud was als jij, een redelijk overzichtelijke tijd. Inmiddels is het een hele andere wereld geworden met veel meer mogelijkheden. Alles kan, dus wat moet je kiezen? En als je nu een studie gaat doen, weet je niet of over vijf jaar de baan nog wel bestaat die je ermee kunt krijgen.'

'Maak je je wel eens zorgen om me?'

'Tuurlijk maak ik me zorgen om je. Ook om je blowen. Maar als ik je zie – als je hier bij me langskomt – dan zijn de zorgen weg. Dan zie ik dat je ogen goed staan, dat het goed met je gaat. Dus misschien moet ik je wat vaker zien, dan maak ik me minder zorgen. Ik ben daarom ook van Instagram af gegaan. Omdat ik daarop zie hoe je leven er in Amsterdam uitziet. Ik schrok echt van de dingen die daar gebeurden. Dan zag ik je op zo'n dansfeest, je moet wel superstoned van de pillen zijn om dat te kunnen verdragen.'

'Volgde je mij op Instagram?' vraag ik verbaasd.

'Dat hadden Isa en Vlinder bij mij geïnstalleerd. Maar ik ben er na een paar weken vanaf gegaan, want ik raakte erdoor in verwarring. Ook omdat het vaak zo privé is. Wat ik bijvoorbeeld niet begreep, is dat Isa jou een brief schreef op Instagram. En dat ze via Instagram ook een brief stuurde naar Antonie. Dat begrijp ik niet, maar voor Isa is dat normaal.'

'Wat was je eerste indruk van mijn moeder?'

Ammie lacht. 'Bij de eerste indruk van je moeder hebben we elkaar niet eens ontmoet. Ze was bij Antonie blijven slapen in het huisje op ons erf. Het huisje was een stal geweest. Op de gevel stond Manus, dat was een merk voor melkmachines, daarom noemden wij het huisje altijd Manus. Later hebben je ouders er dus nog een tijdje in gewoond. Die eerste ochtend reed je moeder 's morgens weg in een heel grote lichtblauwe Volvo. Ik wist niet dat het zijn collega uit *Goede tijden* was, ik zag gewoon een stoer meisje met donker haar. Wat leuk, dacht ik, dat er gezellig een meisje bij hem heeft gelogeerd.'

Ammie pakt onze borden en loopt ermee naar het aanrecht.

'Kijk jij of de haard nog brandt?' vraagt ze.

Als ik de keuken verlaat, open ik mijn telefoon en zie tot mijn opluchting dat ik op de wifi zit. Ik scrol door de Instagram-feed van mijn moeder. Ik klik op een babyfoto van mij, mijn moeder heeft die geplaatst op mijn verjaardag. Ik draag een wit berenpakje en heb rode sokjes aan.

'Hoe te omschrijven wat jij voor mij betekent,' schrijft mijn moeder onder de foto. 'Mijn eerstgeborene, onze eerste liefdesbaby, want dat was jij! Hoe wij naast elkaar kunnen zitten en één worden. We begrijpen elkaar, zonder woorden – de woorden maken het soms lastig – ik herken je, maar ook weer niet. Jij bent zo moedig, zo kwetsbaar en gevoelig. Ik hou van jou tot in het diepst van mijn hart. Je bent eerlijk, no bullshit, je doet wat je zegt en laat niet snel iemand vallen. Ik vertrouw je, ook al weet ik dat jij dat zelf nog lastig vindt. Maar lieverd, je bent goed zoals je bent. Nee, je bent perfect!'

Het berichtje is door 12.479 mensen geliket. Ze doet het voor mij, maar ze zou het waarschijnlijk ook doen als ik het niet zou lezen. Want de berichtjes die ze via Instagram naar mijn vader stuurt, leest hij ook niet.

'Vandaag is de dag,' schreef ze op papa's negende sterfdag, 'en al weet ik dat je ergens bij ons bent: we missen je. Met veel ups en soms downs gaan we gewoon door. Je mag trots zijn op onze kinderen, ze zijn zo lief en sociaal en mooi. Ze doen het goed. Echt.'

Ik zet wat takken rechtop in de haard en ga op mijn stoel zitten, het vuur vlamt op. Mijn vader heeft nooit een Instagram-account gehad, het medium is toevalligerwijs gelanceerd op de dag dat hij overleed, op 6 oktober 2010. Het schijnt dat heel veel mensen onzeker, depressief en suïcidaal zijn geworden door Instagram, mijn vader is dus zelfs op zijn laatste dag zijn tijd ver vooruit. Ondanks het feit dat hij al precies zo lang dood is als Instagram leeft, zit hij erop. Als ik zijn naam intoets, levert zijn hashtag meer dan driehonderd resultaten op. Ik zie tekeningen die mensen van hem hebben gemaakt, een foto van papa met Guusje Nederhorst, een filmpje waarin hij zingt in *Sunset Boulevard*, een foto van de voetbalkantine uit *All Stars*, het liedje 'Heelal van jouw hart' uit *Turks fruit*, een scène van papa met Olivier Tuinier in *De kleine blonde dood*, in bad met Angela Schijf in *Ik ook van jou*, een foto van zijn anonieme graf met daaronder de vraag: 'Wat bezielde je?', filmpjes waarin mensen 'Toen ik je zag' zingen, een door mijn vader gesigneerde cd, een foto van een vrouwenbeen waarop een tekst van mijn vader is getatoeëerd: 'Het leven is niet leuk, je moet het leuk maken' staat in papa's handschrift op een blote enkel. Op een andere foto van zijn graf zie ik dat iemand er met witte verf zijn naam en een hartje op heeft gekalkt. Ik weet niet of ik dat mooi of asociaal vind.

Ammie komt bij me zitten en heeft een fles wijn en twee glazen meegenomen.

'Deze heeft Liesbeth hier gisteren laten staan,' zegt ze als ze de glazen inschenkt, 'dus die is nu voor ons.'

Ik lach en tik mijn glas tegen dat van haar.

'Hoe vind je het om met me over papa te praten?'

'Prettig,' antwoordt ze. 'Ik vind het fijn om over hem te praten. Kennelijk. Fijn om over Antonie te praten.'

'Praat je wel genoeg over hem?'

'Jawel. Met Freek deed ik dat. En nu nog met de kinderen. Door Antonies overlijden zijn we als gezin hechter geworden, we zijn naar elkaar toe getrokken. Dat is misschien wel eens moeilijk voor de anderen. Voor Isa of Ernst of de partners van onze kinderen, maar door Antonies dood ontstond er een enorme behoefte om weer met het oorspronkelijke gezin samen te zijn. Dan praten we over hem en gaan we vaak naar zijn graf.'

'Vind je het niet lastig dat zijn graf zo ver weg is in Amsterdam?'

'Jawel, maar meer omdat ik het nu niet goed kan verzorgen. Niet omdat ik er de hele tijd wil zijn.'

Saartje komt aanlopen en gaat weer half op me liggen. Dit keer doet ze het arroganter, zelfverzekerder. Alsof ze me inmiddels tot haar bezit heeft gerekend. Waar haar plotselinge gedoogbeleid ineens vandaan komt, weet ik niet. Misschien mist ze gewoon een man sinds Ammie hier alleen woont.

'Wanneer sprak je papa voor het laatst?' vraag ik.

'We zaten te eten, Freek en ik, schuin tegenover het Concertgebouw in Amsterdam. We waren in dat restaurant waar je alleen biefstuk met sla kunt eten: L'Entrecôte et les Dames in de Van Baerlestraat. We zaten boven, in de hoek, en Antonie kwam daar even langs. Hij at niet mee, maar schoof gewoon even aan. Hij nam wat te drinken en zat bij ons aan tafel. Toen hij weer wegging, liep ik met hem mee naar buiten. Even uitlaten. Uitzwaaien. Dat waren we zo gewend, dat we elkaar altijd even uitzwaaiden.'

Ammie lacht met een snik in haar stem.

'Dus ik liep voor de gezelligheid met hem mee naar buiten, even kletsen. Isa had toen al een mail gestuurd naar vrienden en familie dat het slecht ging met Antonie. Die dag kwam hij net bij een psychiater vandaan. Ik vroeg hem hoe dat was gegaan. "Een beetje niksig," zei hij. Maar hij zei toen ook direct: "Je hoeft je geen zorgen te maken hoor, mama."'

Vanuit mijn middenrif wordt een kanonskogel vol tranen afgeschoten naar mijn hoofd. Ik begin hard te huilen, terwijl Ammie een glimlach vol tranen huilt. Ze wrijft met een hand over mijn rug.

'Dat was het,' zegt ze, 'dat was het laatste.'

'Geloofde je hem?' vraag ik.

'Ja,' zegt ze. 'Want Antonie kon je zo goed doen geloven dat hij niet depressief was, dat hij niet dat soort dingen zou willen.'

'Was hij dan gewoon aan het acteren?'

'Dat weet ik niet. Ik denk achteraf wel te weten waarom hij dat deed. Ik denk dat hij me op afstand wilde hebben omdat hij anders niet zijn gang kon gaan.'

'Zodat jullie hem niet de hele tijd zouden gaan bellen?'

'Ja. En dat lukte, ik geloofde echt dat hij niks geks zou doen. Aanvankelijk had ik na die eerste poging nog voorgesteld dat hij bij ons zou komen, dat hij bij ons zou logeren. Maar de psychiater die hij bezocht, zei dat het beter was dat alles zo normaal en alledaags mogelijk bleef. Dat Antonie dus gewoon in zijn eigen huis moest zijn en dat Isa gewoon naar haar werk moest gaan. Nou ja. Dat bleek dus niet zo'n goed idee, want hij greep zijn kans toen hij alleen thuis was.'

Zonder iets te zeggen staren we minutenlang naar de open haard.

Nadat ik mijn jas heb aangetrokken, overweeg ik heel even om achter papa's vleugel te gaan zitten. Ik doe het niet omdat ik geen piano speel. Zou hij het me hebben geleerd? Ik wist nooit wat ik met mijn leven moest, zonder te weten dat hij dat ook niet wist. Ik droeg jarenlang een leren jack, zonder te weten dat hij dat als Peter Kelder ook al droeg. Ammie vertelde vandaag dat ik beweeg zoals hij, dat ik zijn lach en zijn charme heb. Ik wist überhaupt niet dat ik charme had. Ik lijk dus veel meer op hem dan ik ooit heb geweten. Misschien – als hij er nog was geweest – durfde ik wat vaker hard te zingen. Liep ik wat vaker op blote voeten. Liet ik mijn haar groeien, zoals hij ons haar liet groeien toen ik jong was en hij er nog was. Misschien maakte ik me minder druk om wat anderen van me dachten als hij er nog was, al was ik waarschijnlijk net zo onzeker als hij. Misschien durfde ik wat vaker hardop te dromen zoals hij dat deed, omdat hij me had uitgelegd hoe dat moest.

'Is je leven heel erg veranderd door de dood van papa?' vraag ik wanneer we naar de auto lopen.

'Zeker. Ik ben me veel bewuster van wat ik heb. Ik ben me bewuster van mijn rijkdom. Niet van financiële rijkdom, maar van de mensen om me heen. En van de fijne herinneringen. Ik noem dat blij verdrietig.'

'Wat is dat?'

'Dat je verdrietig bent, maar dat je zoveel moois hebt om aan terug te denken dat je daar weer blij van wordt. We hebben zoveel fijns meegemaakt met Antonie, mooie dingen beleefd, leuke gesprekken gehad. Hij is er niet meer en dat is heel verdrietig, maar al die momenten zijn mooie dingen die bij me blijven. En daardoor kan ik lol hebben, ook sinds het overlijden van Freek. Ik kan blij worden van een mooie zon of van de duinen of van een gek hondje of dat ik jou zie. Dat komt allemaal nog binnen.'

Ik trek de autodeur dicht en open meteen het raampje. 'Maak je geen zorgen om wat je op Instagram hebt gezien, Ammie,' zeg ik als ik de auto start, 'want het gaat goed met me. Sinds ik dit boek aan het schrijven ben, dus eigenlijk sinds ik papa een plek durf te geven, gaat het beter met me. Ik ben me er veel bewuster van wat goed voor me is en wat niet goed voor me is. Ik zie nu in welke mensen goed voor me zijn en welke dingen ik moet laten om verder te komen. De afgelopen jaren zag ik dat niet, maar nu wel.'

'Toch een beetje door je vader dus,' zegt ze.

Ze lacht lief naar me.

'Hij was ook een leuk mens,' voegt ze eraan toe. 'Echt waar.'

'Is,' zeg ik. 'Hij ís een leuk mens.'

'Ja,' zegt ze zacht, 'je vader is een leuk, mooi mens.'

Via de brug over het Haringvliet rij ik Nederland weer binnen, zo voelt het althans. Het liefst zou ik Ammie meenemen en een huis vlak bij Amsterdam met haar gaan zoeken. Maar ik geloof dat ze nog veel te gelukkig is in het Zuid-Holland dat op Zeeland lijkt. Want in Amsterdam schijnt de zon minder mooi en zijn de duinen te ver weg. En nog een voordeel van Zuid-Holland: er ligt nergens een kind van haar begraven. Wel ligt er een rosbief in de vriezer op ons te wachten. Die ga ik met haar klaarmaken en opeten en dan gaan we over papa praten. Want ik vind het fijn om over papa te praten.

9
Hel op aarde

Simone Kleinsma

'Het is een wonder, werkelijk een wonder, dat Antonie hier gewoon durft te zitten,' zegt Carlo Boszhard in de camera, 'want we hebben een dame in de zaal. Zij heet Martha, zij is werkelijk...'

Alle mensen in de studio van *Life & Cooking* moeten hard lachen.

'Waar zit ze dan?' vraagt papa.

Zijn huid is bruin en zijn haren zijn superblond en kort. Hij draagt een blauw shirt met gele letters onder een camelkleurig colbertje. Hij ziet er gelukkig en ontspannen uit, voor zover ik dat in kan schatten. Hij ziet er in ieder geval niet uit als iemand die twee jaar later zelfmoord zal plegen.

'Martha,' vraagt Irene Moors, 'wat vind je van Antonie Kamerling in het echt?'

Een vrouw in het publiek krijgt een microfoon onder haar mond. Ze heeft een vierkant brilmontuur, korte haren en een blouse met grote bloemen erop. 'Hij mag er best wel wezen, hè!' zegt de vrouw.

Carlo Boszhard doet direct haar Limburgs accent na: 'Martha, je komt uit Valkenburg, hè?'

'Ja,' zegt Martha, 'we komen met een hele bus uit Valkenburg.'

'Met een hele bus!' roept Irene Moors. 'Vindt die hele bus ook niet dat het haar van Antonie Kamerling misschien een beetje kort is?'

Er ontstaat rumoer in de studio. Hoofden in het publiek knikken driftig op en neer, er wordt ja geroepen door Martha en de vrouwen om haar heen. Mijn vader kijkt er ongemakkelijk bij.

'Het groeit vanzelf weer aan, hoor,' zegt hij.

Hij draait op zijn stoel en lijkt niet te weten of hij naar Carlo en

Irene moet kijken of naar het publiek. Er wordt een foto op groot scherm vertoond van mijn vader met een kaal hoofd.

'Oooo,' roept het publiek geschrokken.

'Dat jouw haar zo kort is, heeft te maken met de laatste film die je hebt gedaan,' zegt Irene Moors.

'Klopt, ik ben daarvoor helemaal kaalgeschoren. Dat was voor een Braziliaanse film.'

'Dus het is alweer aangegroeid,' zegt Irene.

Ik vraag me af hoe ik me zou gedragen wanneer ik in een televisiestudio zit en er over mijn haar wordt gepraat waar ik bij zit. Dat er een bus vol vrouwen uit Limburg is komen rijden om me in het echt te zien en dat er allerlei geluiden worden gemaakt als mijn uiterlijk wordt besproken. Ik denk dat ik het liefst onder de tafel zou kruipen en ik denk dat mijn vader dat ook het liefst zou doen.

'Waarom heb je een pen vast?' vraagt Carlo Boszhard. 'Ga je wat opschrijven?'

'Zenuwachtig of zo,' antwoordt papa.

Irene Moors pakt de pen af.

'Mijn zoon doet het ook altijd,' zegt papa, 'dat mag niet?'

Carlo Boszhard pakt de pen en gooit hem naar papa, de pen valt op de grond en papa raapt hem op.

'Waarom gooi je nou met die pen?' vraagt papa.

Carlo Boszhard haalt lachend zijn schouders op. Papa probeert het verhaal over de Braziliaanse film af te maken, maar Irene Moors valt hem in de rede.

'Ik vind het veel te lang duren,' zegt ze.

Papa kijkt opnieuw ongemakkelijk en trekt een wenkbrauw op.

'Jouw vorige optreden hier in *Life & Cooking* had te maken met *Turks fruit*,' zegt Irene Moors. 'Was dat jouw eerste musical?'

'Nee, mijn derde al,' antwoordt hij.

Ze laten een fragmentje zien op het grote scherm waarop net zijn kale hoofd te zien was.

'Dit is echt een van mijn lievelingsliedjes,' zegt Irene Moors.

'En jij zei: je wordt steeds mooier,' zingt Jelka van Houten in het fragment, 'en ik dacht: ja, dat is waar. Want we gingen steeds meer lijken op elkaar.'

'Hé, dat is live,' zegt papa verrast, alsof hij het zich niet meer kan herinneren.

In het fragment zit hij links van Jelka van Houten op een barkruk, hij heeft lang blond haar en draagt een zwart uitgewassen shirt. Aan de andere kant van Jelka zit een man met een akoestische gitaar. Ze zitten in mooi donkerblauw licht. Papa begint in het fragment met Jelka mee te zingen.

En toen stierven onze vrienden,
God ging rond met het grote mes
en we huilden en we vloekten,
daarna pakten we de fles.
En we dronken nog een whisky
op het leven en het graf
want we deden wat we konden
en we wachtten rustig af.

'Ik kan wel janken,' zegt Irene Moors, 'het is zo mooi.'

'Je gaat in een nieuw project,' zegt Carlo Boszhard, '*Sunset Boulevard*.'

Op YouTube vind ik een achter-de-schermen-filmpje. Het duurt wel vijfentwintig minuten en heet 'The Making of Sunset Boulevard'. Mensen komen aan bij een pand met gele kozijnen. Ze zeggen gedag tegen de camera. Mijn vader loopt er ook naar binnen, hij draagt een grote bruine tas over zijn schouder en zijn haar is alweer iets aangegroeid.

'Twee maanden voor de première van de musical *Sunset Boulevard* komt de cast aan bij de Amsterdamse repetitiestudio voor de eerste repetitie,' zegt een voice-over, 'en lijken geweldige recensies nog heel ver weg.'

Er verschijnen krantenknipsels in beeld. 'Briljante Kleinsma in

Sunset Boulevard,' zegt de een, 'Kamerling verrast, Kleinsma is dé diva,' zegt de ander.

'En 's middags beginnen meteen de muzikale repetities,' vertelt de voice-over.

Een vrouw met blond piekhaar en een groen zomerjurkje staat aan een piano en zingt een tekst uit een script. De pianist geeft haar instructies.

'Godsamme,' zegt de vrouw, 'het is weer hogeschool dit. Poeh.'

De vrouw vertelt dat het leuk is om iemand te spelen die ver van je af staat, ze zegt dat dat interessanter is dan een personage dat dicht bij je ligt. Onder in beeld verschijnt haar naam in witte letters: Simone Kleinsma, daaronder staat dat ze de rol van Norma Desmond speelt.

'Het is een grillige vrouw,' zegt Simone Kleinsma, 'een vrouw die heel erg in het verleden leeft. De discussie moet nog op gang komen in hoeverre zij in het verleden leeft of in het heden of dat ze het speelt, dat ze haar leven speelt. We zijn er nog niet helemaal achter, de komende weken gaan we dat uitzoeken, rond de tafel.'

'We hebben vier weken,' zegt een mannenstem, 'hier in de repetitieruimte en we hebben nog drie zalen. Over twee weken moet de eerste akte af zijn, over minder dan twee weken zelfs.'

De mannenstem is van Paul Eenens, de witte letters zeggen dat hij de regisseur is.

'Het is aanpoten,' zegt hij, 'het is heel vaak in vier ruimtes tegelijkertijd werken om dit gedaan te krijgen. Het is een heel ingewikkeld schema en dat gaat nu beginnen.'

Ik herinner me weer wat oom Kristiaan vertelde, dat papa 's avonds na deze repetities bij hem kwam logeren in Amsterdam. Dat papa dan doodmoe was en vaak zo laat klaar was dat Kristiaan al sliep.

'Sunset Boulevard is een straat van vijfendertig kilometer lang die dwars door Los Angeles loopt,' vertelt de voice-over bij korrelige beelden van neonlichten en oude auto's, een oude man met een zwart hoedje en een bril steekt de straat over. 'Billy Wilder is een van oorsprong Oostenrijkse filmregisseur die in Amerika beroemd werd met films als *Some Like It Hot.* Zijn films kregen vijftien Oscarnominaties en hij won zelf zes Oscars voor beste regie. Hij werkte met grootheden als Greta Garbo, Ginger Rogers en Marilyn Monroe. In 1950 schreef Billy Wilder het script voor de film *Sunset Boulevard,* het verhaal over Norma Desmond. Voor de hoofdrol in *Sunset Boulevard* viel de keus op Gloria Swanson. Ze was indertijd een grote ster in de stomme films en werkte onder anderen met Charlie Chaplin, Rudolph Valentino en regisseur Cecil B. DeMille. Ze had een affaire met Joseph Kennedy, de vader van de latere Amerikaanse president John F. Kennedy. Hoewel ze wel succesvol de overstap naar de geluidsfilm had gemaakt, keerde ze in het midden van de jaren dertig Hollywood de rug toe. Na het grandioze succes van de film werkte Gloria Swanson in het midden van de jaren vijftig aan een musicalversie van *Sunset Boulevard.* In een televisieshow in 1957 liet ze voor het eerst een nummer uit de musical horen. Helaas voor Gloria Swanson besloot Paramount uiteindelijk haar niet de rechten te verlenen voor een theaterversie en zou de wereld nog veertig jaar moeten wachten op de musical. In de jaren zeventig ontstond bij Andrew Lloyd Webber – componist van onder meer *Evita, Cats* en *The Phantom of the Opera* – het idee voor het schrijven van de musical *Sunset Boulevard,* maar uiteindelijk duurde het meer dan twintig jaar voordat Barbra Streisand op haar cd *Back to Broadway* de eerste nummers ten gehore mocht brengen.'

Na een liedje van Barbra Streisand zijn er weer beelden van het repetitielokaal in Amsterdam. Ik geloof dat ik mijn vader hoor zingen. Een standbeeld wordt onthuld. Simone Kleinsma zwaait met een pistool. Twee mannen vechten. Twee andere mannen lopen in een paardenpak dwars door het oefenlokaal. Mijn vader zoent met een vrouw. Er wordt gedanst en gezwaaid met gespreide handen. Dan komt voor het eerst mijn vader aan het woord.

'De eerste week was alleen maar een soort achtbaan,' zegt hij. 'De tweede week vond ik het leuk, daarna was het weer te veel.'

De witte letters zeggen dat hij de rol van Joe Gillis speelt. Er is dus een regisseur, een Norma, een Joe en een enorme geschiedenis die teruggaat tot 1950, maar ik heb nog steeds geen idee waar deze musical over gaat.

'Ik moest zo snel en het is zoveel,' zegt papa terwijl hij onhandig met zijn armen zwaait, 'dat ik het gewoon niet kon verwerken. En nu, sinds een dag of twee, sinds het klaar is, begin ik een beetje te ontspannen. Ik heb nu alles geleerd, ik ken nu alles voor negentig, vijfennegentig procent, denk ik. Nu is het leuk, vandaag heb ik echt genoten.'

Ineens rent er een groep mensen de vloer op. Ze pakken elkaar vast in duo's en beginnen met elkaar te dansen, vrouwen zwaaien onder de armen van hun mannelijke danspartners door. Het zal wel een tango of salsa of foxtrot zijn, daar heb ik geen verstand van. Mijn vader waarschijnlijk ook niet, tot hij in dit stuk speelde.

'Het is geen makkelijk stuk qua beweging en dans,' zegt ene Daan Wijnands van de choreografie en musical staging. 'De maten van de muziek zijn heel onregelmatig geschreven. Wij dansers tellen in achten of in vieren. Als je dan in twee naar drie naar vier naar zes naar zeven naar acht moet tellen, dat is behoorlijk pittig.'

Mijn vader wordt aan zijn armen de vloer op gesleurd. Vier mannen kleden hem uit. Eerst zijn trui, dan doet een zingende man de knoop en rits van papa's broek open. Twee andere mannen trekken de broek naar beneden. Op de maat springt papa de lucht in en belandt op de schouders van de twee mannen, waardoor een man die achter hem staat, precies in de sprong papa's broek vliegensvlug uittrekt. In een volgende repetitie speelt Simone Kleinsma dat ze in paniek is.

'Nee,' roept ze tegen mijn vader, 'nee, je moet niet weg.'

Ze blijft nee roepen en draait rondjes, er klinkt dramatische muziek. Over de vloer lopen strepen, net als in de gymzaal van mijn middelbare school. Tegen de wand hangt een donkerrood theatergordijn.

'Norma,' roept mijn vader, 'het is goed, ik blijf. Ik blijf. Tot we iets hebben gehoord van Paramount.'

'Dank je, Joe,' roept Simone Kleinsma, 'dank je,' en ze rent weg.

De regisseur vertelt vervolgens dat dit de laatste dag van de repetities was. Ik ben al tien minuten aan het kijken en ik snap niets van deze musical. Waarom heeft mijn vader het tegen Norma over Paramount? Wie is die Norma en wie is Joe? Ik vind het onduidelijk, maar misschien ligt dat aan mij. Misschien is het verhaal van *Sunset Boulevard* zo bekend dat iedereen weet waar het over gaat en dat het dus niet uitgelegd hoeft te worden. Ik zet YouTube op pauze en toets in een zoekbalk *sunset boulevard kleinsma kamerling* in. Ik vind een recensie van *NRC*.

'Simone Kleinsma speelt de mooiste rol van haar leven in *Sunset Boulevard*, de musical van Andrew Lloyd Webber over de filmdiva uit de zwijgende film, die zich blijft vastklampen aan roem die buiten haar Hollywood-villa allang voorbij is,' schrijft de recensent. 'Antonie Kamerling is de verrassing van de avond, als jonge schrijver die per ongeluk in de diva's klauwen belandt en zich daar niet uit kan bevrijden - uit berekening en fascinatie. Kamerling laat al die nuances zien, terwijl hij ook in vocaal opzicht een eersteklas musicalacteur is geworden.'

Simone Kleinsma speelt dus een actrice en papa speelt een schrijver, nu snap ik het. En ze belanden in een soort gekke relatie. Allemaal in het Hollywood van heel lang geleden. Ik voel een soort trots door wat er over papa wordt geschreven, het is een heel gek gevoel dat ik nooit eerder heb ervaren. Ik klik verder en vind een recensie van *De Telegraaf*.

'Simone Kleinsma heerst met één blik,' staat erboven. 'De vlam van Norma Desmond mag op haar vijftigste dan al zijn gedoofd, die van Kleinsma gaat met de jaren alleen maar feller branden. Het is een hele uitdaging om je naast zo'n sterke podiumpersoonlijkheid staande te houden, maar de charmante Antonie Kamerling weet overeind te blijven. Na de pauze bewijst hij met het krachtig gezongen titellied "Sunset Boulevard" dat hij vocaal meetelt.'

In een video zie ik hoe hij dat liedje zingt. Hij staat met blote voeten op het podium en draagt een witte broek met een witte blouse die helemaal openhangt. Achter papa staat een oud kasteel, ik zie Simone Kleinsma boven zijn hoofd in een raamopening staan. Ze staart ijzig voor zich uit, blijkbaar is de verhouding tussen Norma en Joe al wat bekoeld. Simone Kleinsma staat half in het donker, de spotlight is vooral op papa gericht.

'Einde van de weg, eind van de reis, het leek hier net het paradijs. Maar in die palmen zaten slangen,' zingt hij.

Wauw, dit klinkt een stuk anders dan 'Toen ik je zag'. Zijn stem klinkt veel sterker nu, veel bombastischer. Veel meer musical misschien. Er klinkt een trommel.

'Sunset Boulevard,' zingt papa. 'Sunset Boulevard. Waar verdoemde zielen blijven dolen. Sunset Boulevard, Putlucht Boulevard,' schreeuwt hij, 'volg het gouden pad naar de riolen.'

Voor het eerst zie ik Simone Kleinsma close. Dit is blijkbaar een stukje uit de professionele registratie van de musical, zoals ze die ook van cabaretiers maken en op televisie uitzenden. Ik zou de hele voorstelling wel willen zien. Ik zou alles van papa wel willen zien.

'Zij zocht naar een droom, ik was te koop,' zingt hij, 'ik kreeg een pak en zij weer hoop, voor maar een kleine contributie. Maar voordat het stopt, dit allemaal, eet ik gewoon mijn galgenmaal, de avond voor mijn executie.'

Hij houdt zijn twee handen als vuisten voor zich uit en draait zich dan resoluut om naar Simone Kleinsma. Net op dat moment verdwijnt zij in het donker. Wat is dit gaaf om te zien, wat is mijn vader goed. In een recensie van een derde krant, *de Volkskrant*, lees ik hoe het verhaal afloopt.

'Zij wordt verliefd op hem en op zijn aandacht, hij raakt intussen in gewetensnood,' schrijft *de Volkskrant* over Norma en Joe. 'Als hij haar ten slotte verlaat en haar comeback er nooit zal komen, schiet zij hem neer en eindigt hij levenloos in haar zwembad aan Sunset Boulevard 10086.'

Dus daarom stond Simone Kleinsma in de oefenruimte met een pistool te zwaaien en zingt papa over zijn executie. Ik had nooit gedacht dat ik het zou zeggen, maar ik zou deze musical best graag willen zien. Maar dan alleen met papa in de hoofdrol, niet met iemand anders.

'Dat de mannelijke hoofdrol van Joe Gillis wordt gespeeld door Antonie Kamerling is op zichzelf verrassend,' schrijft *de Volkskrant* verder, 'maar het resultaat is teleurstellend. Kamerling was twee jaar terug te zien in de rockmusical *Turks fruit* waarin hij zeer op zijn plaats was – hij kon daarin rafelig zijn, met gruizige randjes. Hier is hij voortdurend op zoek naar zijn personage. De voor deze rol te fragiele, te jongensachtige acteur werkt zichtbaar hard, maar op dit grote podium moet iemand staan die er ook echt staat. Joe Gillis is geen onzekere, zoekende man, maar een berekenende opportunist, die in Norma Desmond een tijdelijke vluchtheuvel ziet.'

Ik lees het nog eens. Resultaat teleurstellend. Voortdurend op zoek. Te fragiel. Te jongensachtig. Ik sla mijn laptop dicht.

'*Sunset Boulevard* vond hij heel zwaar,' zei mijn grootmoeder toen ik bij haar was. 'Elke avond trad hij op. En het waren lange dagen. *Turks fruit* was iets meer op zijn lijf geschreven, bij die musical van Van den Ende moest hij erg op zijn tenen lopen. Misschien. Dat zou je aan iemand anders moeten vragen.'

Op internet vind ik het telefoonnummer van Dany Verstraete, zij doet het management van Simone Kleinsma. Ik bel Dany op en vertel dat ik de zoon van Antonie Kamerling ben en dat Simone Kleinsma met hem in een musical heeft gespeeld. Ik vraag haar of het misschien mogelijk is om Simone te ontmoeten. Ik wil haar vragen wat er nou precies zo zwaar was aan *Sunset Boulevard*. En welke herinneringen ze aan mijn vader heeft. Of hij het met haar wel eens over mij heeft gehad. En of hij mij en mijn zusje miste in die tijd, want we zagen papa toen amper.

Het is lang stil aan de telefoon. Dan zegt Dany Verstraete dat ze me eindeloos dapper vindt en dat ze het aan Simone gaat voorleggen. Meteen sla ik mijn laptop weer open. Als ze me wil ontvangen, kan ik maar beter goed voorbereid zijn. Op internet klik ik op artikelen over Simone Kleinsma. Ze heeft vroeger heel veel dingen gemaakt met André van Duin, Gerard Cox, André Hazes, Jos Brink en allemaal andere mensen van wie ik wel, een beetje of helemaal nog nooit heb gehoord. Wat ik wel ken, is een liedje dat ze met Paul de Leeuw zong, 'Zonder jou,' en een komedieserie die ik wel eens heb gezien: *Kees & co*. De beste vriend van Simone Kleinsma is Joop van den Ende en haar man heette Guus Verstraete, hij was een televisieregisseur en is niet lang geleden overleden.

Ik kijk weer op de website van Simone Kleinsma's management. Dany Verstraete. Dat moet dan haast wel de dochter van Guus Verstraete zijn. Wat erg dat ik dat niet wist. Dus terwijl ik leegloop over mijn eigen vader die bijna tien jaar dood is, heeft zij haar vader pasgeleden verloren. Mijn telefoon piept.

'Hi Merlijn! Ik heb het met Simone besproken en uiteraard wil ze met je praten!'

We spreken af op een zondag om twee uur 's middags, want de zondag is Simone Kleinsma's enige vrije dag. Ik vraag mijn moeder of ik haar auto mag lenen, want ik moet me melden in een natuurgebied. Simone Kleinsma wil namelijk met me wandelen.

In januari 2010, negen maanden voor zijn overlijden, schrijft Nu.nl dat mijn vader door een crisis ging. De website baseert zich op een interview dat mijn vader samen met mijn moeder gaf in een tijdschrift dat *Mind Magazine* heet.

'Hel op aarde, zo voelde het de laatste drie maanden,' zegt hij in het interview. 'Ik had sinds augustus consequent zes dagen per week gewerkt, met al mijn inzet. Ik had de hoofdrol in de musical *Sunset Boulevard* en ik was daarin onervaren. In december kon ik het fysiek niet meer aan, stortte ik in. Het was onontkoombaar en uitzichtloos.'

Ik stuur mijn moeder een appje met de vraag of ze dat tijdschrift nog ergens heeft liggen. Een uur later stuurt ze me foto's van het artikel, ze vond het in papa's doos in de kast. Ik zie papa en mama samen op een bankje in ons oude huis in Zevenhoven zitten. Op de vloer liggen witgeverfde planken, de muur achter mijn vader is geel, die achter mijn moeder is oranje. Ze heeft haar benen op zijn schoot liggen en ze lacht verliefd. Of verlegen. Of allebei. Op een andere foto zitten ze in papa's blauwe Cadillac. Hij geeft haar een rood uitgeknipt hartje en heeft een zwart hoedje schuin op zijn hoofd. Op de laatste foto houdt papa het hoedje voor hun gezichten, ze zoenen elkaar zonder dat de fotograaf het kan zien. Op de achtergrond zie ik ons huis. De lichtblauw geverfde kozijnen. Op de grond liggen de kiezelsteentjes die er nog steeds liggen. Ik wil terug naar die tijd, naar de middagen dat hij me leerde om op blote voeten over die kiezelsteentjes heen te lopen.

'Het doet geen pijn,' zal hij dan opnieuw zeggen. 'Doe het maar gewoon en zeg tegen jezelf dat het geen pijn doet. Je zult het gevoel vanzelf waarderen.'

Ik wou dat ik hem dat nu kon zeggen. Dat de pijn niet meer zoveel pijn doet, niet meer zoveel als de afgelopen tien jaar. Dat de pijn ook fijn kan zijn, fijner dan niks voelen. Want ik heb papa eindelijk leren kennen. Dat is fijn, maar het doet ook pijn. Maar pijn kun je inderdaad waarderen, want de pijn betekent dat ik van hem hou.

'Er is iets raars met recensies,' zegt papa in het interview. 'Als negen van de tien recensies goed zijn, telt die ene voor twintig. Ik had voor de musical goede kritieken, maar één recensent heeft me helemaal de grond in geschreven. Die recensie hakte er bij mij het meeste in. Sta ik de volgende dag in een uitverkocht Carré en dan denk ik: ik kan er helemaal niks van.'

Ik zoek weer naar de recensie van *de Volkskrant*. Ik haal diep adem en lees verder vanwaar ik was gebleven.

'Kamerlings acteertalent is hier tamelijk verkrampt en zijn zangtalent matig – geen kleur, geen diepte, alleen maar afgeknepen tonen,' schrijft de recensent. 'Dat zijn grote solo *Sunset Boulevard* van een geweldig musicalnummer is getransformeerd tot een soort zingzeggende rocksong, wordt daarmee een teken van onmacht. Misschien is Kamerling een ruwe diamant die nog geslepen moet worden, maar sinds wanneer is Stage Entertainment een opleidingsinstituut? Zijn prominente aanwezigheid op het affiche moet dan ook meer met zijn naamsbekendheid (lees: publiekstoeloop) dan met zijn artistieke kwaliteiten te maken hebben gehad.'

Deze recensie is zo ongeveer het tegenovergestelde van die uit de *NRC*, terwijl de twee recensenten toch dezelfde voorstelling hebben gezien. Ik vind het zielig voor papa dat hij dit heeft moeten lezen over zichzelf. Dat hij zo hard heeft moeten knokken om de rol, de tekst en de danspasjes onder de knie te krijgen en dat je dan na de eerste grote avond van de voorstelling al wordt afgebrand.

'Dit is al de vijfde musical waar ik auditie voor doe, dus ik ben al een paar keer gigantisch afgegaan,' vertelt papa aan Carlo en Irene in het filmpje dat ik weer heb aangezet. 'Een jaar of zes geleden zong ik bij een auditie een nummer van *Jesus Christ Superstar* dat ik nog helemaal niet aankon. Dat was echt gênant.'

'Er zullen altijd mensen zeggen dat je de rol waarschijnlijk hebt gekregen omdat je bent wie je bent,' zegt Carlo Boszhard.

'Dat is nooit alleen zo,' zegt papa. 'Als het een gelijkspel is, dus er zijn een aantal jongens die net zo goed zijn als ik en niet bekend zijn, dan nemen ze waarschijnlijk mij. Maar ze zullen niet mij nemen als ik minder goed ben dan de anderen, dat slaat nergens op. Ze willen ook kwaliteit.'

Ik zet het filmpje van het kwaliteitsbedrijf weer aan, *The Making of Sunset Boulevard*, waarin ze vergeten te vertellen waar de musical over gaat.

Ik zie beelden van papa en Simone Kleinsma op het toneel, midden in het decor. Het ziet er best wel cool uit. Het decor kan draaien, er zit een grote trap in waarmee Simone Kleinsma heel statig kan afdalen naar het podium, er zijn heel veel figuranten en echte vlammen. Ik zie mijn vader op een bankstel zitten met zijn script, hij heeft een blauw petje op en draagt hetzelfde blauwe shirt met de gele letters dat hij ook bij *Life & Cooking* droeg. Simone Kleinsma staat achter papa te zingen, buigt over hem heen en danst vervolgens naar de butler. Het ziet er gezellig uit, alsof iedereen het heel fijn heeft met elkaar. In een volgende scène loopt Simone Kleinsma met een dode chimpansee in haar armen. Ik weet dat die niet echt kan zijn, maar hij ziet er wel heel echt uit. Ik had nooit gedacht dat ik onder de indruk kon zijn van musicals en ik baal dat ik *Sunset Boulevard* nooit heb gezien. Ik snap ook niet waarom ik hem niet heb gezien. Ik was toen tien, elf jaar, dan had mijn moeder me toch best een keertje mee kunnen nemen om papa aan het werk te zien?

'Het is echt geweldig,' zegt papa over een try-out waarbij de hele voorstelling wordt geoefend voor publiek voorafgaand aan een première. Ik zie hem op het podium staan met zeker twintig figuranten om hem heen die allemaal reageren op zijn tekst en bewegingen. 'Ik weet niet helemaal wat ik meemaak, hoor. Ik heb dit nooit eerder gedaan. Het is wel gaaf, want je komt in een soort flow terecht als je het achter elkaar doet, waar je helemaal niet meer uit komt. Het is eigenlijk heel lekker.'

Ik zie hoe papa en Simone Kleinsma tussen scènes door de coulissen in rennen en andere kleren krijgen. Ik snap niet hoe hij dit deed, al die teksten onthouden, die danspasjes, de liedjes en precies op tijd weer op zijn positie staan zonder één fout te maken, want dan zou – door hem – de hele voorstelling in de soep lopen. Ik krijg het al benauwd als ik eraan denk.

In de coulissen maakt Simone Kleinsma grapjes met papa. 'Wat was jij slecht,' roept ze naar hem.

'Dank je,' zegt hij terug. 'Simone Kleinsma,' zegt hij in de camera, 'een fijne collega.'

Simone Kleinsma lacht hard. Ik hoop maar dat papa doorhad dat het een grapje was. Want dat was het. Volgens mij.

'En dan is het zover,' zegt de voice-over van de making-of, 'de première van *Sunset Boulevard*.'

De kleedkamers van Carré zijn versierd met slingers en cadeautjes. Mijn vader zegt dat hij niet heel zenuwachtig is, maar dat hij dat de dag ervoor wel was. Dat lijkt me lastig. Ik zou liever vlak van tevoren zenuwachtig zijn dan een hele dag. Op de beelden van de rode loper zie ik bekende mensen die me vaag bekend voorkomen, maar hun namen weet ik niet. Daarna loopt Paul de Leeuw langs in smoking en ik zie Willeke Alberti. Angela Groothuizen is er en Joop van den Ende en Mies Bouwman. En dan loopt mijn moeder langs, ze heeft haar hand op mijn rug. Op de beelden prop ik popcorn in mijn mond en heb ik een kindersmoking aan. Ik schrik ervan. Ik was op de première van *Sunset Boulevard*. Ik heb papa dus gewoon gezien in die voorstelling. En ik kan me er niks van herinneren.

Alles duizelt als ik 's avonds in bed lig. Alles wat ik heb geluisterd en gezien. Hoe hij als piraat voorleest op mijn school, hoe hij zijn depressieknopje probeert te vinden, een cactus kust, hoe hij zich ongemakkelijk voelt in die tv-studio van *Life & Cooking*, hoe hij zich door die musical heen worstelt en daarna wordt opgehemeld en kapotgeschreven, hoe hij zingt en danst en hoe het dan ineens op is. Want er zijn geen video's meer. Ik heb overal gezocht om toch nog iets van hem te vinden. Iets nieuws, iets wat hij me nog kan vertellen. Maar het hield op. Ik heb alles gezien. Het enige wat ik nog niet had aangeklikt, was een filmpje waarin hij 'Toen ik je zag' zong. Ik sloeg het steeds over, omdat ik dat liedje inmiddels wel dacht te kennen. Nu druk ik op PLAY bij gebrek aan iets anders. Papa staat in een radiostudio. 'Antonie Kamerling live @ 3FM Ekstra Weekend' staat eronder, het is het radioprogramma van Gerard Ekdom en Michiel Veenstra, zie ik. Ik schrik van papa's enorme lach, ik heb hem zelden zo vrolijk gezien. Hij draagt een donkergroen shirt en heeft een zwart touwtje als een soort ketting om zijn nek hangen.

'Zal ik het op z'n musicals zingen?' vraagt hij lachend.

'Neeeeee,' roepen Gerard Ekdom en Michiel Veenstra allebei. 'Niet doen!'

Het piano-intro van het liedje klinkt. De datum van de video vertelt dat het 25 juni 2010 is.

'Ik dacht nooit aan morgen, vandaag was lang genoeg,' zingt papa, 'totdat ik jou zag en ik dacht ineens aan morgenvroeg. Ik hield niet van de liefde, voor mij was er geen vrouw. Totdat ik jou zag en ik hield zomaar ineens van jou. Je hebt niet in de gaten wat je allemaal met me doet. Dat kun je ook niet weten, ik heb je pas één keer ontmoet.'

Papa kijkt opzij naar de twee dj's. Hij lacht, maar kijkt onzeker.

'En toen heb je mij misschien...' zingt hij verder, maar stopt dan even. 'Zit je me nou uit te lachen?' vraagt hij.

'Nee,' antwoordt Michiel Veenstra, 'ik vecht tegen de tranen. Het is zo mooi.'

Papa zingt weer verder. Ik heb kippenvel over mijn hele lijf. Wat is hij ontzettend lief en stoer hoe hij daar staat te zingen. En hoe hij geen idee heeft dat hij goed is, dat hij onzeker wordt als iemand emotioneel raakt. Dat hij dan denkt dat hij in de maling wordt genomen. Ik wil door mijn beeldscherm heen klimmen, ik wil in die radiostudio zijn. Ik wil papa vastpakken met twee armen om zijn hoofd, want we zijn nu waarschijnlijk even groot. Ik wil mijn voorhoofd tegen dat van hem drukken en hem daarna gewoon heel lang vasthouden.

'Er was een donder, een bliksem, een slag toen ik je zag. Ik ben veranderd, een ander, sinds die ene lach. Ik geef me over, je hebt me, verzetten heeft geen zin.'

Gerard Ekdom en Michiel Veenstra zwaaien met hun armen en brullen de tekst mee. De lach van papa wordt nu alleen maar groter, zijn onzekerheid lijkt weg.

'Ik ben veranderd, een ander,' mompel ik mee achter mijn laptop, 'en dit is pas het begin. Want je hebt niet in de gaten wat je allemaal met me doet. Dat kun je ook niet weten, ik heb je pas één keer ontmoet. En toen heb je mij misschien, ja heel misschien, niet eens gezien.'

Papa is klaar met zingen en kijkt naar de dj's.

'Wauw,' zegt Gerard Ekdom.

'Ik heb echt kippenvel in mijn nek,' zegt Michiel Veenstra.

'Het is echt fucking fantastisch,' zegt Gerard Ekdom, 'onvoorstelbaar. We hebben hier de grootste artiesten gehad, de Kaiser Chiefs zijn hier live geweest. En we staan nu naar Antonie Kamerling te kijken en we denken alleen maar: ooooo. Dat is toch niet normaal? Hoe flik je dat?'

'Het is gewoon een mooi liedje,' antwoordt hij.

Drieënhalve maand later maakt papa er een eind aan. Terwijl hij hier in deze radiostudio nog hoorde hoe goed hij is, maar dat doet er dan blijkbaar niet toe. Ik kijk het filmpje nog een keer en nog een keer. Elke keer dat ik het kijk, moet ik harder huilen. Om papa. Om zijn onzekerheid. Om ons. En omdat het op is. Alle filmpjes heb ik gezien. Er is niks meer en er komt niks meer bij. Waardoor hij nu zelfs op internet dood is.

In een ander filmpje van Gerard Ekdom en Michiel Veenstra vertellen ze in hun radioprogramma hoe geschrokken ze zijn dat hij dood is. Dat ze een paar maanden geleden nog zoveel plezier met hem hadden, dat het een warme zomeravond was waarop hij dat liedje zong in hun studio. Dat hij zo vrolijk was en zoveel energie had, dat hij met iedereen praatte, dat ze buiten zelfs nog met hem hebben gevoetbald. Twee weken lang blijf ik binnen en huil ik aan één stuk door om hem. Precies aan het einde van die twee weken heb ik een afspraak met Simone Kleinsma. Dat komt goed uit, want ik heb wel zin om de deur uit te gaan en een frisse neus te halen tijdens een wandeling.

Op mijn telefoon kijk ik welke wijnwinkel open is op zondag en rij daar met een rotgang naartoe. Ik vind dat ik niet te laat kan komen bij iemand als Simone Kleinsma, maar ik vind ook dat ik niet met lege handen aan mag komen bij iemand als Simone Kleinsma. Ik ren een slijterij binnen en zeg dat ik met spoed iets zoek. Rode wijn waarschijnlijk, voor een vrouw die ik nooit heb ontmoet, rond de zestig is ze, en actrice. De man geeft me een merlot van zestien euro. Als ik afreken, vraagt de man: 'En voor welke actrice is deze wijn, als ik vragen mag?'

'Simone Kleinsma,' zeg ik en ik duw de doos met de fles in mijn rugzak.

'Ach,' zegt de man. 'Nou, dat heeft mevrouw Kleinsma wel verdiend.'

Ik zeg gedag en ren naar de auto van mijn moeder. Ik vraag me af waarom die man dat vindt, dat Simone Kleinsma deze wijn verdient.

Misschien omdat haar man overleden is? Wat lijkt het me vervelend dat iedereen weet dat je man dood is. Dan besef ik dat iedereen ook weet dat mijn vader dood is en dat ik de betrokken blikken kan uittekenen.

Om vier minuten over twee parkeer ik de auto op een parkeerplaats naast het natuurgebied. Ik herken Simone Kleinsma aan haar niks veranderde gezicht, ze staat me op te wachten. Ze ziet er nog precies zo uit als toen ze tien jaar geleden in *Sunset Boulevard* speelde, maar dat is misschien logisch. Mijn vader ziet er ook nog precies zo uit als toen hij tien jaar geleden in *Sunset Boulevard* speelde.

'Hallo mevrouw Kleinsma,' zeg ik als ik mijn hand uitsteek, 'ik ben Merlijn.'

'Hallo meneer Kamerling,' zegt ze als ze mijn hand vastpakt, 'zeg maar Simone.'

We wandelen over een zandpaadje tussen twee enorme grasvlaktes. In de verte zie ik bomen, maar ik weet niet of het er genoeg zijn voor een bos. We wandelen in hetzelfde tempo, terwijl we elkaar nog nooit hebben ontmoet. Niet dat ik me kan herinneren in ieder geval.

'Ik was op de première van *Sunset Boulevard*,' vertel ik, 'dat zag ik op beelden uit die tijd. Maar ik weet daar niks meer van.'

'Ik kan me jou wel herinneren. Na de première was je backstage bij je vader. Die grote ogen van je, die bleven maar in het rond kijken. Na de voorstelling verzamelden de cast en crew zich in het decor en werd iedereen geïnterviewd door de pers. Antonie stond achter jou en liet je niet los. Hij bleef je maar vasthouden. Je vader was vrolijk, het was feest, er was champagne. Je was tien of elf jaar, een klein jongetje. Dat je vader je zo vasthield, vertederde me zo.'

'Jij had toen al in heel veel musicals gespeeld, las ik: *Les Misérables, Chicago, Mamma Mia!* Maar mijn vader was redelijk nieuw in die wereld, volgens mij. Wat vond je ervan dat je met hem ging samenwerken?'

'Ik vond het heel verrassend. Meestal tappen ze bij audities uit het vaatje van mensen die vaker musicals hebben gedaan. Ik had hem niet zo gauw op die plek gezet, omdat het een vrij stevige zangpartij was. Het was een doorgezongen musical, zoals dat heet, daar zijn er niet zoveel van. Het wil zeggen dat er niet veel dialogen in zitten, alles staat op muziek. En het was geen makkelijke muziek, kan ik je zeggen. Je moest daar best wel voor studeren. Ik vond het dus heel verrassend dat ze me naast je vader neerzetten, maar direct daarna dacht ik: ja, dat begrijp ik wel.'

'Hoezo begreep je dat?'

'Ik had hem gezien in *All Stars*. Daarin zong hij dat liedje, "Toen ik je zag". Zo'n mooi liedje. En zo'n hele aparte, lieve stem. Een zachte stem. Mooie stem. Het is zo'n liedje dat echt binnenkomt. Een bijzondere jongen vond ik het. En een bijzondere artiest.'

'Kon je goed met hem opschieten?'

'Zeker, ik vond hem ontzettend aardig. Heel erg aardig. Een lief mens. Hij toonde interesse en we konden heel erg lachen met elkaar, ook om onszelf. Er is niets leukers dan een mens die zichzelf een beetje belachelijk kan maken. Dat konden we goed. Maar ik kon niet goed tegen de andere kant.'

'Welke andere kant?' vraag ik.

Ze zegt even niks. In de verte zie ik schapen staan. Als we dichterbij komen, beginnen de schapen te lopen. De meeste van ons af, een stuk of zeven naar ons toe. In totaal zie ik er een stuk of twintig, ze lopen los. Simone zegt er niets van, ze denkt nog steeds na over mijn vraag. Zij wandelt hier natuurlijk vaker, dus zij is niet verbaasd dat we ineens tussen de beesten lopen. Sommige schapen hebben enorme hoorns, nu pas zie ik dat ze groene tags aan hun oren hebben. Ze zijn dus wel van iemand.

'Het overspoelde je vader echt,' zegt Simone. 'De wereld die musical heet, zo noem ik dat altijd maar. Want het is een apart metier. Het kan heel veel zijn, heel veel disciplines. Het is zingen, acteren, hier en daar een dansje en dat moest hij allemaal doen. Het was een heel grote rol, het was de mannelijke hoofdrol. Dus dat was nogal een pittige klus voor hem.'

Ik snap niet goed hoe dat kan. Hij had al in een musical gespeeld.

En mijn grootmoeder vertelde dat hij die studentenmusical zo leuk vond. Dat hij daardoor acteur is geworden. Dus hoe kan deze musical dan zo zwaar zijn?

'Hij had al in musicals gezeten,' zeg ik, 'ook in *Turks fruit* met Jelka van Houten. Hij was toen ook genomineerd voor een Musical Award als beste acteur.'

'*Turks fruit* en je vader waren toen genomineerd in de categorie kleine musical,' zegt Simone. 'Bij een kleine musical staan er maximaal elf mensen op het podium, bij een grote musical minimaal twaalf. Bij *Sunset Boulevard* stond het podium soms vol.'

'Dat zag ik,' zeg ik, 'ik heb de making-of gezien, op een gegeven moment stonden er wel twintig mensen.'

Het stuur van een mountainbike tikt tegen mijn arm aan, ik zag hem niet aankomen omdat ik naar de grond keek. De man of vrouw die erop zit, rijdt hard.

'Dus vergeleken bij *Turks fruit*,' zeg ik, 'is een musical van Joop van den Ende net een paar stappen verder.'

'Zeker,' zegt Simone, 'en al helemaal deze musical. Deze zat bijna tegen het klassieke aan. Ik weet nog dat dat heel erg op hem afkwam, dat hij het heel veel vond. En dat is het ook. Iedereen heeft iets van je nodig tijdens zo'n proces. Een regisseur, een speldocent, een kledingontwerper, iedereen trekt aan je. Maar ik weet nog goed dat ze hem omarmden.'

'Ze?'

'De crew. Hij werd aan alle kanten geholpen. Met zangcoaches, met aparte repetities. Het was hard werken, hij ging er vol voor. En ondertussen kon ik dus heel goed met hem door één deur, terwijl ik niet wist dat er zich iets afspeelde in zijn hoofd. Dat heb ik wel gemerkt, maar ik wist niet wat het was.'

'Wat merkte je dan?'

'Nou,' zegt ze.

Ze kijkt in de verte.

'De ene dag was hij hyper,' zegt ze voorzichtig, 'hyper, hyper, hyper. Zó enthousiast. Dan dacht ik: wat leuk dat iemand zo enthousiast is.

Maar de volgende dag was hij helemaal *down the drain.* Dan was hij heel onzeker ook. Dan moest je hem er echt uit trekken, moest je twintig keer tegen hem zeggen: "Het gaat echt heel goed, hè. Het is goed wat je doet. We zijn op de juiste weg." Maar dan kwam je niet bij hem binnen. En dat heeft zich, eerlijk gezegd, ook doorgezet naar de periode dat we gingen spelen. En dat we op tournee waren. En dan komt er...'

Ze kijkt me even aan. Alsof ze wil peilen hoe mijn humeur is. Alsof ze wil checken of ze wel alles tegen me kan zeggen.

'Ik moet je eerlijk zeggen,' zegt ze, 'dat ik daar niet zo goed tegen kon. Als ik moet kijken hoe iemand binnenkomt en dan moet kijken hoe zijn mutsje staat. Staat-ie de ene kant op of staat-ie de andere kant op? Terwijl je zelf ook nog enorm aan het creëren bent en aan het zoeken bent en onzeker bent.'

'Ben jij nog onzeker?' vraag ik.

'Ja, jazeker. Op dit moment ben ik ook onzeker. Ik ben aan het repeteren voor een nieuw stuk en dan ben ik heel onzeker. Dat hoort, dat moet. Je bent iets aan het maken en je weet niet of het lukt. Maar ik vind dat ook lekker, ik moet een uitdaging hebben.'

'Mijn vader vond het misschien niet zo lekker.'

'Voor hem was dit één grote uitdaging, een enorme uitdaging. En ik vond het moeilijk om daarmee om te gaan. Ik snapte het niet, ook omdat we elkaar daar niet goed genoeg voor kenden. Dus dan vraag je er ook niet echt naar. "Wat is er met je aan de hand?" En zou hij het dan verteld hebben? Ons contact werd ook minder, zelfs tijdens het spelen. Dan zag ik hem gewoon de hele dag niet, dan zag ik hem pas 's avonds op het toneel. *Sunset Boulevard* was een reizende musical, dus soms moesten we ook ergens overnachten. Omdat je met zo'n grote groep bent, overnacht je meestal in huisjes in een huizenpark. Dan had iedereen een eigen huisje, na de voorstelling ging je dan bij elkaar langs. Gezellig kletsen, lekker borrelen, glaasje wijn. Maar Antonie zag je niet.'

'Dan sloot hij zich op?'

'Dan sloot hij zich op. De dag erna zag je hem ook niet, je zag hem weer in het theater.'

'Hadden jullie het wel eens over thuis?' vraag ik. 'Zei hij wel eens dat hij zijn kinderen miste?'

'In het begin hadden we het daar wel over, maar op een gegeven moment gingen onze gesprekken daar niet meer over. Omdat hij zich zo afzonderde, verwaterde ons contact. Onze gesprekken gingen niet meer zo diep, het werd wat vluchtiger. Als je alleen maar 's avonds met elkaar speelt – een rol speelt – en iemand is zoals hij, dan was ik allang blij als hij vrolijk was. Dan ging ik gewoon in het moment met hem zitten. En er waren dus ook dagen dat hij niet vrolijk was. Dan deed hij het hartstikke goed op het toneel – hij liet het nooit afweten, nooit – maar naast het toneel werd hij weer...'

Ze wacht even.

'... één brok onzekerheid. En dan ging ik weer: "We gingen goed, hè. We gingen goed!" Dan haalde hij zijn schouders op. "Ja, mwah. Mwah. Ik weet niet." Dat zei hij dan. "Ik weet niet." Daar werd ik gek van.'

Simone zwaait met een vuist als ze de laatste woorden uitspreekt.

'Ik werd daar gek van,' zegt ze nog een keer. 'Dus ik vroeg het maar niet meer.'

'Je liet hem daarna links liggen, bedoel je?'

'Ja, om zelf in de drive te kunnen blijven, scherp te zijn, om te kunnen presteren op dat toneel. Maar links laten liggen klinkt zo onaardig. Het was meer dat ik hem liet. Dat ik niet meer zo in hem ging zitten. Misschien is dat niet zo aardig van me geweest. Ik besloot dat ik gewoon met hem ging spelen en dat hij het verder maar zelf moest weten.'

'En je wist dus niet dat hij depressief was? Dat hij manisch was?'

'Nee, dat wist ik niet. Ik vond het gewoon raar.'

Als we bij een houten bankje aankomen, glimlacht ze naar me en knikt naar het bankje. We gaan erop zitten. We kijken uit op de groene en bruine bladeren van een enorme partij bomen. Het is windstil, waardoor er geen geritsel van al die bladeren klinkt. Ik hoor zelfs geen vogels of schapen, ik hoor helemaal niks. Het maakt me rustig, merk ik. Misschien moet ik vaker even weg uit Amsterdam om ergens op een bankje te gaan zitten, om de stilte te kunnen horen.

'Ik weet nog dat ik in New York was om voorstellingen te kijken op Broadway,' zegt Simone. 'Guus, mijn man, belde me om te vertellen dat Antonie was overleden. Dat hij het zelf had gedaan. Ik weet nog dat ik me kapotschrok. Hij was dus gewoon ontzettend ziek, realiseerde ik me toen pas. Ik kreeg meteen zo'n schuldgevoel, ik had toch wel wat meer mogen doorvragen. Die gedachte herinner ik me nog goed.'

'Mijn grootouders – de ouders van papa – hebben wel gedacht dat die wereld waarin hij zat hem niet bepaald hielp. Slechte recensies moeten lezen, audities doen...'

'Nee,' zegt Simone geschrokken, 'nee, dat lijkt mij ook niet. Als je auditie moet doen en je komt binnen en er zitten acht mensen achter een tafel en jij moet je kunstje vertonen, dat is gewoon eng. Of je nou net begint of al vijftig jaar bezig bent, dat maakt niet uit. Het blijft engig. Alleen werkt het wel zo dat naarmate je langer bezig bent en naarmate je je strepen hebt verdiend, je iets sneller denkt: nou ja, ach, als ze me niet nemen, dan zal dat wel een reden hebben. Maar dat neemt niet weg dat je ook dan onzeker mag zijn, je moet zelfs onzeker zijn. Want telkens als je ergens aan begint, moet je teksten leren en zoeken naar het karakter en je personage. Dat is ook lekker, dat is leuk, want je bent bezig in de keuken en dat is eigenlijk de leukste tijd. Maar als je van jezelf al onzeker bent – wat je vader dus heel erg kon zijn – dan helpt het allemaal niet mee. Dat je iedere keer een bevestiging nodig hebt om je een beetje lekker te kunnen voelen.'

'Jij vond mijn vader toch echt goed in *Sunset Boulevard*?'

'Ja, ik vond hem echt goed.'

'Een recensent schreef dat papa de rol had gekregen omdat hij een bekende naam had.'

'Welnee,' zegt Simone fel, 'hij kreeg die rol omdat hij tijdens de audities de beste was. En natuurlijk is een bekende naam fijn, want je vader was nogal populair. Daarom is hij waarschijnlijk gevraagd om auditie te doen. Als hij die auditie dan ook nog eens heel goed doet, als hij daar weet te verrassen, dan is het heel logisch dat hij die rol heeft gekregen.'

'Hij kreeg ook goede kritieken, hoor,' zeg ik. 'In een recensie van de *NRC* staat... Wacht, ik pak hem er even bij.'

Ik haal mijn telefoon uit mijn broekzak en typ de zoektermen *nrc antonie sunset boulevard* in. Als de pagina opent, zie ik dat het geen recensie is, maar een *in memoriam.* 'Subtiele hartenbreker,' heeft de *NRC* boven het artikel gezet, met daaronder in dikgedrukte letters: 'Antonie Kamerling was een veelbelovend natureltalent. Maar zelfkritiek was zijn tweede natuur, hij wilde altijd alles verbeteren.'

Wat raar dat alles wat mensen zeggen en schrijven over papa zo naadloos op elkaar aansluit. Deze zin uit de *NRC* had zo door Simone Kleinsma uitgesproken kunnen worden. Het lijkt alsof iedereen zijn worsteling zag, terwijl hij het waarschijnlijk dacht te kunnen verbergen.

'Antonie Kamerling was ver gekomen,' lees ik in stilte. 'Toen hij in 1990 als rechtenstudent debuteerde in de populaire tv-serie *Goede tijden, slechte tijden* leek hij niet veel meer dan een aantrekkelijke jongeman die de status van soapacteur nooit zou ontgroeien. Vooral een droomobject voor pubermeisjes, maar meer niet. Maar toen hij drie jaar later de hoofdrol speelde in de verfilming van *De kleine blonde dood,* bleek al dat hij over een veelbelovend natureltalent beschikte. En sindsdien is hij steeds beter en veelzijdiger geworden. Woensdag heeft Antonie Kamerling een eind aan zijn leven gemaakt. Hij was 44 jaar.'

Ik moet dit niet nu lezen, bedenk ik, ergens op de hei met Simone Kleinsma op een bankje, die wacht op wat ik wilde vertellen. Bovendien word ik veel te verdrietig van wat hier staat. Ik scrol er snel doorheen.

'Zo werd hij een bewonderenswaardig acteur die nog veel verrassende rollen had kunnen spelen.'

Te ver doorgescrold. Te veel tranen in mijn keel. Terug naar boven.

'In *Sunset Boulevard* speelt Antonie Kamerling een jonge schrijver die zichzelf tracht te bevrijden uit de klauwen van de oude vedette. Door zijn optreden schemerde toen bovendien een subtiel soort ironie heen, dat voor musicalacteurs nogal zeldzaam is.'

Ik lees het voor aan Simone.

'Wat bedoelt de *NRC* daarmee,' vraag ik, 'met "een subtiel soort ironie"?'

'Dat begrijp ik wel,' zegt ze, 'ik begrijp heel goed wat ze daarmee bedoelen. Kijk, je vader kwam niet uit die wereld. Je hebt natuurlijk heel veel acteurs die musical-musical willen doen. Die worden daarvoor opgeleid en die zijn dat gewend, het is een bepaalde manier van spelen. Maar jouw vader had iets lacherigs over zich. Niet dat hij erop neerkeek, maar het was een soort ongeloof. Een soort van: kijk mij nou toch hier staan. Alsof hij er niet hoorde. Iets ironisch dus. Hij vond het op veel momenten heel lekker om er te staan, maar hij vond het ook wel raar. Hij was te bescheiden voor zoiets groots, misschien is dat het. En misschien is dat wat de *NRC* zag, dat hij zich een vreemde eend voelde die daar niet op zijn plek was. Dat kun je negatief benaderen, wat een andere krant deed, of je kunt er de ironie van inzien, wat de *NRC* dus deed.'

'Die andere krant,' zeg ik, 'was *de Volkskrant*. Die schreef dat zijn acteerwerk in de musical verkrampt was en dat zijn zang geen kleur en geen diepte had.'

'Het is nooit leuk om slechte recensies te lezen,' zegt ze, 'en bij hem kwam het dubbel zo hard binnen. Ik heb geleerd dat het gewoon de mening van één iemand is.'

'Praatten jullie erover met elkaar?'

'Regisseur Paul Eenens riep na een première altijd de cast en crew bij elkaar om wat opbeurende woorden te zeggen. Op dinsdag komen de eerste recensies binnen en dan was hij er altijd om iedereen toe te spreken. Dat er uiteraard mindere dingen zijn gezegd, maar dat dat ons er niet onder moet krijgen en dat het een fantastische voorstelling is. Maar dat neemt niet weg dat een negatieve recensie verschrikkelijk is, een negatieve recensie vergeet je namelijk niet, in tegenstelling tot de goede. Inmiddels heb ik dat niet meer, maar vroeger had ik dat zeker.'

'Heb jij wel eens slechte recensies gehad?'

'Jahaa,' zegt ze. 'Mijn eerste soloprogramma, *Simone & Friends*. Ik kreeg toen ook een recensie van *de Volkskrant*. Ik weet zelfs de recensent nog, want negatieve recensies vergeet je dus niet. Patrick van den Hanenberg schreef dat het allemaal los zand was, hij vond het helemaal niks. Terwijl mensen het toch wel heel leuk vonden. Maar als ik het nu terugzie, denk ik: ik geloof dat hij toch wel een beetje gelijk had.'

Simones lach echoot over de hei. Een hond verderop stopt met rennen en kijkt geschrokken onze kant op.

'Maar die ene blijft dus hangen, ja,' voegt ze toe, 'in het hoofd van je vader zal dat dé recensie zijn geweest.'

We staan op en lopen verder. Via een korte afdaling wandelen we het stuk bos met de groene en bruine bladeren in. Van een afstand zag het er indrukwekkender uit dan wanneer je eronderdoor loopt. Het is hier nu vooral donker door al die bladeren, terwijl ze net nog licht leken te geven in de zon.

'Maar Merlijn,' zegt Simone, 'waarom wilde je nou zo graag met me afspreken? Er zijn immers mensen die je vader beter hebben gekend dan ik.'

'Die mensen heb ik ook gesproken,' zeg ik, 'en van hen heb ik ook veel over hem geleerd. Ik heb het gevoel dat ik mijn vader inmiddels echt veel beter heb leren kennen. Ik wilde jou graag ontmoeten om te horen wie hij in die laatste periode van zijn leven was. Want hij was door die musical nooit thuis, jij zag hem in die tijd vaker dan ik. Als ik 's morgens wakker werd, sliep hij nog. Als ik uit school kwam, was hij weg. En als hij thuiskwam, lag ik alweer in bed. Niet lang nadat hij klaar was met die musical, ging hij dood. En dat heb ik hem nogal kwalijk genomen. Dat doe ik nog steeds. Want ondanks het feit dat hij die musical zo zwaar vond, was hij blijkbaar toch liever daar dan bij mij. Anders was hij wel thuisgebleven, toch?'

Simone lijkt te schrikken van wat ik zeg. Ze legt haar hand op mijn pols zonder die echt vast te pakken. 'Merlijn,' zegt ze, 'er zijn heel veel gezinnen met acteurs die hetzelfde meemaken. Het is inherent aan het vak, maar het geldt niet alleen voor acteurs. Het is ook de crew en het zijn ook mensen die in een restaurant werken 's avonds. Elk vak dat zich in de avond afspeelt, heeft dit. Ook ik. Ik zie mijn vrienden en familie ook vaak te weinig, maar als ik dan vakantie heb of even een half jaar niet speel, probeer ik het wel ruimschoots in te halen. Dan ga ik enorm sociaal aan de gang, anders mis ik de belangrijke momenten van de voor mij belangrijke mensen. Ik hoor acteurs als ze ouder zijn best vaak zeggen: "Ik voel me schuldig tegenover mijn kinderen omdat ik er niet genoeg was." Ik hoorde het laatst ook Jasperina de Jong zeggen in een documentaire die over haar is gemaakt. Zij is inmiddels in de tachtig en ze vertelde dat ze vroeger liever thuis was geweest, dat ze zo'n heimwee had naar haar zoontje als ze op het toneel stond. Maar er is tegelijkertijd een drive, je wil heel graag spelen. Bovendien hoor je later vaak van de kinderen dat het allemaal wel meevalt, dat ze zich helemaal niet zo alleen hebben gevoeld. Misschien ook omdat het buiten de voorstellingen werd gecompenseerd. Maar jouw vader kon dat niet, die heeft geen herinneringen meer met je kunnen maken, niet meer met je kunnen kletsen. Waardoor jij er nu wellicht anders op terugkijkt. Dat vind ik zo ontzettend jammer. Maar ik denk niet dat je boos op hem moet zijn. Dat is misschien makkelijk voor mij om te zeggen, maar het is zo zonde van het beeld van je vader. Hij kon er niks aan doen en het was echt een leuke man. Je bent natuurlijk ouder geworden. Je was elf toen. Maar hij heeft je heel erg gemist in die tijd en hij had het vast ontzettend graag met je in willen halen, maar het lukte hem niet. Guus, mijn man, kwam ook uit een acteursfamilie, hij ervoer het net zoals jij. Dus ik snap je boosheid wel, maar ik denk dat het je uiteindelijk niks brengt.'

'Hoelang is hij al dood, je man?'

'Drie jaar.'

'Hoe weet je wanneer je klaar bent met rouwen? Ik heb namelijk geen idee hoe dat precies voelt en of het al voorbij is.'

'Van kinderen hoor je heel vaak dat zij merken dat de wereld wel weer doorgaat. Gelukkig maar, gelukkig hebben kinderen dat. Alleen komt het later wel naar boven. Bij jou misschien ook. En dan zit er bij jou ook nog boosheid bij en andere dingen. Je bent jouw vader nu aan het leren kennen en daarna ga je afscheid van hem nemen. Ik vind het heel knap dat je dit durft. Dat je het aangaat. Misschien dat jouw proces nu aan de gang is, maar het is zo anders dan het rouwproces dat ik heb meegemaakt. Dat kun je niet eens vergelijken.'

'Jouw man is onverwachts overleden, net als mijn vader. Maakt het dat moeilijker dan wanneer je het aan ziet komen, denk je?'

'Het maakt het traumatischer, ja. Het doodgaan an sich is hetzelfde natuurlijk, het is altijd heel erg, maar dit was zo pats-boem weg, dat was heel raar. Dat is niet zomaar te verwerken, dat gaat gewoon niet. Ineens was hij weg, was het huis leeg, was ik alleen. Ik ben toen brieven gaan schrijven. Dat raad ik je van harte aan. Ga brieven schrijven aan Antonie, gewoon voor jezelf. Koop een mooi boekje en ga schrijven. Met aanhef en de datum erbij en de tijd erbij. En dan gewoon *Lieve pap,* alsof je een brief aan hem schrijft. Dat helpt mij heel erg.'

'En wat schrijf je dan?'

'Alles. Uitwisselen wat ik heb gedaan. Met welke onzekerheden ik zit. Of ik stel vragen. En dan hoop ik dat ik Guus weer in mijn oor hoor. "Ga door," zei hij altijd tegen me, "ga door, Moon. Gewoon doorgaan."'

Ze valt stil. Zo stil en plotseling dat ze even weg lijkt, alsof ze bij haar man is en niet hier bij mij. Ze stopt zelfs even met lopen.

'Waarom vertel ik dit nou?' vraagt ze me. 'Wat vroeg je me?'

'Ik vroeg wat je in die brieven schrijft.'

'O ja. Nou, in het begin beschreef ik de radeloosheid en de machteloosheid. Maar ik denk dat jij vooral vragen hebt. Stel die aan hem. Misschien zijn er dingen waar je al achter bent gekomen, door dit soort gesprekken. Vertel hem dat ook maar. Ik denk dat het een hele mooie manier is om je vader te leren kennen.'

'Maar ik ga geen antwoorden van hem krijgen.'

'Ja, dat weet je op voorhand. En toch zul je antwoorden vinden. Ik kreeg ze in mijn oor. Niet letterlijk, maar ik hoorde hem dan weer zeggen dat ik gewoon door moest gaan. En dat heb ik dan ook gedaan. En dan wordt het minder. Dan heb ik het ineens zo druk dat ik er even niet meer aan denk, dat is alleen maar goed. Dat je het langzamerhand loslaat.'

'Kun je het echt loslaten? Ik heb naar een liedje van je geluisterd over je dochter die overleed toen ze zeven maanden was. In dat liedje zing je: "Ze zeggen dat het slijt en dat het met de tijd wel wat minder wordt. Maar slijten doet het niet, het is meer dat het verdriet en deze pijn gaan wennen."'

'Ja,' zegt ze zacht.

Ik prop het papiertje waar ik de tekst op had geschreven terug in mijn jas. 'Is dat zo?' vraag ik. 'Gaat het wennen?'

'Nou,' zegt ze, 'ik ben er nog wel eens mee bezig hoe het nu met haar zou zijn geweest. Ze zou inmiddels aan het studeren zijn, ze zou nu eenentwintig zijn.'

'Net zo oud als ik.'

'Het gaat bij je leven horen. Zij is een onderdeel van mijn leven geworden. Het schrijnt niet meer zo erg. Ik zeg nooit dat ik het een plek heb gegeven, ik zeg dat ik ermee heb leren omgaan. Het verdriet en het gemis blijven altijd, maar doordat je ermee leert omgaan, denk je er niet meer vierentwintig uur per dag aan. Dat zal straks met Guus ook gebeuren.'

'Zie je daar niet heel erg tegen op?'

'Nee. Nee. Want het gaat heel geleidelijk. En hij is nooit weg, hij zal nooit weg zijn.'

'Als je nu brieven schrijft aan je man,' vraag ik, 'heb je dan nog vragen?'

'Nee. Nog niet. Nou. Ik vraag steeds of hij het fijn heeft. Daar waar hij is.'

'Wat denk je?'

'Ik weet het niet. Ik hoop het.'

'Ik hoop het ook. Ik hoop vooral voor mijn vader dat het nu beter is dan toen. Anders is het helemaal zo zinloos.'

'Ach, lieve schat,' zegt Simone.

Ze pakt me even vast. Heel voorzichtig, met twee armen om mijn hoofd. Ze doet het zachtjes. Niet omdat ze me anders pijn doet, maar omdat we elkaar eigenlijk niet kennen. En toch hier staan.

In de auto zoek ik op Spotify naar Simone Kleinsma. Ik zet haar liedje met Paul de Leeuw op, 'Zonder jou,' en start de auto.

'Zonder jou is alles in mijn leven killer, zonder jou is alles plotseling veel stiller,' zingt ze. 'Zonder jou is wat voorheen vertrouwd was niet vertrouwd en zonder jou tegen me aan is elke nacht weer koud.'

Ik denk aan de foto's waarop ik met papa in bed lig. De afgelopen jaren waren die foto's alleen maar foto's, maar sinds kort herinner ik me de momenten weer waarop ze door mijn moeder werden gemaakt. 's Morgens kroop ik bij hem in bed, dan werd hij even wakker. Dan sloeg hij een arm om me heen en sliep hij verder. Soms viel ik dan ook weer in slaap, maar vaak genoeg bleef ik dan gewoon zo liggen. Dan hoefde ik niks. Geen televisie, geen verhaaltje, gewoon lekker bij hem liggen. Ik herinner me die ochtenden weer. Naast de ochtenden dat hij moe was van zijn werk en dat er straks weer een nieuwe dag was waarop hij de dingen moest doen die hem onzeker maakten. Liever was hij de hele dag bij mij gebleven, maar dat kon niet. Dat wist hij en dat weet ik nu ook. Je moet namelijk door. Doorgaan, papa. Gewoon doorgaan. Dat zeg ik ook tegen mezelf. Via Simone. Via haar man. Via papa. *Doorgaan, Merlijn. Gewoon doorgaan.*

10
Andere dingen

Marc Wemerman

Mijn moeder geeft me zijn telefoonnummer en zegt dat ik hem heel veel lieve groeten moet doen. Haar stem klinkt zacht als ze het zegt, alsof deze Marc Wemerman iets heel liefs en bijzonders is. Ik zou dat kunnen weten, want ik heb hem een paar keer ontmoet. Hij was ook op papa's uitvaart, hij hielp zelfs de kist dragen. Toch zie ik hem niet goed voor me, hij is een soort vlek.

Ik bel Marc op, het is lang stil aan de telefoon.

'Merlijn,' zegt hij zacht. 'Dat is lang geleden.'

En dan zegt hij het nog een keer.

'Merlijn.'

Hij vertelt dat hij boven op een berg zit en dat hij daar woont. Die berg staat in Spanje. Als hij vanaf die berg naar de wereld kijkt, ziet hij hoogstens drie auto's per dag langsrijden. Meer gebeurt er niet en dat vindt hij prettig. Hij is twee jaar ouder dan mijn vader, al schelen ze inmiddels dus twaalf jaar.

'Ik wil graag met je praten,' zeg ik, 'omdat je al heel lang een vriend van mijn vader bent.'

'Van Antonie,' zegt Marc.

'Ja, Antonie,' zeg ik.

'Wij waren vrienden, ja,' zegt Marc zacht.

Hij praat langzaam, alsof hij over elk woord na moet denken. Het voelt een beetje alsof ik een oude man aan de telefoon heb, maar dat is eigenlijk ook zo. Voor het eerst besef ik dat mijn vader nu ook een stuk ouder was geweest als hij was blijven leven. Zou papa dan ook langzaam praten? Of juist heel snel, omdat hij barst van de levensenergie? Zoveel energie dat hij er niet aan moet denken ooit nog te sterven?

'Ik ben inmiddels volwassen,' zeg ik, 'en ben met mensen aan het praten die mijn vader goed hebben gekend. Jij kende hem al heel lang, al voordat hij op televisie kwam.'

'Ja, dat klopt. Ik leerde hem kennen op de tennisbaan van Schoonhoven. Hij was toen tien, ik zie zijn blonde koppie nog voor me. Later werden we vrienden. Je vader had veel vrienden. Maar ik weet niet wie zijn beste vriend was. Dat zou je hem zelf moeten vragen.'

Ik voel mijn wenkbrauwen fronsen.

'Maar dat kan natuurlijk niet meer,' vult hij gelukkig aan.

'Ik weet ook niet wie de beste vriend van mijn vader was,' zeg ik. 'Ik vraag me alleen af hoe mijn vader was voor hij op televisie kwam. Of hij toen gelukkig was.'

'Dat was hij,' zegt hij zacht.

'Is dat zo?' vraag ik.

'Wil je naar Spanje komen om over je vader te praten?'

Liever niet, wil ik antwoorden, want het idee van drie auto's op een dag drijft me nu al tot waanzin.

'We kunnen ook in Nederland afspreken,' zegt Marc, 'daar ben ik deze zomer om mijn vader te bezoeken.'

'Dan kom ik wel naar je vader,' zeg ik.

Marc belooft me het adres te sturen en zegt zich te verheugen op mijn komst. Een dag later stuurt hij me een berichtje. Zijn vader woont in Drenthe, dat klinkt bijna net zo ver als Spanje.

We zien elkaar op een zondag. Met een halve liter Red Bull en een volle nacht slaap stap ik in de auto van mijn moeder. Mijn telefoon zegt dat het twee uur rijden is. Sinds ik heb bedacht wat ik tijdens de autorit ga doen, zie ik niet meer op tegen de lange afstand. Ik steek een kabeltje in mijn telefoon en duw het andere uiteinde in de autoradio. Gisteravond heb ik Kristiaan gebeld om te vragen welk radio-interview van papa hij me aan kan raden. Ik herinnerde me ineens dat hij bij lange autoritten nog steeds naar interviews met papa luisterde, dus deze rit naar Drenthe leek me een goed moment om dat ook eens te doen. M'n oom stuurde me een interview uit 2008 door, twee jaar voor papa's overlijden. Het duurt een uur en is uitgezonden op Radio 1, *Šimek 's nachts* heet het. Ik open het op mijn telefoon en druk op PLAY.

'Hij is ooit een meisjesheld geweest, tegenwoordig is hij een zeer gewaardeerde filmacteur.' De man die het zegt, heeft een Oostblokaccent en heet Martin Šimek.

'Toen ik me in hem ging verdiepen,' zegt Martin Šimek, 'las ik de vraag: "Wat is uw definitie van geluk?" Zijn antwoord was: "Jezelf vergeten." En op de vraag "Waar schaamt u zich voor?" "Soms voor mijn eigen aanwezigheid. Als ik me niet goed voel, dan ben ik zoekende wie ik ben. Dan ben ik liever weg van deze wereld." Dat vind ik zo opmerkelijk.'

Ik hoor mijn vader de radiostudio in lopen. 'Halloooo,' zegt hij vrolijk.

Martin Šimek begint gelijk over de jas die papa aanheeft. Hij vraagt of het een echte bontjas is.

'Dat vroeg Merlijn ook vanavond. Ik gaf hem nog een knuffel en toen vroeg hij het, terwijl ik de jas al zes jaar heb. Merlijn is nu negen, nu vroeg hij het ineens.'

'Merlijn wordt dus maatschappelijk bewust,' zegt Martin Šimek.

'Volgens mij is het geen bont,' zegt papa, 'maar schapenwol.'

Ik herinner me die jas. Een grote bruine jas. Ik herinner me zelfs nog dat ik het aan hem vroeg in bed. Hij zei inderdaad dat hij weg moest, ergens heen. Dat was dus naar dit interview. Papa mag van Martin Šimek een liedje aanvragen. Hij kiest voor 'Fields of Gold', een liedje van Sting, maar papa zegt dat hij niet houdt van de stem van Sting. Ik ken Sting niet en ik ken het liedje niet. Het wordt gezongen door Eva Cassidy, papa houdt wel van haar stem. Ik ken Eva Cassidy ook niet. Ik ken nog steeds heel veel niet, merk ik, en ik wil het allemaal leren kennen.

Wanneer de eerste akkoorden klinken op een gitaar en papa en Martin Šimek stoppen met praten, begint Eva Cassidy te zingen.

Links en rechts van me zie ik weilanden, er staan koeien en erboven schijnt de zon. Als ik mijn ogen tot spleetjes maak, kan ik net doen of de weilanden goud zijn en niet groen. Ik vraag me af of papa ook zijn ogen tot spleetjes maakte als hij dit liedje hoorde en door de weilanden om ons huis reed, naar me toe of bij me vandaan.

You'll remember me when the west wind moves
among the fields of barley.
You can tell the sun in his jealous sky
when we walked in fields of gold.
So she took her love for to gaze awhile
among the fields of barley.
In his arms she fell as her hair came down
among the fields of gold.
Will you stay with me? Will you be my love
among the fields of barley?
And you can tell the sun in his jealous sky
when we walked in fields of gold.

Ik word rustig van het liedje en van haar stem. Zo moet papa zich ook hebben gevoeld. Ik was negen toen hij in de radiostudio naar dit liedje luisterde, terwijl ik in bed lag te slapen met zijn kusjes nog op mijn gezicht. Nu hoor ik wat hij toen hoorde, voel ik iets van wat hij voelde, terwijl er twaalf jaar tussen zit. Wat is het zonde dat ik zo jong was toen. En wat is het zonde dat hij niet ouder werd.

'Je hebt in 1997 gezegd,' zegt Martin Šimek na het liedje, 'dat je absoluut bij Isa wil blijven, omdat je afhankelijk van haar bent. Zonder haar zou je weer gaan blowen en drinken. Hoe is dat inmiddels? Ben je nog steeds afhankelijk van Isa?'

'Ik ben afhankelijk van Isa – al hoop ik dat dat niet zo is – voor mijn geluk. We hebben het gewoon heel erg goed met z'n tweeën en met z'n vieren. En waarom ik zeg dat ik hoop dat dat niet zo is, is omdat Isa morgen kan doodgaan. Dan hoop ik maar dat ik over een paar jaar weer gelukkig kan worden.'

'Isa wel en jij niet?'

'Wat?'

'Doodgaan.'

'Ik kan ook doodgaan,' zegt papa, 'maar dat is niet erg. Dat is heerlijk, eindelijk rust.'

'Nou,' zegt Martin Šimek geïrriteerd, 'dit vind ik zo lichtvaardig wat je nou zegt.'

'Nee, hoor. Dat is helemaal niet lichtvaardig. Als ik lichtvaardig was, had ik allang zelfmoord gepleegd. Dus ik hou het vol tot het einde en ik maak er het beste van, maar voor mijn gevoel kan het alleen maar veel beter worden.'

Er valt een stilte in het gesprek en in de auto.

'Sorry,' zegt mijn vader, 'het gaat nu een richting op die je niet had bedoeld.'

Martin Šimek haalt diep adem, maar er komen geen woorden. Hij had hier overduidelijk niet op gerekend.

'Zelfmoord zou voor mij lichtvaardig zijn,' verklaart papa. 'Dan zou ik het namelijk opgeven.'

'Is het leven zo zwaar voor jou?' vraagt Martin Šimek.

'Wel geweest. De laatste maanden zit ik op een golflengte die niet zwaar is. Alleen fysiek, omdat ik het heel druk heb. Maar hiervoor wel, eigenlijk vanaf het moment dat ik bekend werd tot twee jaar geleden. Dat was min of meer een hel met heel veel leuke dingen tussendoor. Maar voor mijzelf was het een groot gevecht.'

'Laten we nog eens naar muziek luisteren,' onderbreekt Martin Šimek mijn vader. 'Ik vind het geweldig om met iemand die een potentiële zelfmoordenaar is naar muziek te luisteren.'

'Nou,' zegt mijn vader een beetje verbaasd, 'ik ben er heel erg trots op dat ik het niet doe. Ik vind het leven vaak een hel, maar zelfmoord is voor mij geen optie. Ik doe dat niet.'

Ik rij door een dorpje met veel grote boerderijen. Mensen kijken me na als ik door de straten rij, waarschijnlijk komen hier niet veel vreemde auto's. Ik zie een café, een bushalte en een pannenkoekenhuis. Als mijn navigatie zegt dat ik mijn bestemming heb bereikt, zie ik een kale man op een krukje naast de open deur van een oude boerderij zitten. De man heeft het gezicht van Marc Wemerman, de oude vriend van papa die ik me toch ineens herinner. Marc heeft een bruinleren etuitje tussen zijn vingers en plukt daar shag uit die hij in een vloeitje legt.

'Marc,' zeg ik door het open autoraam.

'Merlijn,' antwoordt hij.

Ik stap uit de auto en loop naar hem toe. Hij geeft me een hand en een krukje. Hij vertelt me dat ik groot ben geworden, dat hij me sinds papa's uitvaart niet meer heeft gezien. Ik vertel hem van de vlek die hij de afgelopen jaren is geweest, maar dat ik daar vanaf nu zijn gezicht overheen zal plakken.

'Wat goed dat je met de auto bent gekomen,' zegt hij. 'Ik zou niet weten hoe je hier met het openbaar vervoer komt, die bushalte hier is nauwelijks nog actief.'

'Lekker rustig, net als op je Spaanse berg.'

Marc lacht. Achter ons verschijnt een oude man in de deuropening. Hij geeft me een hand. Marc zegt dat het zijn vader is en dat ik de zoon van Antonie ben. De man glimlacht als hij die naam hoort en vraagt met zachte stem of we koffie willen.

'Graag,' zeg ik tegen Marcs vader. 'Waarom woon je in Spanje?' vraag ik.

'Vanwege mijn rare leven,' zegt hij.

Met het puntje van zijn tong likt hij aan de vloeirand van een shaggie en rolt het dicht.

'Ik heb nogal ingewikkelde ouders, op mijn vijftiende vertrok ik al uit mijn ouderlijk huis.'

Ik kijk om naar de oude man die alweer naar binnen is geschuifeld en er helemaal niet ingewikkeld uitziet.

'Toen ben ik in Amsterdam terechtgekomen en ben medicijnen en rechten gaan studeren. Beide studies heb ik niet afgemaakt omdat ik aan de dope raakte.'

'Dope?' vraag ik.

'Drugs. Elk verdovend middel dat je maar kunt bedenken. Behalve heroïne. En ik begon het niet alleen te gebruiken, ik begon er ook aan te verdienen. Ik ging erin handelen.'

'Je werd drugsdealer?' vraag ik.

'Ja. Tot vijfentwintig jaar geleden. Ik had genoeg van Amsterdam, dus ben ik naar Tsjechië gegaan, dat hoorde toen nog niet bij de EU.'

'Dus je was drugsdealer tot je uit Nederland vertrok?'

'Ja, naar Tsjechië,' zegt hij alsof het de normaalste zaak van de wereld is. 'Al het geld dat ik in Amsterdam illegaal had verdiend, stopte ik daar in een legale business. Ik begon er meubels en vloerbedekking te verkopen, ik had een hal van vijftienhonderd vierkante meter, vol met meubels. Maar twee jaar na de start stroomde de provincie over en ook mijn hal. Alles werd verwoest door het water.'

Marc steekt zijn shaggie aan en inhaleert diep.

'Alles naar de klote. Alles weg.'

Ik ben hier pas vijf minuten en vraag me al af wat ik hier doe. Ik wil de mensen uit mijn vaders leven leren kennen, maar ik kan me niet voorstellen dat mijn vader heel innig met deze Marc is geweest.

'Ik kreeg een relatie met een zigeunerin, een Roma,' zegt Marc, 'daar kreeg ik een zoon mee. Maar zij bleek paranoïde-schizofreen te zijn. Ik ben voor haar gevlucht. Naar Hawaï. Maar daar kon ik geen verblijfsvergunning krijgen, dus ik moest binnen een jaar weer terug. Toen ben ik toch verdergegaan met die vrouw. Want ik bleek bij terugkomst ook een dochter met haar te hebben, ik was in de tussentijd namelijk één keer terug geweest en toen heb ik haar blijkbaar zwanger gemaakt. Uit schuldgevoel bleef ik bij het gezin, acht jaar lang. Maar zij was zo ernstig ziek in haar hoofd dat ik er zelf aan onderdoor ging. Met een schizofreen iemand leven is nogal zwaar. Ik ging weg en nam de kinderen mee, belandde in Nederland met twee kinderen van wie ik op papier niet eens de vader was. In een oude jaszak vond ik een vodje papier, daarmee kon ik aantonen dat ze van mij waren en konden ze op mijn paspoort worden bijgeschreven.'

Marcs vader komt naar buiten en zet een tafeltje voor ons neer.

Marc rookt zijn shag en ik kijk naar mijn auto, die verderop langs de weg staat. Zal ik de koffie naar binnen gieten en weggaan? Of zal ik al voor de koffie weggaan? Gewoon zeggen dat ik me niet goed voel en vertrekken. Wie heeft ook alweer tegen me gezegd dat ik hier langs moest gaan? Mama? Kristiaan? En wie heeft bedacht dat hij papa's kist mocht dragen? Was papa wel op de hoogte van zijn verleden?

De vader van Marc zet twee lege koffiekopjes en een thermoskan voor ons neer op het tafeltje. In een doorzichtig tupperwarebakje zitten koekjes met een chocoladelaagje.

'Hier in Nederland ben ik in de reclame gegaan, ik ben beletteringen gaan maken. Op auto's, etalages, gebouwen. Maar ik raakte overspannen en toen ben ik met vakantie gegaan naar Griekenland. Daar werden alle drugs van de mensen met wie ik was gestolen. Dus ik zat ineens op een Grieks eiland met mijn twee kinderen, maar zonder dope.'

Ik schenk koffie in om me beter op zijn verhaal te kunnen concentreren. Ik geef Marc een chocoladekoekje.

'Ik snap niet heel goed wat je bedoelt,' zeg ik. 'Je ging van Amsterdam naar Tsjechië, stopte met drugs dealen, ging meubels verkopen en belandde uiteindelijk met je kinderen in Nederland en je ging de reclame in. Maar al die tijd had je je drugs nog?'

'Ja, want ik was verslaafd.'

'Aan wat?'

'Aan alles.'

'Behalve heroïne.'

'Behalve heroïne.'

'Hoelang was je verslaafd?'

'Vijfendertig jaar. Tot vijf jaar geleden, in 2015 kickte ik af. Nu ben ik clean.'

'Maar wacht even,' zeg ik. 'Wat heeft dit allemaal met mijn vader te maken?'

'Jouw vader en ik kennen elkaar uit Schoonhoven, daar groeiden we op. En we gingen allebei studeren in Amsterdam. Hij rechten, ik medicijnen en rechten. Die combinatie – medicijnen en rechten –

was goed voor een carrière als drugsdealer. Dat klinkt niet heel onlogisch, toch?'

Ik voel weer dat ik frons.

'Ik was in mijn studententijd fotograaf voor een bureau, dat bleek een dekmantel te zijn voor andere zaakjes. Zo rolde ik erin. Maar in Griekenland moest ik ineens afkicken, van de ene op de andere dag. Dat was een hel, ik heb toen honderd dagen niet geslapen. Toen ben ik hulp gaan zoeken en die kreeg ik. Heel goede hulp, in Den Haag. Het voelde als een afsluiting van een vreselijke periode. Ik wilde nooit meer terug naar de ellende en de armoede waar ik door de drugs in zat. Ik ben drie keer dakloos geweest, één keer met de kinderen. Dat hakt er behoorlijk in.'

Ik probeer me voor te stellen hoe Marc in het leven van papa paste. Mijn vader speelde in succesvolle films, er werd in bladen en kranten over hem geschreven, zijn vrienden waren rijk of beroemd, hadden meerdere huizen over de hele wereld. En ondertussen was er ook Marc, die drugsverslaafd was en over de wereld zwierf met zijn twee Roma-kinderen. Ik kan me amper voorstellen dat papa energie voor hem kon opbrengen.

'Waar was papa toen dit allemaal met je gebeurde?'

'Antonie was er al die tijd, maar die had natuurlijk wel zijn eigen leven. Ik was me er heel erg van bewust dat ik niet zo makkelijk contact met hem kon hebben. Ik begaf me in de Amsterdamse onderwereld en had door mijn vak een heel slechte naam. Dus ik heb zijn naam nooit in mijn telefoon gezet, hij stond erin onder een pseudoniem. Als mijn telefoon in de verkeerde handen zou vallen, zou niemand weten dat Antonie Kamerling met me omging.'

'Maar waren jullie wel echt vrienden?' vraag ik.

'Wij waren echt vrienden, ja,' zegt hij bijna verontschuldigend. 'Vanaf ons achttiende ongeveer.'

'Maar je kende hem al sinds je tiende, toch?'

'Ja, maar toen hadden we alleen tennisbaancontact. Hij kende mij, maar hij was twee jaar jonger. We hadden wel tegen elkaar gespeeld, maar dat was geen echte vriendschap. Tijdens onze middelbareschooltijd kwamen we elkaar weer tegen op feestjes.'

'En toen werden jullie vrienden?'

Ik merk dat ik ongeduldig begin te worden. En een beetje achterdochtig. Ik kan me inmiddels niet meer voorstellen dat deze Marc überhaupt een vriend van mijn vader is geweest. De vrienden van mijn vader waren John en Beau, met wie hij nachtenlang kon praten. Niet deze Marc, die al die tijd aan de drugs zat en niet met mijn vader gezien kon worden.

'We konden altijd heel goed met elkaar praten als we elkaar tegenkwamen op die feestjes. Dan gingen we met een groep jongens stappen, drinken en dansen. Op een gegeven moment kwam Anique mee, het zusje van Antonie. Daar werd ik knetterverliefd op.'

'Op mijn tante? Die nu met Peter Paul is? En was dat wederzijds?'

'Niet direct, maar op den duur wel. We kregen verkering, jouw tante en ik. Toen kwam ik vaak bij je familie thuis, bij de Kamerlingen. Ik heb er zelfs een tijdje gewoond, ze hadden een huisje op het erf. Dat huisje had een gekke naam. Ik kon heel slecht omgaan met mijn ouders, dus toen mocht ik van jouw opa en oma daar logeren. Uiteindelijk heb ik er zo'n anderhalf jaar gewoond. Je opa heeft me nog aan een baan geholpen zodat ik eerder uit militaire dienst kon. Ik heb ontzettend veel aan je familie gehad, het was mijn thuis.'

'En zo ontstond jouw vriendschap met papa?'

'Ja, die kwam bij mij in het huisje hangen. We praatten nachtenlang en deden woordspelletjes met elkaar. En accentjes. Haags praten, Amsterdams praten.'

'Dat deed hij ook met Medina,' zeg ik, blij dat ik eindelijk mijn vader in een verhaal herken. 'Waar gingen jullie gesprekken over?' vraag ik.

'Jouw vader is een zoeker,' zegt hij, 'en dat ben ik zelf ook. Over die zoektocht praatten we veel. De zin van het leven. Waarom zijn we hier? Wat doen we hier? En waarom en hoe? En zijn er redenen om het niet meer te doen? Om niet meer deel te nemen aan het leven. Nou ja, die laatste vraag werd uiteindelijk het belangrijkst voor hem.'

'Maar het was niet altijd rustig bij mijn vader en mijn grootouders toch?'

'Jouw opa was een ontzettende perfectionist en dat botste met Antonie, die was wat nonchalanter.'

'Wilde papa wel echt rechten studeren en bij het corps? Of werd dat vooral van hem verwacht?'

'Je opa was advocaat toen. En Antonie had de mogelijkheid om een universitaire opleiding te doen, dus dat doe je dan maar. Een rechtenstudie is populair onder jongeren die geen idee hebben wat ze moeten studeren en tegen het corps heeft hij zich vreselijk verzet, maar het was een familietraditie.'

'Hoe zagen zijn dagen eruit tijdens die studiejaren?'

'Hij had een kamer in de Bellamystraat in Amsterdam. Daar kwam ik bijna dagelijks. Veel slapen, veel blowen, veel feesten en zuipen en de volgende dag weer hetzelfde. We hingen in Café Américain, door naar coffeeshop Haussmann naast de Odeon en eindigen bij Dansen bij Jansen.'

'Studeerden jullie nog wel?'

'Antonie ging af en toe nog wel naar college omdat hij het interessant vond. Maar ik ging op een gegeven moment helemaal niet meer, ik begon langzaam in die drugsscene te opereren.'

'Hoe verdiende papa dan zijn geld?'

'Studiefinanciering. En hij deed wat modellenwerk. Zo kwam hij uiteindelijk in *Goede tijden, slechte tijden* terecht.'

'Merkte je toen een omslagpunt bij papa? Begon hij te veranderen doordat hij bekend werd?'

'Op een gegeven moment stonden er dagelijks hordes meisjes voor zijn deur. Hij durfde niet meer naar buiten, sloot zichzelf op. Hij vond het vreselijk. Het twijfelen begon toen ook. Hij wist niet zeker of dit wel de juiste route voor hem was, of hij die aandacht wel aankon. Hij had het gevoel dat zijn privacy werd geschonden, dat had hij zelfs als hij zichzelf in de supermarkt op de covers van bladen zag staan. Dan wilde hij daar zo snel mogelijk weg, terug naar huis.'

'Vind je het dan niet zonde dat die roem in zijn leven kwam?'

'Zeker, heel zonde. Antonie was gewoon een heel normale, rustige jongen. Veel vrienden, veel leuke dingen doen. En ineens begon hij zich af te zonderen, zag hij niemand meer.'

'Ik hoorde hem op de radio zeggen dat hij ongelukkig werd toen die roem kwam, hij noemde zijn leven een hel met leuke momenten tussendoor.'

'Dat klinkt niet best.'

'Jij bent dus op een gegeven moment naar het buitenland vertrokken. Bleven jullie al die tijd vrienden?'

'Ja, we schreven elkaar brieven. Heel ouderwets. En als we elkaar weer zagen, was het gelijk goed. Dan was er gelijk vertrouwen.'

'Waar zagen jullie elkaar?'

'Op een gegeven moment besloot ik een half jaartje in Den Haag te gaan wonen, dat leek me een goed idee. Even terug in Nederland, bij m'n basis. Dat half jaartje werd veertien jaar. Waarom weet ik niet precies, want ik vond het er vreselijk. Ik kwam in een flatje aan de Stevinstraat in Scheveningen terecht. Ik was zo aan lagerwal geraakt, elke bodem was onder mijn voeten weggeslagen. Ik had geen geld, geen eten, geen werk. De enige continuïteit in mijn leven was Antonie. Dan maakten we een strandwandeling of we gingen naar een museum. Dan praatten we en gaf hij me kleren. Door al zijn acteerwerk kwam hij om in de kleding die hij voor rollen moest dragen. Die gaf hij aan me als hij me weer zag. Dat was zo lief, zo zorgzaam.'

'En praatten jullie dan over hoe het met je ging?'

'Ja, dat was heel vreemd. Want hij vertelde dan over zijn leven en ik vertelde over het mijne, waardoor hij vaak ook inzag dat hij eigenlijk weinig reden had om depressief te zijn. Want naast mijn ellende viel zijn somberte haast in het niet. Dat zei hij ook eerlijk: dat hij zich minder ongelukkig voelde als hij me had gezien, omdat ik zijn problemen en gevoelens relativeerde met mijn verhalen over drugs en geldzorgen.'

'Wat vertelde hij over zijn leven?'

'Over de keuzes die hij moest maken. Dan ratelde hij zijn gedachtegangen af. Dat hij het liefst muzikant zou worden. Dan moedigde ik hem aan dat door te zetten.'

'Jouw naam staat in het cd-boekje van *Feel*.'

'Ik heb het artwork gemaakt. Dat soort dingen deed ik al toen ik in de reclame zat en belettering verzorgde. Hij vroeg me dat voor zijn plaat te doen, dat vond ik te gek. En het is ook een goede plaat. Ik heb hem op mijn computer staan, dus als ik mijn muziek op shuffle zet, komt er af en toe iets voorbij. Er zitten echt goede liedjes tussen.'

'Was hij jouw beste vriend?'

'Hij was zeker wel een van mijn beste vrienden. Maar ik weet niet of ik dat voor hem ook was, dat kunnen we niet meer vragen. We hadden niet een heel intensieve geschiedenis, maar we hadden wel enorme kwaliteitsmomenten. Toen jouw vader een psychose had gehad, zijn we samen naar Ameland gegaan. Dat was een heel bijzondere week. Heel veel gewandeld, de duinen door, de stranden over, alleen maar gepraat.'

'Heeft papa een psychose gehad? Hoelang duurde die?'

'Anderhalve dag misschien. Maar dat weet je nooit, soms duurt het jaren. Op Ameland is onze band nog hechter geworden. We hebben er een enorme storm meegemaakt, het halve eiland werd weggespoeld. En we hebben aan één stuk door gepraat, het was fantastisch.'

'Heeft die psychose iets in hem veranderd?'

'Dat weet ik niet. Ik denk het wel. Jouw vader kampte altijd met een enorme onzekerheid. Maar ik weet niet of die onzekerheid voortkwam uit die psychose.'

Ik zeg tegen Marc dat ik even naar het toilet moet en stap de woonboerderij binnen. De muren zijn wit en fris, het is niet een typisch oudemensenhuis. In de woonkamer zie ik Marcs vader naast een van de grote boerderijramen zitten. De muren zijn bedekt met boekenkasten. Marcs vader glimlacht kort naar me en gaat dan verder met lezen in een dik boek, *Bonita Avenue*. Ik doe de houten wc-deur achter me op slot en kijk om me heen. Ik zie een geboortekaartje en er staan beeldjes. Aan de muur hangt een geprint A4'tje met een Engelse tekst erop.

CARDINAL RULES OF LIFE

1. *Make peace with your past so it won't disturb your present.*
2. *What other people think of you is none of your business.*
3. *Time heals almost everything. Give it time.*
4. *No one is in charge of your happiness. Except you.*
5. *Don't compare your life to others and don't judge them. You have no idea what their journey is all about.*
6. *Stop thinking too much. It's alright not to know the answers. They will come to you when you least expect it.*
7. *Smile. You don't own all the problems in the world.*

Ik vraag me af wie dit heeft opgehangen en waarom. Met mijn telefoon maak ik een foto van de regels, het flitsgeluid klinkt hard in de holle toiletruimte. Beschaamd open ik de deur en ik kijk naar Marcs vader. Die leest nog steeds in het dikke boek en lijkt niet door te hebben dat ik hier weer sta.

'Ben je wel eens bij ons in Zevenhoven geweest?' vraag ik aan Marc als ik weer op het krukje zit en de koffiekopjes opnieuw heb gevuld.

'Ja, ik heb hem daar met de tuin geholpen. Onkruid wieden en boompjes planten, dat was een soort therapie voor me. Ik weet nog dat je vader toen heel raar deed. Hij rende constant naar binnen om zijn telefoon te pakken en te twitteren. Het ging toen niet goed met hem. Hij was heel depressief. We waren in de tuin bezig, dan had hij twee scheppen gedaan en moest hij naar binnen toe, twitteren. En dan terug naar buiten voor drie scheppen en naar binnen, weer twitteren. Toen vroeg hij zich af of hij toch niet opnieuw moest gaan blowen, of dat misschien goed voor hem zou zijn. Dat raadde ik hem af, hoewel ik het zelf nog wel deed. Hij zei dat hij druk in zijn hoofd was en niet wist wat hij wilde of hoe hij zich voelde.'

'Was Twitter een soort uitlaatklep voor hem?'

'Dat denk ik, ja. Ik kende dat toen helemaal niet, maar hij was daar in die periode ontzettend mee bezig.'

'Wanneer hebben wij elkaar voor het laatst gezien met papa erbij?' vraag ik.

'Je maakte een fietstocht met je vader,' zegt Marc, 'en jullie zochten me op in Kijkduin. Ik zat bij De ZeeRob, een strandtent die nu niet meer bestaat. Het was niet lang voor zijn overlijden, dus jij was elf jaar. Toen hij overleed werd je twaalf, toch?'

'Ja, twee weken later. Hoe waren papa en ik toen je ons samen zag in die strandtent?'

'Nou,' zegt Marc twijfelend, 'behoorlijk aan elkaar gewaagd. Antonie was toen heel zwak, weet ik nog, hij kon jou eigenlijk niet aan.'

'Hoe bedoel je?'

'Je was een klein jochie en je kon behoorlijk bijdehand uit de hoek komen. Antonie schrok daarvan, hij kon daar eigenlijk niet tegenop. Het ging over de fietstocht, jij had geen zin om ook nog ergens anders heen te fietsen. Hij kon jou niet pareren en begon voor zich uit te staren. Hij was moe, hij zat erdoorheen. Hij wist niet wat hij met je aan moest, daar schrok ik wel van. Terwijl jij niet heel gek deed. Je was gewoon een slim kind met duidelijke ideeën, heel welbespraakt.'

'Was dat ook de laatste keer dat je hem zag?'

'Nee, dat was bij het Cruquius-museum. In september 2010, een paar weken voor zijn overlijden. Ik weet nog dat ik heel erg van slag was na die ontmoeting. Hij zag eruit als een jonge god, krachtig, gezond. Maar psychisch was hij volledig in de war. We waren in een restaurant naast dat museum aan het eten en hij vertelde toen heel direct: "Ik heb vaak concrete gedachtes over zelfmoord." Hij wilde weten wat ik daarvan vond.'

'Wat zei je?'

'Ik heb nog jarenlang over mijn antwoord nagedacht, ik denk er nog steeds wel eens aan; of het anders was gelopen als ik iets anders had gezegd. Ik antwoordde: "Een mens kiest niet voor het leven, je wordt nu eenmaal ongevraagd door je ouders op deze aarde gezet. Dus wat mij betreft mag je dat zelf beëindigen, maar je moet je wel afvragen of je dat kunt maken tegenover de mensen die dicht bij je staan: je familie, je vrouw, je kinderen." We hebben er toen een heel serieus gesprek over gehad. Hij maakte daar aantekeningen van. Hij had een klein blocnootje bij zich en maakte aantekeningen van alles: gesprekken, gedachtes, dingen die hij wilde onthouden. Dat is ook het laatste beeld dat ik van hem heb, voorovergebogen krabbelend in dat blocnootje. Toen we op de parkeerplaats in onze auto's waren gestapt, reed ik nog even langs zijn raampje om te zwaaien, maar dat zag hij niet. Hij zat nog steeds aantekeningen te maken. Ik ben doorgereden. Drie weken later was hij dood.'

'Welk antwoord zou je hem nu hebben gegeven, nu je er zo lang over na hebt kunnen denken?'

'Ga naar een gerenommeerd behandelaar, zou ik zeggen, want daar zat hij niet. Ga naar een arts en laat je onderzoeken. Kijk of er met medicatie iets te doen is aan hoe je je voelt. Dat had ik toen moeten zeggen en dat zou ik nu ook tegen hem hebben gezegd.'

Marc pakt zijn bruine etuitje en trekt er weer een plukje shag uit.

'Ik herinner me nu,' zegt hij, 'dat je vader en ik die dag van het museum een andere afspraak hadden gehad samen. Dat was vanwege een artikel in een tijdschrift, hij had me daarover gebeld. Hij kreeg het verzoek om geïnterviewd te worden over vriendschap en hij koos ervoor om in dat artikel die van ons te bespreken. Waarom weet ik niet precies. We moesten daarvoor ook op de foto, dus ik ben met hem in een fotostudio geweest die dag.'

Marc legt zijn ongerolde shaggie neer en loopt naar binnen. Hij komt terug met post-its en een pen.

'Het was voor een tijdschrift dat *Plus Magazine* heette,' zegt hij en hij schrijft het op een papiertje. 'De fotograaf heette Nick, hij had een studio in Halfweg, vlak bij Amsterdam. Ik weet niet wie dat artikel heeft geschreven. Ik weet alleen dat het nooit is gepubliceerd vanwege Antonies overlijden.'

Marc geeft me het papiertje. *Plus Magazine*, *Nick* en *Halfweg* staat erop.

'Het moet ontzettend zwaar voor hem zijn geweest om op de dag dat hij zich zo slecht voelde – zo slecht dat hij besloot om zijn zelfmoordgedachtes met me te delen – een afspraak in een fotostudio te hebben. Met een fotograaf en assistenten en weet ik veel wat nog meer. En dat je dan leuk moet doen en lachen. Dat lukte hem goed, hoor. Ik denk niet dat men iets aan hem heeft gemerkt.'

'Heb je papa nooit meer gesproken na die dag in de fotostudio en het museum?'

'Ik heb hem nog een mail gestuurd. "Hé lul, gaat het weer goed met je?" schreef ik. Toen hij overleed, kon ik me wel voor mijn kop slaan. Ik heb me daar zo slecht over gevoeld. Nog steeds.'

'Hoe denk je aan papa terug?'

'Met weemoed. Ik mis het plezier dat we hadden. De grappen en de lol. Het was zo'n lief en mooi mens. Ik vind het zo vreselijk om te bedenken dat hij zich zo slecht voelde dat hij dacht dat het beter was voor zijn echtgenote en zijn kinderen dat hij er niet meer was. Dat je ervan overtuigd bent dat iedereen beter af is zonder jou, dan zit je echt aan de bodem. Dat vind ik echt vreselijk, dat gun je niemand.'

'Hoe komt het dat jij er nog bent? Jouw leven was ook niet echt een makkie, toch?'

'Voor mij is zelfdoding iets onvoorstelbaars. Ik voel een soort levensstrijd. Ik ervaar het ook als een eer, die toevalligheid dat je wordt geboren als mens en dat je mag zijn wie je bent. Dat is zo minimaal, het is bijna een onmogelijkheid. Ik wil dat gewoon uitzitten, hoe slecht het ook gaat. Ik zal er nooit uit stappen.'

'Ben je nu wel gelukkig? Nu je clean bent?'

'Ja, dat ben ik. En weet je hoe dat komt?'

Ik haal mijn schouders op en voel daardoor dat ik dicht tegen Marc aan zit. Ik heb niet eens in de gaten gehad dat we schouder aan schouder zitten. Ik besef dat ik me fijn voel bij hem. Veilig. Misschien komt dat doordat hij zo eerlijk is. Net zo eerlijk als mijn vader altijd was.

'Het komt door je vader dat ik gelukkig ben. Ik was op het strand in Kijkduin en hoorde daar op de radio dat hij dood was. Ik kon het niet geloven. Toen werd ik gebeld door Pauline, die had ik sinds mijn achttiende niet meer gesproken. Dat was ooit het vriendinnetje van

Antonie, terwijl ik verkering had met Anique. We kwamen elkaar toen wel eens tegen in de keuken van je opa en oma. Ik vond het een leuke meid, maar ik was met Anique en zij was met Antonie. Op haar LinkedIn zag ik dat ze coach was. Toen ik in 2015 was begonnen met afkicken zocht ik daar hulp bij. Ik nam contact met haar op, maar zij vond me een veel te zwaar geval voor haar. Zij stuurde me naar andere instanties toe, maar ze hield wel contact met me. En daaruit is ons huwelijk ontstaan.'

'Wanneer zijn jullie getrouwd?'

'In 2017. We zijn samen in Spanje gaan wonen.'

'Boven op die berg?'

Marc lacht hard. 'Ja,' zegt hij, 'we wonen samen boven op die Spaanse berg en zijn heel gelukkig. We zijn er allebei van overtuigd dat Antonie dit heeft geregeld, want het is gewoon een totale onmogelijkheid dat wij elkaar zijn tegengekomen. Zij is voor mij de ware en ik ben dat voor haar. We zijn allebei nog nooit zo gelukkig geweest met iemand. Ik denk dat dat door Antonie zo is geregisseerd.'

Ik zwaai naar Marc. Op mijn dashboard plakt Marcs post-it. Ik vind het jammer dat Marc over een paar dagen weer in Spanje is, misschien moet ik hem er toch eens op gaan zoeken. Ik had aan het begin van ons gesprek zo'n verkeerd beeld van hem en ik probeer te bedenken wat er op het toilet hing: *Wat andere mensen van je denken zijn jouw zaken niet. Vergelijk jezelf niet met anderen en veroordeel die anderen niet, want je hebt geen idee welke reis zij afleggen.* Ik ga de snelweg op en zet het gesprek met Martin Šimek weer aan.

'Wat mij heel erg heeft geraakt toen ik me in je verdiepte,' zegt Martin Šimek tegen mijn vader, 'is dat je als jonge jongen VPRO-aanhanger was. Dat je je onderdeel van die VPRO-club voelde. En toen kwam je in die soap terecht en werd je door die club helemaal uitgekotst.'

'Ja,' zegt papa, 'dat was wel pijnlijk.'

'Toen besefte ik hoe hard het moet zijn om door je eigen club te worden uitgekotst. Dan ben je de bodem onder je eigen bestaan kwijt.'

'Dat was ik ook. En dat is ook heel pijnlijk. In mijn studententijd ging ik naar "de goede films" zogenaamd, maar inmiddels vind ik dat irritant. Dat er een elitaire groep is die oordeelt en uitsluit. Ze vinden zichzelf veel te goed, dat vond ik ook. Nu kan ik naar een goede Franse film kijken en van een romantische komedie genieten. De ene dag kijk ik een intellectuele Russische film en daarna weer *Friends*. Maar toen ik jonger was, keek ik alleen maar naar verantwoorde films, las ik de *VPRO Gids*, keek ik goede programma's. En ineens spuugden al die mensen op me omdat ik in *Goede tijden, slechte tijden* zat. Dat was zo oneerlijk en onredelijk.'

Wat andere mensen van je denken zijn jouw zaken niet, repeteer ik nogmaals. *Vergelijk jezelf niet met anderen en veroordeel die anderen niet, want je hebt geen idee welke reis zij afleggen.*

Ik volg de borden naar Amsterdam en hoor hoe papa en Martin Šimek afscheid nemen van elkaar. Morgen ga ik die fotograaf en het tijdschrift bellen, neem ik me voor, vanavond doe ik even niks en ga ik lekker tv-kijken. Niet naar een intellectuele Russische film en ook niet naar een Franse, maar gewoon naar *Friends*. Want papa en ik zijn hetzelfde, maar daarnaast zijn we ook in heel veel dingen anders.

11
Honderd procent oprecht

Antonie Kamerling

Een onbekend 06-nummer belt me. Ik weet al wie het is. In een mail van een tijdschriftenuitgeverij stond dat ik gebeld zou worden door de journalist die het interview met papa heeft gedaan.

'De toenmalige hoofdredacteur nam het besluit om het niet te publiceren,' schrijft de redacteur van het tijdschrift in de mail. 'Ik was daar zelf niet bij betrokken. Respect voor de nabestaanden speelde daarbij een rol, we vonden het niet gepast. De schok van je vaders dood was zo groot, dat we het niet over ons hart konden verkrijgen om het interview te plaatsen.'

Raar dat ik bij die nabestaanden hoor en nu naar dit interview op zoek ben. Maar ik geloof dat ik wel snap waarom je een interview met iemand die net uit het leven is gestapt niet publiceert. Of zei papa misschien dingen die te pijnlijk waren voor de achterblijvers?

Ik hoor een vrouwenstem als ik mijn telefoon opneem.

'Ik heb jouw vader destijds gesproken,' zegt de stem, 'ik ben de journalist die dat interview met hem deed.'

Ze vertelt hoe het ging, dat ze de opdracht had gekregen om drie bekende Nederlanders te laten vertellen over een bijzondere vriendschap. Het zou voor de kersteditie van *Plus Magazine* zijn, een tijdschrift voor ouderen.

'Je vader had geen manager, dus ik stuurde een mail naar zijn website. Twee dagen later kreeg ik een reactie dat hij mee wilde werken, maar dat hij het nog aan de vriend moest vragen die hij in gedachten had. Die vriend hoefde ik niet te spreken, maar ze moesten wel samen op de foto. Je vader was heel behulpzaam en mailde me heel veel, soms om zes uur 's ochtends al. Dat ben ik niet gewend, normaal zit er een manager tussen die het zakelijk houdt met je. Nu was het een en al warm contact. Het is lang geleden, maar toch herinner ik me het gesprek met je vader heel goed. Het was leuk, heel gezellig. Jouw vader was ontzettend open en ontspannen.'

'Was het een gesprek over de telefoon? Of heb je hem echt ontmoet?'

'Nee, we hebben echt afgesproken. In een strandtent in Kijkduin, Astro heette die. Ik weet nog dat hij zich er zorgen om maakte of ik het wel kon vinden. Hij had me zijn telefoonnummer gemaild en stuurde allerlei details over hoe ik er kon komen. Ik heb nog nooit iemand geïnterviewd die zo begaan was met de journalist. Op 31 augustus ontmoette ik hem.'

In mijn hoofd begin ik te rekenen. Op 6 oktober overleed papa, op 31 augustus gaf hij zijn laatste interview. Daar zitten maar zesendertig dagen tussen.

'We gingen in een hoekje van het terras zitten en hij bleef me overladen met informatie. Hij vertelde honderduit over zijn Cadillac en in welke staat die was. En dat hij nodig een afspraak moest maken met zijn osteopaat. Toch voelde onze ontmoeting niet vreemd. Het was echt contact. Je vader was heel lief en kletste gezellig, hij kwam over als een heel zachte man.'

'Merkte je niks geks aan hem? Iets wat je achteraf in een ander perspectief plaatste?'

'Nou,' zegt ze na een paar seconden stilte, 'toen hij een paar weken later zelfmoord pleegde, kon ik me dat amper voorstellen. Omdat hij zo vrolijk was. Ik bedacht toen wel dat ik hem misschien in een manische periode heb getroffen, maar dat weet ik natuurlijk niet zeker. Wat me opviel, was dat hij constant in zijn telefoon zat. Heel onbeleefd eigenlijk. Het irriteerde me zo, dat ik hem erop aansprak. Hij liet zijn telefoon zien en toonde zijn Twitter-account. Hij zat tijdens ons gesprek dus de hele tijd te twitteren. Dat bestond toen nog niet zo lang, dus ik snapte er niet veel van.'

'Misschien een gekke vraag omdat het al zo lang geleden is,' zeg ik, 'maar heb je dat interview misschien nog ergens?'

'Het geluidsbestand, bedoel je? Dat moet dan in een oude computer staan die ik niet meer gebruik, ik zal eens kijken. Als ik het nog heb, stuur ik het naar je. Beloofd.'

De fotostudio staat in een bocht, ik snap niet precies waar de voordeur is. Binnen zie ik iemand heen en weer lopen, maar de onderkant van de ramen zijn afgeplakt tegen inkijk. Ik ga op een bankje staan en zwaai naar het donkere silhouet binnen. Een arm wijst naar de deur rechts van me.

'Je bent net zo knap als je vader,' zegt Nick als hij de deur opentrekt.

Ik had hem twee dagen eerder aan de telefoon en hij zei dat ik langs kon komen en dat ik alle foto's van papa mocht hebben. Ik vond Nick door op Google *nick halfweg* in te toetsen. Het eerste resultaat was zijn adres en het telefoonnummer van zijn fotostudio. Als ik de studio in loop, zie ik een muur vol bekende gezichten. Hugo Borst, Katja Schuurman, Huub Stapel, Jeanine Hennis-Plasschaert, Marco Borsato. Helemaal bovenin zie ik een foto van tante Liesbeth, die is hier blijkbaar ook geweest. Pal onder een foto van Eva Jinek zie ik papa. Ik schrik ervan.

'Je moeder was hier laatst en zag deze foto ook,' zegt Nick.

Op de foto zie ik papa met rimpels en wallen. Zijn oogleden lijken zwaar en hij is ongeschoren. Zijn mondhoeken staan naar beneden en ik herken de blik in zijn ogen niet.

'Ik vertelde je moeder dat ik de foto drie weken voor zijn dood heb gemaakt. Ze zei alleen maar: "O ja."'

Ik snap precies wat mijn moeder met die woorden bedoelt. Ik heb mijn vader nooit op deze manier op een foto zien staan, thuis hebben we alleen hele stralende foto's van hem. Deze is totaal anders.

'Hij ziet er oud uit,' zeg ik, 'ik heb hem nog nooit zo oud gezien.'

'Ik zal wat water voor je pakken,' zegt Nick.

Nick komt nerveus over. Misschien omdat hij niet helemaal begrijpt wat ik kom doen. Ik begrijp het zelf ook niet helemaal. Ik had gewoon kunnen vragen of hij me de foto's wilde mailen, maar dat vond ik onbeleefd en ongeïnteresseerd. En eerlijk gezegd wilde ik ook wel gewoon de plek zien waar ze zijn gemaakt.

Ik ga aan een tafel zitten waar tijdschriften op liggen. Grote houten kerkdeuren scheiden de kamer van de fotostudio. Er hangt een enorm wit zeil van het plafond naar de vloer, daartegenover staat een lamp die eruitziet als een immense paraplu. Ik kijk nog eens naar de foto van papa. Toen hij er was, hing er blijkbaar een zwart zeil als achtergrond. Ik zie dat zeil nergens, maar misschien is de achterkant van het witte zeil wel zwart.

Net als ik ernaartoe wil lopen, komt Nick aan met een flesje water.

'Ik vond het zo gek dat je vader hier die dag was, want hij was veel te jong voor de doelgroep van dat tijdschrift. Het was een blad voor oudere mensen, ik weet nog dat Jeroen Krabbé een van de andere BN'ers was. Hoe oud was je vader toen hij overleed?'

'Vierenveertig.'

'Ja, da's toch gek dan? Maar misschien zegt het ook gewoon veel over hem. Dat iedereen hem bewonderde, van jong tot oud. Ik krijg van alle foto's die hier hangen altijd de meeste reactie op die van je vader. Mensen vallen dan even stil. "Ach," zeggen ze dan. Je vader was heel bijzonder voor veel mensen, heel dichtbij voelde hij. En toen deed hij zoiets onbegrijpelijks, zoiets onverwachts. Het hele land was erdoor van slag.'

'Kende je mijn vader goed?'

'Nee, helemaal niet. Ik weet nog dat ik het heel leuk vond dat hij naar mijn studio kwam, omdat ik hem dus niet goed kende. Maar het werd een heel rare middag.'

'Hoe kwam dat?'

'Omdat ik geen contact met hem kon maken. Als fotograaf is het je plicht om snel een klik met iemand te krijgen, dat je iemand het gevoel geeft dat je elkaar al jaren kent. Maar die klik kwam niet, wat ik ook probeerde. Normaal klets je wat over het weer of men zegt iets aardigs over de fotostudio. Maar dat gebeurde allemaal niet. Ik snapte er niets van, ik dacht dat het aan mij lag. Toen Antonie weer weg was, vertelde ik aan mijn assistent hoe onzeker ik me voelde. Ik vroeg of ik misschien iets verkeerds had gedaan of iets stoms had gezegd.'

'Wie waren er allemaal bij?'

'Een artdirector, mijn assistent en ik. Maar Antonie was alleen met zijn vriend Marc bezig.'

'Papa heeft die dag aan Marc verteld dat hij zelfmoordgedachtes had.'

'O. Joh. Dat wist ik niet.'

Nick neemt een slokje van zijn water.

'Drie weken later besefte ik natuurlijk ook wat er aan de hand was met hem,' zegt hij. 'Toen ik het nieuws over zijn zelfmoord hoorde. Ik snapte het toen, ik kon het duiden.'

'Hoe duidde je het?'

'Dat je vader... leeg was. Er was die middag alleen maar leegte. Geen contact, er hing een gordijn om hem heen.'

'Mag ik de foto's zien?' vraag ik.

We staan op en gaan door de hoge kerkdeuren de fotostudio in. Nick gaat achter een groot computerscherm zitten en toetst de naam van mijn vader in.

'Weet je wat het gekke is?' vraagt Nick. 'Toen ik ze terugkeek, was ik er hartstikke blij mee. Omdat je vader zo'n ongelofelijk mooie man is en zo ontzettend veel uitstraling heeft.'

Op het scherm verschijnt ineens papa's gezicht. Groot en haarscherp. De lijnen rond zijn ogen vallen me weer als eerste op, maar ik zie nu ook dat hij probeert te lachen. Niet met zijn mond, maar met zijn ogen. Het lukt hem niet echt. Hij heeft een zwarte blouse aan en Marc een zwarte trui. Op sommige foto's kijken ze me aan, op de meeste foto's kijken ze naar elkaar. Ik zie hun vriendschap nu en hoe gek papa op Marc is. Hij voelt zich veilig bij hem. Nick en ik zeggen allebei niks. Ik mag er van Nick zelf doorheen klikken. In stilte kijkt papa me aan en dan weer weg. Naar Marc of naar iets achter hem. Naar iets wat op de foto alleen maar zwart is. En wat voor hem waarschijnlijk echt zo zwart was. Heel soms lacht papa ineens, met zijn mond open en zijn tanden bloot. Op de leukste foto leunt papa op Marc, zijn onderarm ligt nonchalant op Marcs schouder. De lijnen in papa's gezicht maken hem op deze foto niet oud, ze maken zijn lach extra groot. Zo moet hij eruit hebben gezien toen hij zijn laatste interview op het strand had, twee weken eerder. Vrolijk en lachend, terwijl er in zijn hoofd misschien al van alles aan de hand was.

Op de achtergrond hoor ik borden op elkaar gestapeld worden en er wordt bestek in bakken gegooid. Ik herken de zee en er klinkt jazzmuziek. In de verte hoor ik de stem van mijn vader. Hij praat over een broodje dat hij wil bestellen, hij overlegt het met de journalist die me heeft gebeld. Ze stuurde me gisteravond een berichtje dat ze het geluidsbestand van het interview had gevonden. Ze mailde het, zevenendertig minuten en drieënvijftig seconden duurt het bestand. Al tien jaar probeer ik me te herinneren wat het laatste is wat mijn vader tegen me heeft gezegd. Waar we het over hadden in ons laatste gesprek. Ik weet het nog steeds niet en ik zal er misschien wel nooit achter komen. Misschien ging het over het avondeten. Of het ontbijt. Misschien over wat ik die dag ging doen, op zijn laatste dag. Misschien heeft hij me verteld wat hij die dag ging doen, al zal hij me dan niet alles hebben verteld. Of hij wist tijdens ons laatste gesprek nog niet dat het ons laatste gesprek was, misschien besefte hij dat een paar uur later pas. Nu ik dit geluidsbestand op mijn computer heb, zullen daarin de laatste dingen staan die hij me kan vertellen. Die behalve de journalist niemand anders nog heeft gehoord. Mijn moeder niet, mijn zusje niet, papa's vrienden en onze familie niet. Zal hij iets over mij vertellen? Over mama? Of gaat het alleen over Marc? Ik kan me niet voorstellen dat Marc de enige vriend is over wie papa die dag heeft gepraat. Hij kan toch niet zomaar om John en Beau heen?

'Ik heb het niet meer teruggeluisterd sinds zijn dood,' appte de journalist me, 'het voelt vreemd om er opnieuw naar te luisteren nu hij er niet meer is. Ik weet niet meer precies wat je vader allemaal heeft verteld, maar ik weet nog wel dat de ontmoeting met hem me nu opnieuw een fijn gevoel geeft. Het was gezellig en het was een mooie ochtend op het strand. Ik kan me nog steeds niet voorstellen dat hij vijf weken later zo'n definitieve keuze heeft gemaakt, ik vraag me af of daar in retrospectief iets van te horen is. Luister er maar naar, het is zijn laatste interview en het is nu van jou.'

'Marc is een jeugdvriend van je,' zegt ze, waardoor het interview officieel is gestart.

'Op de middelbare school zat hij een klas boven mij.'

Papa klinkt helderder en luider nu, het opnameapparaat is waarschijnlijk dichterbij gelegd.

Dit is hoe papa klonk vlak voordat hij doodging. Aan zijn stem is in ieder geval niets vreemds te horen.

'Ik vond Marc een heel spannende jongen,' zegt papa vrolijk.

'Wat maakte hem spannend?' vraagt de journalist.

'Doordat hij een klas hoger zat sowieso, maar vooral omdat ik hem zo mysterieus vond. Hij woonde vlak bij me in Schoonhoven, maar toch was hij onbereikbaar voor me. Ik vond hem geheimzinnig. Hij zei wel "hoi" tegen me als we elkaar tegenkwamen. Maar hij heeft maar een jaar op die school gezeten, toen ben ik hem uit het oog verloren. Ik kwam hem weer tegen toen ik in Amsterdam ging studeren, hij bleek een van de beste vrienden te zijn van een jongen met wie ik studeerde. We raakten ontzettend bevriend en zagen elkaar heel veel. In onze studententijd woonde hij antikraak in een enorm pand aan het Vondelpark. Hij had daar een heel mooi balkon en daar zaten we altijd backgammon te spelen en over vrouwen te praten. Op een gegeven moment gingen die gesprekken over mijn zus, want daar werd hij verliefd op. Dat vond ik heel erg leuk.'

'Wat dacht je toen je hem na al die tijd weer tegenkwam?' vraagt de journalist.

'Ik weet nog dat ik heel graag bevriend met hem wilde raken.'

Ineens begint papa hard te lachen.

'Wacht,' roept hij, 'dit is jouw koffie!'

Er klinkt gerinkel van theelepeltjes en porselein.

'Ik zit in jouw koffie te roeren! Wat zou dat gênant zijn, dat ik zomaar jouw koffie zit op te drinken.'

Papa en de journalist lachen hard. Ik weet niet hoe dit soort interviews er normaal aan toegaan, maar het voelt niet als een zakelijk gesprek. Het klinkt alsof ze het echt heel leuk hebben met elkaar, totaal anders dan het beeld dat Nick heeft geschetst van de sfeer in zijn fotostudio. Wat gek dat papa zo snel achteruit kon gaan. Of misschien is gek niet het goede woord. Verdrietig. Wat verdrietig. Voor hemzelf vooral.

'Eigenlijk was ik verliefd op hem,' zegt papa ineens. 'Maar niet fysiek. Het is niet dat ik met hem wilde zoenen, het was niet erotisch. Maar ik wilde gewoon de hele tijd bij hem zijn en ik was blij als hij belde.'

'Heb je hem dat verteld?'

'Nee, ik denk dat als hij dit leest, dat hij denkt: wat is dit nu weer?'

'Maar hoe kwam het dat je gevoelens voor hem zo sterk waren?'

'Omdat hij puur is. En direct. En zacht. Zacht klinkt voor een man altijd zo naar, wat ik bedoel is een zachte energie. Hij kan ongelofelijk harde grappen maken en hij kan heel direct zijn tegen iemand, maar hij zal het nooit doen om iemand te kwetsen.'

Er klinkt een harde klap en je hoort dat er iets naast het opnameapparaat wordt neergezet.

'Wat is dit voor soort brood?' vraagt mijn vader. 'Nou ja, laat maar. Dit kan ook wel.'

'Had je bruin besteld?' vraagt een meisjesstem. 'Dan doen we het even opnieuw.'

'Ja, echt?' vraagt papa. 'Je hoeft niet het ei over te doen, hoor!'

'O, oké!' Ze lacht naar mijn vader.

Zou het meisje hem hebben herkend? Zou ze daardoor extra geschokt zijn toen hij kort daarna dood was? En wat kan het papa überhaupt schelen of hij wit of bruin brood eet als hij ondertussen veel ergere dingen aan zijn hoofd heeft?

'Marc kan heel mooi tekenen,' zegt papa. 'Hij is ook ontwerper. Ik heb bij hem altijd de behoefte gehad om hem alles te vertellen, die behoefte heb ik nog steeds. Die behoefte voelt hij ook bij mij, geloof ik. We delen alles met elkaar.'

'Is hij de enige met wie je dat kunt?' vraagt de journalist.

Een paar seconden is het stil.

'Qua vrienden?' vraagt hij.

'Ja,' zegt ze.

'Ja,' zegt hij ook.

Dan is het weer stil.

'Bij andere vrienden censureer ik.'

Ik hoor een theelepeltje onrustig tikken in een kopje.

'Dan weeg ik mijn woorden en besluit ik bepaalde zaken of gevoelens niet te vertellen.'

'Waarom niet?'

'Nou...' zegt mijn vader.

Ik hoor hoe hij het koffiekopje resoluut van zich wegschuift. Als ik mijn ogen dichtdoe, zie ik hem zitten. In een hoekje van het terras, tegenover een vrouw die hij nog maar een kwartiertje kent. Ik zie de zon in zijn haren, het is de laatste dag van augustus. In mijn fantasie heeft hij het shirt aan dat ik nog steeds wel eens draag, niet een kakkerpolo van Lacoste. Ik kan me niet voorstellen dat hij daar echt zo graag in rondliep, maar misschien moet ik gewoon nog wennen aan dat idee. Ik zie de zee en ik zie hoe hij op een lastig punt in dit interview is beland. Hij moet in een paar seconden beslissen of hij opnieuw eerlijk zal zijn. Zoals hij dat steeds is geweest in interviews. Tegen Ivo Niehe over roem, tegen Theo van Gogh over het stemmetje in zijn hoofd en tegen Martin Šimek over zijn zelfmoordgedachtes. Nu krijgt hij vragen over zijn vrienden. Moet hij over zijn vrienden net zo eerlijk zijn als hij altijd over zichzelf is geweest?

'Dan weet ik niet zeker,' zegt hij, 'of ik misschien door hen word uitgelachen. Dat soort dingen. Maar bij Marc schaam ik me niet.'

Er wordt een bord op tafel neergezet. Papa bedankt het meisje vriendelijk.

'Het bijzondere is,' zegt hij tegen de journalist, 'dat ik hem helemaal niet vaak zie. Dat vind ik heerlijk. In mijn studententijd zag ik hem wel vaak.'

Het valt stil.

'Ik heb heel lang getwijfeld aan wat vriendschap nu precies is. Wat betekent het?'

Hij schraapt zijn keel.

'Ik voel me op mijn gemak bij Marc. Laatst was ik nog even bij hem langs met Merlijn, mijn zoon. We gingen fietsen door Kijkduin en Scheveningen, het was een fietstocht van vier dagen. Het regende heel hard, dus ik belde Marc. Hij heeft ons toen opgepikt met de auto. We hadden elkaar toen ook een half jaar niet gezien, maar we hoeven elkaar dan ook niet alles te vertellen. Het begint gewoon weer. Er is geen begin en geen einde, het ís gewoon. Maar er is ook een periode geweest dat we elkaar echt een lange tijd niet hadden gezien. Hij heeft soms moeite met contact opnemen. Ik belde hem altijd en ik ging altijd naar hem toe, niet andersom. Dus toen heb ik gezegd: "Je kunt me altijd bellen, je kunt altijd langskomen, dag en nacht, ook al heb je me al een jaar niet gebeld." Het ging toen niet zo goed met hem vanwege zijn privésituatie. Op een gegeven moment kwam er een periode, twee jaar geleden, dat ik even klaar met hem was. Toen had ik echt te veel het gevoel dat alles van mijn kant kwam, toen voelde ik me gekwetst. Grappig genoeg heeft hij toen een maand later contact met mij opgenomen en toen heb ik niet gereageerd. Ik was druk en ik dacht: het is klaar nu, die vriendschap is voorbij. Dat vond ik toen ook helemaal niet erg.'

'Hè?' zegt de journalist met hoge stem.

'Dat was een heel rare antireactie. Toen hij eindelijk contact met me opnam, hoefde het al niet meer. Toen zei ik dat ook tegen Isa: "Die vriendschap is voorbij." Dat was heel oké op dat moment. En daarna zagen we elkaar toch weer en was het ook gelijk goed. Geen drama, geen moeilijk doen of bezitterigheid. Het was gewoon meteen heerlijk.'

'Maar het idee dat je hem niet meer als vriend zou hebben, baarde je geen zorgen? Of wist je diep vanbinnen dat het toch wel goed zat tussen jullie?'

'Waarschijnlijk. Maar ik denk over bepaalde beslissingen ook niet langer dan twee seconden na. Dan ervaar ik iets gewoon als een logische gedachte en dan denk ik niet na over de gevolgen.'

'Waarom heb je Marc uitgekozen voor dit artikel?' vraagt de journalist.

'Nou, ik heb niet zoveel vrienden. Ik heb drie vrienden. Ik heb net getwitterd dat ik drie à vier vrienden heb. Dat zijn drie vrienden van nu en een vriend van vroeger die ik eens in de drie jaar nog zie. Frank heet hij. Hij feliciteerde me nog op mijn verjaardag. Aan de ene kant zou ik hem geen vriend noemen omdat we echt te weinig contact hebben, maar als ik aan hem denk, besef ik wel dat we gek zijn op elkaar. We hebben ook samen twee weken gekanood in Frankrijk, dat was toen we vijftien of zestien waren. Hij zei op mijn verjaardag dat we weer eens af moeten spreken en dat moeten we ook echt weer doen. Die andere twee vrienden zijn van de afgelopen jaren. En dat is bijzonder, maar het is anders want je hebt die geschiedenis niet. Terwijl ik met Frank heel vage jeugdherinneringen heb. Dat ik bij hem logeerde en dat ik bang was voor zijn vader, want die was heel streng. Maar goed, het gaat over Marc.'

'Wat me zo fijn lijkt,' zegt de journalist, 'is dat je niks hoeft uit te leggen.'

'Ja,' zegt papa, 'maar dat heb ik met Beau ook.'

'Van Erven Dorens? Is hij een van de drie?'

'Ja,' zegt papa onzeker, 'voor mij wel. Wat fijn is aan Beau is dat ik hem nooit iets over bekendheid hoef uit te leggen en dat we er lekker op kunnen kankeren. Maar ik vind die gemene deler ook vervelend, omdat de entertainmentwereld iets is waar ik me niet prettig bij voel. De andere vriend is John. Die woonde vlakbij toen we in Zevenhoven gingen wonen. Die ken ik nu dus elf jaar. Dat was heel grappig. Wij kwamen daar wonen en toen kwamen hij en zijn vrouw aan met een kerstboompje. Heel lief, maar Isa en ik waren een beetje paranoia geraakt van allerlei mensen die iets van ons wilden, dus wij dachten: o, verschrikkelijk! Maar het zijn onze beste vrienden geworden!'

De journalist en mijn vader zitten hard te lachen. Het is gek om alle verhalen ineens vanuit zijn perspectief te horen.

'Dat is echt de tol van de roem,' zegt papa, 'dat je wantrouwig wordt. Het bleken gewoon mensen die leuk zijn en iets liefs doen.'

'Waarom heb je er dan toch voor gekozen om met mij over Marc te praten en niet over John of Beau?' vraagt de journalist.

'Die andere vrienden – John en Beau – kunnen iets zeggen en daar kan ik dan een week mee bezig zijn. Heel onzeker word ik daarvan. *Ligt het nou aan mij, ligt het aan hen? Ben ik nou dit, ben jij nou dat?* Zij komen uit milieus waar ik ook vandaan kom. Mijn vader komt uit 't Gooi, mijn moeder uit Kralingen. Beau komt uit Bloemendaal. John komt uit Wassenaar en Zeist, de kakkerskant. Die wereld vind ik heel benauwend, net als de wereld van mijn ouders. Marc komt uit een heel ander milieu, dus dat speelt dan helemaal niet.'

'Waar heb je het met Marc over?'

'Kinderen, vrouwen, films, het strand. We gaan vaak naar het strand. En dan filosoferen we. Wat ik het leukst aan hem vind, is dat hij oprecht geïnteresseerd is. Honderd procent oprecht. Als hij me iets vraagt, vind ik het heel leuk om het antwoord te geven, omdat hij het oprecht wil weten. Dus aan hem vertel ik heel veel. Normaal ben ik niet zo'n prater, behalve bij Marc en tijdens interviews. Omdat er dan gerichte vragen komen. Maar over het algemeen praat ik niet echt, ik denk vooral veel. Ik probeer problemen altijd op te lossen in mijn hoofd, maar dat lukt me nooit. Als ik het woorden geef, dan voel ik er iets bij en dan snap ik het. Dat lukt me bij Marc, bij hem praat ik. Dat komt doordat hij niet oordeelt. Dan hoef ik dus ook niet op mijn woorden te letten.'

'Wat is zijn vak?' vraagt de journalist.

'Hij heeft medicijnen gestudeerd en daarna heeft hij allerlei dingen in de handel gedaan. In Tsjechië en in Belize of Cuba.'

'Dus hij verdient zijn geld niet met tekenen?'

'Nee, al heb ik wel geprobeerd hem te motiveren om daar meer mee te doen, om met creativiteit zijn geld te verdienen. De laatste tijd probeert hij dat, met tekenen, en dat vind ik heel fijn.'

'Heeft hij een gezin?'

'Hij heeft twee kinderen.'

'Speelt jullie vriendschap zich dan ook af op gezinsniveau?'

'De laatste tijd begint dat te komen. Hij is laatst bij me komen helpen in de tuin en toen heeft hij Isa ook echt leren kennen. Ik heb zijn kinderen nu ook een paar keer gezien. Die herkennen me inmiddels, dat duurt bij kinderen altijd even. Marc werkt hier in Kijkduin soms in een strandtent, daar heb ik hem laatst opgezocht met Merlijn. Zijn kinderen waren er toen ook. Merlijn en ik hebben toen de hele middag achter zijn dochter aan gerend, een ontzettend leuk kind, net zo oud als Merlijn.'

Ik probeer me dat te herinneren en heb daardoor niet door dat er al een tijd niets gezegd wordt. Ineens hoor ik mijn vaders stem weer.

'Wil je op de foto?' vraagt hij. 'Voor op Twitter.'

'Nee,' antwoordt de journalist resoluut en ze lacht ongemakkelijk.

'Vind je dat vervelend? Oké.'

'Jij twittert veel, hè?' vraagt ze.

'Ja. Nou ja, ik weet niet wat veel is. Ik vind het heel leuk. Maar een klein deel ervan is ook gewoon werk. Niet zozeer voor nu, maar voor de toekomst. Als ik weer een cd ga maken of als een zaal niet vol zit. Maar het is vooral een middel om me te kunnen uiten. Het is mijn wereld, ik ben de baas. Dat gebeurt in mijn openbare leven niet zo vaak natuurlijk.'

Ineens hoor ik een zware vrouwenstem.

'Ik kom even hallo zeggen,' zegt de vrouwenstem met een Haags accent. 'Van Twitter.'

'O, wat grappig,' roept mijn vader.

'We hebben het er net over,' roepen papa en de journalist in koor.

De vrouw stelt zich aan papa voor als Mariët. 'Maar op Twitter heet ik Zuster Lucretia.'

'Zij vroeg vanmorgen via Twitter,' vertelt papa aan de journalist, 'waar ik zat in Kijkduin. Ik zei dat ik bij een tent zat waar ze heel lekkere koffie hebben, dat vind ik belangrijk. Woon je hier in de buurt?'

'Nee, in de stad.'

'O, dus je kwam hier speciaal naartoe?'

'Ja,' zegt de vrouw, 'ik had toch niks te doen.'

Papa lacht ongemakkelijk en dan stopt met veel herrie de opname. Een seconde later gaat-ie weer verder, de vrouw van Twitter is dan al weg.

'Als je Marc nu zou zien, wat gebeurt er dan?'

'Nu?' vraagt hij. 'Dan zou gelijk mijn hart opspringen, dat zou ik heel leuk vinden. Het is een prettig mens. Het enige nadeel aan hem is dat hij te vaak stoned is. Dat moet hij zelf weten. Maar als hij stoned is bij mij, vind ik het wel minder leuk. Misschien ook doordat ik het vroeger vaak heb gedaan. Ik erger me er nu aan. Want als je stoned bent, ben je minder aanwezig. Ik heb het wel eens tegen hem gezegd en sindsdien probeert hij om het niet te doen.'

'Is hij je beste vriend?'

'Hij overstijgt het. Een beste vriend is een beetje een puberding. Marc overstijgt het echt. Het is een onvoorwaardelijke relatie. Dat heb je niet zo vaak. Een relatie met je vrouw is sowieso niet onvoorwaardelijk. Je hebt het eigenlijk alleen met je kinderen.'

'Leuk,' zegt de journalist, 'dank je wel.'

'Graag gedaan,' zegt papa.

En dan stopt de opname. Ik sleep het bestand naar een internetvenster en typ het e-mailadres van Marc in. Nadat ik op SEND heb gedrukt, sla ik mijn laptop dicht. Ik wil de stem van mijn vader even niet meer in mijn hoofd hebben en ik word verdrietig van de gedachte dat hij me na vandaag nooit meer nieuwe verhalen zal vertellen.

Als ik twee uur later door mijn telefoon scrol om te bedenken of ik met vrienden af zal spreken en me afvraag wie die vrienden dan eigenlijk zijn, komt er een berichtje van Marc binnen.

'Sjezus, wat gaaf en ontroerend. Ik zit in de Spaanse bloedhitte met kippenvel over mijn hele lijf... Dank je wel!'

Als ik mijn telefoon wegleg, komt er nog een berichtje van Marc binnen.

'Echt superbedankt!'

Ik wil iets terugsturen, maar ik weet niet wat. Dat hoeft misschien ook niet. Als ik pas over een tijdje iets stuur, is het vast ook goed.

12
Tijd genoeg

Isa Hoes

Ik zit aan een keukentafel die niet van mijn moeder is, in haar gemeubileerde huurhuis. Toch voel ik me thuis. Niets voelt zo thuis als mijn moeder en mijn zusje. Ze huurt tot ze iets heeft gevonden wat ze wil kopen. Het oude huis had een balkon en grensde aan het Vondelpark. Dit nieuwe huis is in het centrum en heeft geen buiten. De zomer is bijna voorbij maar het is nog steeds heel warm. De ramen staan allemaal open.

'Wil je mij ook nog iets vragen?'

'Weet ik niet,' zeg ik.

Ik heb haar net verteld dat ik veel mensen heb gesproken. Dat ik het in het begin moeilijk vond, maar dat ik het op een gegeven moment leuk begon te vinden om over papa te praten. En dat ik het wil blijven doen. Mama knikt en glimlacht. Ik zeg tegen haar dat ik met haar ook weer over papa wil gaan praten, maar dat ik nu niet echt een vraag heb.

'Alles is goed, Merlijn,' zegt ze. 'We hebben nog tijd genoeg.'

'Ik heb het gevoel dat ik alles al weet,' zeg ik, 'terwijl we al jaren niet meer over papa hebben gesproken en ik jouw boek over hem niet eens heb gelezen.'

'Omdat je dat niet durfde?'

'Misschien. Of ik wilde het niet. Maar nu wil ik het wel.'

'Zullen we dan afspreken dat ik jouw boek ga lezen en jij het mijne?'

'Dat is goed,' zeg ik.

'Is het af?'

'Volgens mij wel. Ik heb alles gezien. Elke film, elk interview.'

'Noem eens wat.'

'Theo van Gogh,' zeg ik als eerste. 'Martin Šimek. Ivo Niehe. Dat interview bij ons thuis, over het knopje dat hij maar niet kon vinden.'

'Ach ja,' zegt mama.

Ze zet haar thee neer en pakt de laptop, die verderop op tafel ligt tussen de boeken en tijdschriften.

'Ik heb hier nog iets,' zegt ze, 'misschien zit daar nog wel wat tussen. Kom eens naast me zitten.'

Ik zet mijn stoel naast die van mama. Ze zegt dat ze nog ergens twee uur aan materiaal van papa heeft. Televisiemakers stuurden dit na zijn dood op, waarna het aan elkaar werd gemonteerd. Op verzoek van haar en mijn ooms en tantes. De verzamelwoede van de familie bleek op dat moment vooral een vlucht uit de werkelijkheid. Toen iemand voorstelde dat er misschien eerst eens gerouwd moest worden in plaats van gemonteerd, is iedereen weer naar zijn eigen huis gegaan en is er niets meer met het materiaal gedaan.

'Ah, ik heb het,' zegt ze.

Ik zie onze oude woonkamer in Zevenhoven en beelden van bossen bloemen op de vensterbank.

'O, dit is de verkeerde video,' zegt mama zacht.

In de video zie ik papa. Hij ligt in een kist. Zijn handen op zijn buik, met een knuffeltje op zijn borst, een poes. Misschien heeft Vlinder die daar neergelegd. Hij heeft een lichtblauwe blouse aan met een gek motiefje. Hij ziet er cool uit. Dood, maar cool. Zo zien de gevolgen van een depressie er dus uit.

'Gek hè?' zegt mama. 'Tien jaar later en het lijkt nog steeds alsof je hem zomaar wakker kunt maken.'

Ze klikt de video weg en zoekt verder. Uiteindelijk vindt ze de beelden.

'Ik bekijk ze thuis wel,' zeg ik snel.

'Laat het me maar weten als je nog vragen hebt,' zegt ze terwijl ze haar laptop dichtklapt.

Thuis zie ik fragmenten en interviews die ik al heb gezien. Er is een scène uit *De kleine blonde dood* en een scène uit een *Exorcist*-film waarin papa speelde. Ik bekijk de interviews van Ivo Niehe en Theo van Gogh weer. Ik luister nog een keer naar papa die vertelt over het stemmetje in zijn hoofd. Dan vertelt hij ineens iets wat ik al eerder heb gehoord, maar wat nu pas tot me doordringt. Papa vertelt Theo van Gogh dat hij altijd bezig is met negatieve gedachtes uitzetten. Dat hij alleen maar aan vrolijke dingen wil denken.

'Ik schakel mijn gevoel altijd uit,' zegt papa.

'Waarom schakel je je gevoel uit?' vraagt Van Gogh.

'Omdat ik bang ben voor negatieve gevoelens. Dat werd een soort verslaving: alles moest leuk zijn. Ik ben nooit chagrijnig geweest in mijn puberteit, ik heb alles altijd binnengehouden. En als je niet een keer chagrijnig mag zijn van jezelf of een keer iets fout mag doen of kwaad mag zijn en je kropt dat allemaal op, dan wordt dat één grote negatieve emotie die daar ergens vastzit.'

Papa beschrijft precies wat ik al jaren voel. Ik ging mijn verdriet uit de weg, ik wilde verhalen niet horen en herinneringen vergeten. Pas nu voel ik weer dingen, al is dat niet altijd even fijn. Ik voel me vaak zelfs slechter dan voor mijn zoektocht. Papa vertelt ondertussen dat het door mijn moeder kwam dat hij weer dingen is gaan voelen.

'We zijn net naar Amsterdam verhuisd,' zegt hij. 'Ik kwam aanlopen en zag Isa op de bank zitten. Dus ik gilde: "Hé" en ik dacht: sinds mijn zestiende heb ik voor het eerst het gevoel dat ik thuiskom.'

Ik denk aan mama. Ik heb papa al tien jaar niet gezien of gesproken en toch hebben we hetzelfde thuis. Het voelt fijn en vertrouwd om papa te zien. Hoe sneller ik door de fragmenten ga, hoe meer zijn energie me opvalt. In vrijwel alle shots lacht hij. Hij praat, zingt, danst. Hij ziet eruit als een vrolijk, gelukkig mens.

Ineens hangt mijn hand stil boven de muis. Ik zie een interview met papa dat ik nog niet heb gezien uit het programma *Oog in oog* uit 2002. Toen was ik drie of vier, Vlinder was nog niet geboren. Papa draagt een donkerblauwe spijkerblouse en heeft haar tot op zijn schouders. Zijn haar is langer dan ik ooit heb gezien. Hij zit aan een houten tafel in een grote televisiestudio met enorm veel publiek om hem heen. Tegenover hem zit een vrouw. Ze vraagt hem naar zijn schooltijd en wil weten hoe hij zonder veel te leren toch zulke hoge cijfers haalde. Ze noemt hem hoogbegaafd. Papa lacht dat weg.

'Dat zegt niet zoveel, dat is onzin,' zegt papa. 'Maar ik ben niet dom in elk geval. Het is soms wel lastig.'

'Wat is er lastig aan?'

'Dat ik te veel nadenk over dingen. Hoewel... je kunt als je dom bent natuurlijk ook nadenken over dingen.'

Het publiek in de televisiestudio begint te lachen.

'Altijd analyseren?' vraagt de vrouw.

'Ja.'

'Het maalt?'

'Ja, continu.'

'Over wat voor soort dingen?'

'Allerlei onzin,' zegt papa, 'niet echt structureel. Over dingen die ik heb meegemaakt of nog mee ga maken. Over dit gesprek met jou heb ik – niet gelogen – minstens vijftig uur nagedacht.'

'Echt waar?'

'Al jouw vragen en dan mijn antwoorden en hoe ik dat dan een kant op moet sturen en dat is nu al volstrekt anders dan hoe ik het heb bedacht. Dus het is echt zinloos.'

'Zit er iets tobberigs in?' vraagt de vrouw.

'Ja,' zegt papa en hij kijkt weg. Niet naar de vrouw en niet naar het publiek, gewoon weg.

Ik maak een foto en stuur die naar mijn moeder. Ze komt me vaag bekend voor, ik denk dat mijn moeder haar wel kent. Astrid Joosten, stuurt ze terug.

'Kun je het stilzetten, dat malende hoofd van je?' vraagt Astrid Joosten.

'Ik heb iets nieuws ontdekt dat gezonder is dan blowen: golfen.'

'Was het blowen ook om het stil te zetten?'

'Ja, absoluut.'

'Wist je toen ook al dat het daarvoor was of vond je blowen gewoon leuk?'

'Ik heb het nooit leuk gevonden, ik deed het gewoon om te ontsnappen.'

'Aan wat?'

'Aan de realiteit, de maatschappij, het leven. En aan het denken.'

Ik moet van mezelf verder kijken, maar ik durf het bijna niet. Ik vind het eng dat hij precies uitspreekt waar ik zelf ook mee worstel. Dat hij dezelfde valkuilen heeft en dat hij me nu allerlei tv-interviews stuurt. Tenminste, zo voelt het. Tv-interviews waarin hij me tien jaar na zijn dood duidelijk maakt dat ik in die valkuilen niks ga vinden. Het voelt soms weer alsof ik een vader heb.

'Waarom wilde je daaraan ontsnappen?' vraagt Astrid Joosten.

'Dat denken bijvoorbeeld gaat de hele dag door,' antwoordt papa. 'En dat maakt een ontzettend lawaai, het is een ontzettend gelul in je hoofd. Dat is echt vervelend.'

'Het gaat echt in een taal? Een soort stem? Dat lijkt me heel lastig.'

'Ja,' zegt papa. 'Dat is het ook.'

Het publiek zit aan ronde tafeltjes naar papa te kijken. Astrid leunt nonchalant over de tafel, voor haar liggen drie stapels papier. Het zullen haar vragen voor papa zijn. Papa wacht een beetje gespannen af, met twee handen houdt hij het tafelblad vast.

'Je kan flink doordraaien,' zegt ze.

'Ik kan niet stoppen.'

'En dan stort je in.'

Papa knikt.

'Wat moet ik me daarbij voorstellen?'

'Gewoon fysiek en mentaal,' zegt papa. 'Dan stopt het.'

'Dan is het op. En wat kun je dan nog met jou aanvangen?'

'Weinig. Maar dat is maar drie keer gebeurd.'

Astrid Joosten zegt even niks.

'Dat is eigenlijk best veel,' vult hij zelf aan terwijl hij een haarlok uit zijn gezicht veegt.

'Hoe moeten we dat dan noemen?' vraagt Astrid Joosten. 'Ben je dan overspannen? Of kapot? Of...'

Misschien wil ze het woord 'depressief' niet noemen.

'Dat soort dingen,' zegt hij.

'En hoe kom je daar dan weer uit?'

'Door de zorg van andere mensen. En rust.'

'Daar kun je niet in je eentje uit komen?'

Hij kijkt haar heel lang aan. Zijn mond vormt een horizontale streep. Hij lijkt te balen dat het gesprek deze wending heeft genomen, ondanks de vijftig uur voorbereiding.

'Ongetwijfeld,' zegt hij, 'maar dan duurt het veel langer. Ik geloof absoluut in de wederopstanding van de mensheid, dat je er altijd wel weer uit komt.'

'Maar word je er niet angstig van? Dat je er de volgende keer niet meer uit komt?'

'Nee, want nu gebeurt het me niet meer. Het laatste dal was zo diep dat ik de bodem heb geraakt. Ik ben altijd heel bang om te vallen. Dat is eigenlijk hetzelfde met acteren, dat ik geen fouten durf te maken. Ik ben vanuit het niets als rechtenstudent voor de camera beland, vanaf dag één bij *Goede tijden*. Moest ik ineens aan mijn Al Pacino-norm voldoen, wat natuurlijk helemaal nergens op sloeg.'

'Die norm had je toen al voor jezelf?'

'Ja. Dus ik heb altijd de angst gehad om af te gaan. Ook in het leven. Met gevoelens. De angst voor diepe dalen. Dat laatste dal is zo diep geweest dat ik nu niet meer bang ben. Ik weet dat dat me niet meer gaat overkomen. Ik weet nu waar de bodem is. Daar heb ik gelegen en dat is niet leuk, maar ik ben er weer.'

'En dat voor een jongen van wie de meeste mensen denken: het gaat hem allemaal zo makkelijk af en hij heeft zo'n leuk koppie.'

'Dat is natuurlijk allemaal gelul. Het gaat niemand makkelijk af, denk ik. Er is een rare tegenstrijdigheid. Ik vind het heerlijk om in de schijnwerpers te staan als acteur of als zanger, maar als mens of als Antonie liever niet. Dan voel ik juist het tegenovergestelde. Daarom schrijf ik ook nooit heel persoonlijke liedjes, liever hou ik mijn teksten wat algemener.'

'Waar bescherm je je dan tegen?'

Papa denkt lang na.

'Bestaansrecht,' zegt hij dan. 'Dat ik niet het recht heb om te bestaan.'

'Die kan ik niet volgen.'

'Ik ben bang om kapotgemaakt te worden.'

Het is lang stil.

'In mijn kern,' zegt hij ter verduidelijking. 'In mijn ziel.'

'Door wat word je dan kapotgemaakt?'

'Door kritiek. Onterechte kritiek.'

'Maar je zoekt het wel op. In de schijnwerpers, op het podium.'

'Dat snap ik dus ook niet.'

'Vanwege het applaus misschien?'

Hij schudt zijn hoofd. 'Ik heb daar wel over nagedacht,' zegt hij langzaam, alsof hij nog niet helemaal zeker is. 'Ik ben eigenlijk het meest gelukkig als ik iemand anders gelukkig zie. Merlijn. Of Isa.'

'Dat snap ik,' zegt Astrid Joosten.

'Of een zaal. Als je voelt dat een zaal genoten heeft, dan is dat heerlijk. Dat is fantastisch.'

'En daar doet men het voor,' zegt Astrid Joosten voor hem.

'Daar doe ík het voor. Dat is ook het leuke van toneel. Dat mis ik bij film wel. Film is natuurlijk meer een soort kick: het grote doek, een première, dat is meer een soort jongensboek. Toneel is wat dat betreft vervullender.'

Dan is papa ineens stil. Hij staart naar iets buiten beeld. Hij zegt sorry en krijgt natte ogen. Op een monitor naast papa zie ik een foto van hem met mama.

'Sorry,' zegt hij nog een keer, 'even ontroerd.'

Zijn lippen trillen. Ik wist wel dat hij gek was op mijn moeder, maar ik wist niet dat hij zomaar van haar kon gaan huilen. Ik schiet vol van zijn lieve reactie en van zijn huilende gezicht. Voor het eerst zit ik samen met mijn vader te huilen.

'Om die foto van jullie tweeën?' vraagt Astrid Joosten verbaasd.

'Nou, om Isa,' zegt hij, 'ik zit naar Isa te kijken, hoor.'

Het publiek begint te lachen, Astrid en papa ook.

'En dan raak je ontroerd?'

'Ja, door het onverwachte,' zegt hij. 'Dat heb ik altijd als ik haar onverwachts spreek of onverwachts zie, dan vind ik haar zo gaaf. Ik heb dan ook het liefst dat ze mij niet ziet. Als ik haar over straat zie lopen ergens, dan ben ik zo verliefd.'

'Geweldig,' zegt Astrid Joosten met een stralend gezicht.

Papa is verlegen.

'Gênant dit, zeg.'

'Nee, dit is heerlijk, jongen,' zegt Astrid Joosten, 'dit wil elke vrouw haar man toch horen zeggen? Daar is niks gênants aan. Misschien vinden mannen het gênant, maar wij niet, hoor!'

'Ja, nou ja,' zegt papa terwijl hij naar het tafelblad kijkt, 'misschien is het niet heel gênant, maar... ach.'

Op de monitor is nu een foto van mama met mij te zien.

'Jullie zijn wel heel erg gemeen.' Papa glimlacht en hij raakt opnieuw geëmotioneerd. 'Keihard zijn jullie.'

'Kan zij jou,' zegt Astrid Joosten serieus, 'uit de shit halen als het weer misgaat met je?'

'Kon,' antwoordt papa. 'Dat is nu niet meer nodig.'

'Ja?'

'Ja, ik had echt het gevoel dat ik haar nodig had. Dat ik niet zonder haar kon. Maar nu heb ik haar alleen nodig voor de leuk. Ik wil graag met haar oud worden als het kan. Als het lukt.'

'En wat beteken jij voor haar?'

Papa is lang stil. Hij kijkt naar de monitor waar nu een foto van mij op staat. Op de foto ren ik door onze tuin in Zevenhoven.

'Merlijn lijkt op haar,' zegt ze.

'Hij lijkt ook op mij,' zegt papa.

Samen kijken ze naar mijn foto.

'Ik vroeg wat jij voor haar betekent.'

'Dat weet ik niet,' antwoordt papa. 'Dat moet zij maar vertellen.'

Ik app mijn moeder. 'Ik weet wat ik je wil vragen.'

Mijn moeder staat aan het aanrecht als ik binnenkom. Ze heeft twee glazen gevuld met water en op een schoteltje heeft ze chocolaatjes gelegd. Het is nog steeds warm. Ik hoor mensen varen door de gracht.

'Wat betekende papa voor jou?' vraag ik.

Ze begint hard te lachen. 'Is dat de vraag die je had? Hoe kom je daar nou bij?'

'Papa kreeg van Astrid Joosten de vraag wat hij voor jou betekende, maar hij zei dat jij dat maar moest vertellen.'

Mijn moeder gaat zitten, ze zet haar voeten op de stoel tussen ons in en zakt een beetje onderuit. Ze kijkt naar buiten.

'Hij maakte mijn leven lichter,' zegt ze. 'Ik mocht mezelf zijn. Toen ik jong was, was ik heel onzeker en gesloten. Ik ging open toen ik papa ontmoette. Doordat hij me zag. Ik was een soort vlinder in een cocon die mocht gaan vliegen. Dat gevoel heb ik bij mijn ouders nooit gehad. Antonie zei: "Je bent slim, je bent knap, je kan van alles." Hij gunde me de wereld en gaf me de ruimte om me te ontwikkelen. Hij was mijn maatje in alles, samen konden we groeien. Zo gaat dat in een goede relatie. De kinderen zagen we als een tussenstation, die moesten we gewoon even zo goed mogelijk opvoeden en dan zouden ze vanzelf wel uitvliegen. We waren een perfecte eenheid. Ik gun iedereen zo'n liefde. Ik gun jou dat ook zo, dat iemand je zelfverzekerd laat voelen, dat deed papa bij mij. Het gekke was dat hij ook helemaal niet onzeker was toen ik hem leerde kennen, dat werd hij pas later. Maar voordat we verdergaan, hoe vind je het eigenlijk om over papa te praten?'

'Fijn wel. Ik zie mezelf bijvoorbeeld best weer meer bij Kristiaan langsgaan. Daar blijven eten en praten met elkaar. Dat lijkt me zelfs leuk, ik sta er nu in ieder geval heel anders in dan een jaar geleden.'

'Ik wil dat namelijk ook graag met je doen. Met fotoboeken erbij en samen met Vlinder herinneringen ophalen. Zullen we daarmee beginnen? Ik realiseer me sinds kort vaker dat je echt dingen vergeet naarmate je ouder wordt. Dingen van toen, maar soms ook dingen van de afgelopen jaren. Ook omdat we dingen hebben weggestopt, jij en ik deden dat allebei. Ik deed dat geloof ik omdat ik door moest. Ik had twee kinderen om op te voeden en ik moest werken, geld verdienen. Maar dat is natuurlijk ook een beetje wat ik mezelf vertel.

Wij hebben volgens mij allebei soms de neiging om te denken: dat is gebeurd en daar kan ik nu niks meer aan doen. Ik herken mezelf in jou. Maar Vlinder stopt ook dingen weg, waardoor haar therapeute me erop attendeerde dat ze niks meer wist van wat er is gebeurd op 6 oktober. Dat vond ik zo erg. Vlak na zijn dood had Vlinder nog heel veel verhalen over papa. Ze was toen vijf. Maar het verwatert dus blijkbaar. Ik ben met haar gaan zitten en ben het weer gaan vertellen.'

Mijn moeder neemt een slokje water en wijst naar de chocolatjes waar ik geen zin in heb.

'Waarom zie jij Vlinder eigenlijk zo weinig?' vraagt ze. 'Jullie zijn gek op elkaar, maar toch gaan jullie nooit bij elkaar langs.'

'Ik weet het niet,' zeg ik. 'Ik weet gewoon niet zo goed wat ik tegen haar moet zeggen.'

'Jullie schelen natuurlijk ook zes jaar.'

'Ja, maar hoelang kun je dat blijven zeggen?'

'Misschien ligt het ook aan het proces dat ze nu doormaakt. Ze hangt gewoon nog heel erg aan me. En ze heeft niks met feestjes, of met drinken.'

'Heel anders dan toen ik vijftien was.'

'Ze is soms echt nog een klein meisje. Ze slaapt ook nog vaak bij me. En aangezien ik geen relatie heb, is het heel makkelijk om dat toe te laten. Ze lijkt net als papa en jij een slechte slaper, maar als ze bij mij ligt, lukt het wel. Dan voelt ze zich veilig, denk ik.'

'Waarom heb je eigenlijk geen relatie?'

'Goeie vraag,' zegt mama. 'Bijna al mijn vriendinnen hebben nu een partner en ik ben al tien jaar alleen.'

'Ben je alleen omdat er geen leuke mannen zijn of ben je alleen omdat je in je hoofd nog met papa bent?'

'Nou, weet je waar ik laatst achter ben gekomen? Dat alle leuke mannen die ik sinds papa tegenkwam, allemaal stukjes Antonie hadden. Allemaal stukjes van hem die ik heel erg miste. Door een fling met zo'n man voelde ik me weer even vrouw. Dan kon ik er weer tegenaan als moeder. Maar waarom het nooit meer dan een fling wordt, weet ik niet precies. Ik zat ooit eens bij een therapeut en die wilde ook weten wat me tegenhield. Toen hoorde ik mezelf zeggen: "Ik heb dan toch het gevoel dat ik vreemdga." Toen moest ik zo hard lachen: *my god*, ik ben trouw door de dood heen! Papa en ik zijn nooit gescheiden of uit elkaar gegaan. We stonden misschien wel op het punt om uit elkaar te gaan, maar dat was alleen maar omdat ik het leven met hem niet meer te doen vond. Het was een hel in de laatste periode en het werd steeds zwaarder, maar ik hield zielsveel van hem.'

Ik schrik van wat ze zegt.

'Hoe serieus was dat idee?' vraag ik. 'Om bij papa weg te gaan?'

Mama is even stil.

'Als het weer zo slecht met hem ging, zei ik wel eens gekscherend dat hij een kast moest huren. "Je wilt toch niks, dus huur even een kast, zet daar een bed in en kom er weer uit als het beter gaat." Want wij gingen er als gezin ook aan onderdoor. Ik kon er niet mee omgaan, ik pepte Antonie de hele dag op en zorgde ondertussen voor jullie. Ik was een soort clowntje dat constant mooi weer speelde, zodat jij en Vlinder er niet te veel last van hadden. En als het weer goed ging met papa, was de sfeer ook echt ontspannen. Dan was hij er weer en dan pakten we het leven op, hoe zwaar de periode ervoor ook was. Maar na verloop van tijd begon het opnieuw. Ik weet nog het moment dat ik zei dat het gewoon niet meer ging. Ik was moe, ik kreeg er krampen van. Je vader antwoordde dat we echt niet uit elkaar konden en ik zei dat ik dat ook niet wilde. Dat ik zo ontzettend veel van hem hield. Toen heb ik tegen papa gezegd dat hij hulp moest zoeken. Dat ik anders wel echt bij hem weg zou gaan, hoe kinderachtig ik dat ook vond van mezelf. Daar schrok hij ontzettend van. Dat ik tegen hem zei dat ik erover nadacht om bij hem weg te gaan, voelde als een dreigement. Maar zo bedoelde ik het niet. Het was vooral de onmacht die ik voelde omdat hij zichzelf niet aanpakte. Toen papa dood was, was het een van de eerste dingen die ik dacht: ik ben gebleven. Ik ben godzijdank niet weggegaan, dat hadden jullie me kwalijk kunnen nemen. Ik ben zo blij dat ik ben gebleven.'

'Werd het beter? Kon papa zich herpakken?'

'Nee, want hij was gewoon hartstikke ziek. Maar dat wisten we niet. Hij kon van heel somber naar heel vrolijk gaan. Dat ging meestal heel geleidelijk, ik heb maar één keer gezien dat het er echt in schoot bij hem, dat hij vanuit een depressie ineens manisch werd. Eerst lag hij alleen maar in bed en een dag later wilde hij nooit meer slapen. Toen is hij op mijn aandringen met iemand gaan praten, een psycholoog die hij bij toeval had leren kennen. Een flapdrol eersteklas, papa was veel te slim voor hem en praatte hem gewoon naar de mond. Die man had dat niet door. Dan belde papa me op en zei hij dat ze hadden afgesproken om af te bouwen. Maar ik had een manische man thuis die niet sliep, dus ik belde hem op en riep: "Afbouwen? Afbouwen? Je moet aan de slag met die man van mij!" En hij kon niks zeggen vanwege zijn beroepsgeheim. "Flikker op, man! Hoe kun je dat nou niet zien? Het gaat gewoon niet goed." Ik was in blinde paniek en veel minder sterk dan ik nu ben en dat traject stopte. Na zijn eerste poging, twee weken voor zijn dood, is hij naar een andere psychiater geweest. Twee keer, er stond een derde afspraak gepland. Ik ben een paar maanden later nog bij hem geweest. Hij vertelde onder andere dat papa moeite had om ouder te worden. Dat vond ik zo gek om te horen. Ik denk zelf – maar dat vul ik in, ik was er niet bij – dat papa die twee gesprekken gewoon weer naar iets ongevaarlijks heeft gedraaid. Misschien vroeg hij wel naar zijn carrière en greep papa dat aan om over door te praten. Papa heeft die psychiater blijkbaar verteld dat hij het moeilijk vond dat steeds meer rollen naar jongere acteurs gingen. Je weet natuurlijk niet of die man dat zo heeft geïnterpreteerd of dat papa dat ter plekke verzon. Hij heeft hem natuurlijk ook maar twee keer gesproken.'

'Ik geloof wel dat je bij zo iemand gemakkelijk een lulverhaal op kunt hangen dat wordt geloofd,' zeg ik. 'Maar het is natuurlijk wel gek dat papa al een poging had gedaan en dat toch het risico op herhaling zo onderschat werd.'

'Het werd in ieder geval wel zo serieus genomen dat hij naar een psychiater werd gestuurd en pillen kreeg. Al waren het pillen die pas na zes weken een beetje effect zouden hebben.'

'Had hij spijt van die poging?'

'Hij zei van wel, hij zei steeds dat hij de impact niet goed had ingeschat, dat hij het heel erg voor mij vond. Ik geloof wel dat hij het meende. Hij zei al jaren – als hij zei dat hij dood wilde – dat dat niks met mij te maken had. Hij wilde dat los zien van elkaar, terwijl ik dan zei: "Het heeft niks met mij te maken? Er zitten hier drie mensen die totaal verbonden met je zijn. Wat bedoel je? Je bent niet alleen op de wereld, ik snap dit niet!" Dan antwoordde hij dat het heel mooi was dat ik dat niet snapte en dat we het er dus maar niet meer over moesten hebben. Dan stopte het gesprek weer. Had ik er nog dieper op in moeten gaan? Moet je als moeder van twee jonge kinderen toch nog even wroeten in de doodswens van hun vader? Op een gegeven moment wil je dat niet meer.'

'Was je verbaasd toen papa die eerste poging had gedaan?'

'Ik was in shock. Want ondanks het feit dat hij dus wel eens zei dat hij dood wilde – dat hij blij zou zijn als het afgelopen was – zei hij er altijd bij dat hij het nooit zou doen. Dat geloofde ik, en ik wilde het geloven.'

'Beau zei dat hij niet snapte hoe het heeft kunnen gebeuren. Hij zei dat zijn vrouw hem had laten opnemen als hij een zelfmoordpoging zou hebben gedaan.'

'Ik heb dat ook geprobeerd, ik heb dat letterlijk gedaan. Ik heb Antonie na die poging naar een psychiater gesleurd, maar die kon niet zoveel. Dus ik zei: "Ik dacht dat jullie hem op gingen nemen", maar dat deden ze niet. "Nee mevrouw, een verplichte opname is niet altijd het juiste traject," zeiden ze. Ik denk dat je er pas een oordeel over kunt hebben als je er middenin zit. We deden allemaal wat we dachten dat goed was, zowel de psychiater als ik. En ik was zelf ook overmand door emoties.'

Mama valt stil en kijkt naar buiten. Dan kijkt ze mij aan. Ze begint te huilen, harder dan alle mensen die ik de afgelopen maanden heb zien huilen.

'Ik wil niet huilen,' zegt ze. 'Ik vind dat zo'n zwaktebod. Maar het is gewoon zo bizar dat papa en ik het niet hebben gered samen. Dat ik het met mijn grote liefde niet heb gered. En hij hield zoveel van jullie. Zoveel. En van mij, dat weet ik, maar ik vind het zo verschrikkelijk voor jullie. Ik kan misschien nog een andere man vinden, ook al vergelijk ik al die mannen met papa, maar jullie krijgen nooit meer een vader. Misschien is dat ook de reden dat Vlinder niet wil dat ik iemand ontmoet. En jij wil het ook niet trouwens.'

'Nou, dat heb ik sinds mijn veertiende of vijftiende niet meer gezegd. Ik zou het nu hartstikke fijn voor je vinden. Zegt Vlinder nog steeds dat ze het niet wil?'

'Ja.'

'En daar trek je je iets van aan?'

'Ja, want ze wil het gewoon niet, volgens mij.'

'Je bent veel te lief, mam. Veel te loyaal. Weet je waarom Vlinder het niet wil?'

'Ze is bang dat die man tussen ons in komt te staan, denk ik.'

'Sinds die 6 oktober zijn we zo ontzettend met z'n drieën geweest, daar kan niemand bij. Zo voelde ik het ook toen ik nog bij jou en Vlinder woonde.'

'We zitten nog steeds in die bubbel,' vult mama me aan, 'ook al zijn we tien jaar verder en woon je niet eens meer thuis. We hebben elkaar zo ontzettend vastgepakt toen papa overleed, daardoor zijn we inderdaad een drie-eenheid. Of dat goed is, weet ik niet. Geen idee. Dat vraag ik me ook steeds af: heb ik het goed aangepakt? Ik weet het niet. Ik heb het gedaan zoals ik dacht dat het goed was.'

'Het doet er ook niet echt toe, toch?'

'Tuurlijk wel. Denk je niet dat ik heel kritisch naar mezelf kijk als ik zie hoe het met jou gaat? Had ik niet strenger moeten zijn? Moeten zeggen dat ik er klaar mee was, dat je gewoon moest gaan studeren of ergens stage lopen? Had ik je daar meer mee geholpen? Ik ben net als papa: vrijheid, zelf beslissingen nemen. Maar is dat goed? Wat denk jij?'

'Geen idee. Maar ik ben het helemaal met je eens dat ik die keuzes zelf moet maken. Ik heb me niet gelukkig gevoeld, dat klopt. Maar was dat wel zo geweest als ik iets anders had gedaan, als ik een studie was gaan doen? *I don't know*, ik zou in ieder geval nooit naar jou wijzen.'

'Dat is jouw mooie inborst. Misschien ga je er ooit nog eens voor in therapie en krijg ik daarna de wind van voren, maar dat zien we dan wel weer,' zegt mama glimlachend.

'Ik sta er alleen voor in de opvoeding. Dat besef kwam vrij snel na papa's dood. Ik weet nog dat ik Vlinder naar Ammie bracht toen ze heel jong was, ze zou daar een paar nachtjes gaan logeren. De eerste nacht sliep ik daar ook, om de overgang wat soepeler te maken en jij had gezegd dat je je wel zou redden. 's Avonds belde je me huilend op dat je het toch niet aankon. Toen ben ik in de auto gesprongen en naar jou toe gereden. Ik weet nog dat ik met tranen over mijn wangen in de auto zat. Ik riep wanhopig tegen papa: "Is dit nou wat je wil?" Zo alleen voelde ik me toen hij weg was, omdat ik me ineens in tweeën moest splitsen. Ik vond het heel heftig, heb het echt in mijn eentje uit moeten vogelen. Maar ook toen hij er nog was, stond ik er voor mijn gevoel vaak alleen voor, zeker in de laatste jaren. Hij was een fantastische vader, echt perfect, maar hij had natuurlijk wel die moeilijke periodes. Mijn zwangerschap van jou viel samen met een verschrikkelijk zware tijd. Antonie was toen ontzettend depressief. Ik ben soms bang dat jij daar een slechte start van hebt gekregen. Niet fysiek, maar energetisch: jouw basis is misschien wel onveilig. Hoe jij je nu voelt, zou misschien wel kunnen komen door die afschuwelijke beginperiode. Maar als kind bleek je heel licht te zijn.'

'Hoe was het om met papa te leven als hij depressief was?'

'Hij had een sfeerbepalende energie. Zo licht als hij kon zijn, zo zwaar kon hij ook zijn. Dat zei ik ook wel, maar ik kon het hem niet kwalijk nemen. En het ging mij redelijk gemakkelijk af om me weg te cijferen, even een tijdje op eieren te lopen, omdat zo'n periode altijd tijdelijk was. Hij kroop er op een gegeven moment wel weer uit en soms zelfs heel snel. Pas tegen het einde zag ik dat hij het echt niet meer kon opbrengen. Om eruit te komen, om vrolijk te zijn. Hij kon ook niet meer tegen jou op. Je was elf en je ging tegen dingen in. Daar kon hij niet mee omgaan, maar dat kwam echt door zijn ziekte. Hij werd een schim van zichzelf. Ik weet nog dat ik een keer thuiskwam en dat hij in de keuken stond, klaar om te gaan koken. Hij had het eten in zijn handen en hij keek ernaar. Vlees en nog iets. Ik wist niet hoelang hij daar al stond en vroeg hem wat hij aan het doen was. "Ik sta al heel lang te bedenken hoe ik dit tegelijkertijd in de pan kan doen," antwoordde hij. Ik schrok natuurlijk, maar deed er heel luchtig over. Pakte de spullen uit zijn handen en riep vrolijk dat ik het wel zou doen.'

'Wanneer begon die laatste fase?'

'Een half jaar voor zijn dood ongeveer. Er was een toneelstuk waarvoor hij werd gevraagd en dat uiteindelijk niet doorging. Dat was een enorme klap en daar is hij eigenlijk niet meer uit gekomen. Dat probeerde hij wel, maar het was altijd klap op klap op klap.'

'Wist je dat het ook zo slecht met hem ging toen hij in *Sunset Boulevard* speelde?'

'Ja, natuurlijk wist ik dat. 's Avonds zat hij met de cast en crew in zo'n vakantiepark en bleef hij in zijn eigen huisje. Dan ging hij met mij zitten bellen. Ik zei natuurlijk dat-ie gewoon gezellig met z'n collega's moest gaan hangen, maar dat wilde hij niet. Hij was kapot.'

'Waarom wilde hij in die musical spelen? Paste dat wel bij hem?'

'Hij had zes jaar lang zangles gehad, vanaf het moment dat hij een hit scoorde met "Toen ik je zag". Zijn zangleraar was Jimmy Hutchinson en hij zei tegen Antonie: "Als *Sunset Boulevard* ooit naar Nederland komt, moet jij de rol van Joe spelen. En toen gebeurde dat. Jimmy belde hem en zei: "Hij wordt gemaakt! Hiervoor zijn we al zes jaar aan het werk." Een klassieke musical had papa nooit gedaan en met die zes jaar zangles durfde hij wel auditie te doen. Hij had nooit de toneelschool gedaan. Dus als hij acteerde, dacht hij sowieso altijd: morgen val ik door de mand. Dat hoort ook wel een beetje bij acteren, die gedachte. Maar Antonie kreeg de rol en speelde naast Simone Kleinsma, de crème de la crème van de musicalwereld.'

'Dus het was ook erkenning voor papa?'

'Ja, en dat snap ik. Ik hou niet van musical, maar ik geloof dat als je die nummers lang genoeg oefent je daar de schoonheid van in gaat zien. En dat deed hij, hij ging ervoor. Maar op een gegeven moment stortte hij in, met kerst. Hij belde me op in de pauze, terwijl hij me nooit belde tijdens de voorstelling. Ik was bij Ammie en Freek en hij zei dat hij eraan kwam, dat hij in elkaar was geklapt. Het doek ging dicht en hij stortte in, het was te veel geweest. Hij eiste te veel van zichzelf. En misschien was hij toen al veel depressiever dan ik dacht, dat weet ik niet. Als je depressief bent, moet je heel hard vechten en dat lukte hem niet meer. Ik weet niet of het hem uiteindelijk wel had kunnen lukken om toch uit die laatste depressie te kruipen. Je hoort van zoveel mensen die gered zijn dat ze blij zijn. En natuurlijk had ik hem ook willen redden. Maar was hij dan gelukkig geworden? Toen hij dood was, ontstond er heel veel boosheid. Mensen zaten vol ongeloof, vol woede. Er waren zoveel vragen rond Antonies dood. Wiens schuld was het? Wie heeft dit veroorzaakt en wat hadden wij kunnen doen? Maar ik voelde vanaf minuut één: we kunnen hoog of laag springen, maar hij is dood, we kunnen hem niet meer redden. Dus dan ga je rouwen. Dan komt het verdriet en het gemis. Een schuldvraag doet er niet toe, want je krijgt hem er niet mee terug en bovendien zul je het antwoord nooit krijgen.'

'Kristiaan vertelde dat hij papa nog steeds als zijn oudere broer ziet. Dat papa nu dus een man van vierenvijftig is in zijn belevenis.'

'O ja? Voor mij is papa nog steeds vierenveertig, terwijl ik drieënvijftig ben. Dat is heel irritant.'

'Waarom?'

'Omdat het geen match meer is. Dat vind ik heel erg jammer. Maar misschien – bedenk ik nu – lukt het me daarom ook niet om een nieuwe man te vinden. Omdat ik die mannen steeds spiegel aan een tien jaar jongere Antonie.'

'Als je dat over tien jaar nog doet,' zeg ik, 'wordt het nog lastiger.'

'O alsjeblieft, wil je me eraan helpen herinneren dat ik dat niet meer moet doen!'

We lachen hard. Ik voel vriendschap. Ik ben iemand bij wie ze haar hart kan luchten. En ik straks misschien ook het mijne.

'Kristiaan praat ook nog steeds met hem,' zegt mama. 'Hij vraagt advies, dat doe ik wel steeds minder.'

'Kristiaan heeft papa's dood ook nog niet verwerkt, volgens mij.'

'Ik weet ook niet of ik het al heb verwerkt,' zegt ze. 'Maar het is niet zo dat ik nog elke dag met hem bezig ben, want dan zou ik echt leven met een geest. Antonie leeft meer in mij als jullie vader en als iemand die mijn geliefde was. Dus als iemand die was. Maar soms is hij er nog wel in mijn dromen. Dan ben ik dingen met hem aan het bespreken die tijdens onze relatie al speelden. Wanneer ik wakker word, herinner ik me dat hij er niet meer is, maar op dat moment voelt hij toch weer heel levend. Dat is heel gek.'

'Zie je zijn zelfmoord als iets egoïstisch of als iets liefdevols?'

'Ik zie het als een wanhoopsdaad. Hij voelde zich te veel bij ons. Dat zei ik ook tegen hem een jaar voor zijn dood: we kunnen niet vooruit. Je moet hulp zoeken of je een paar weken terugtrekken. Dat zei ik natuurlijk heel stoer, maar ik stond te trillen op mijn benen en moest daarna enorm huilen. Maar Antonie zag ook hoe slecht het ging. Hij zag wat het met ons als gezin deed. Hij zag zijn eigen onvermogen, hij kon niet de vader zijn die hij wilde zijn, de man die hij wilde zijn. Papa wilde er niet over praten, hoe vaak ik er ook naar vroeg. "Ik wil het niet tegen je zeggen," zei hij, "want ik wil je niet die vervelende emoties geven." Dat deed hij op de dag van zijn dood nog. We gingen 's ochtends golfen en ineens leek hij weer heel oud in zijn gezicht. We stonden op de tweede of derde hole. "O liefje," zei ik, "moeten we naar huis?" "Nee hoor," zei hij, "het is wel oké." "Maar waar denk je nu aan?" vroeg ik. Dat is natuurlijk bloedirritant als iemand dat steeds vraagt. Toen was het heel lang stil en zei hij: "Ik ga het niet zeggen." "Daar ben ik toch voor," zei ik, "we doen het samen." Toen zei hij: "Het is zo afschuwelijk, laten we gewoon gaan golfen." Dan wil je niet steeds zeggen: "Jawel, het moet!" Je respecteert ook dat iemand het niet wil. Bovendien zag ik ook dat hij er heel erg van genoot als ik wel blij was. Ik sloeg die dag voor het eerst van mijn leven een birdie op een par 3. Toen kreeg hij gelijk weer een enorme smile.'

'Waarom gingen jullie golfen?' vraag ik. 'Waarom zou je vlak voordat je een eind aan je leven maakt, nog even gaan golfen?'

'Je moest om de zoveel tijd golfen om je handicap te behouden. Ik weet niet of dat nog steeds moet, want ik doe het al een tijdje niet meer. Maar we moesten dus gewoon even een rondje lopen en een kaart inleveren met onze stand van die dag. Papa was heel erg moe en het ging ook nog regenen, dus ik twijfelde. Maar papa stond erop. Toen we thuiskwamen, zei ik dat hij maar even lekker moest gaan liggen. Dat had de psychiater gezegd, dat hij daar het beste van zou ontspannen. Ik was er wel klaar mee, want hij lag al maanden in bed met de gordijnen dicht, maar hij raadde dus aan dat papa dat vooral moest blijven doen. Het is beter om te slapen dan om te piekeren.'

Mijn moeder is even stil.

'Wil je het horen?' vraagt ze.

'Wat?' vraag ik haar.

'Wat er precies is gebeurd op 6 oktober.'

'Weet ik niet,' zeg ik. 'Ja, ik denk het wel.'

'We hadden de avond ervoor pannenkoeken gebakken,' vertelt mama. 'Toen we terugkwamen van het golfen, nam hij een pannenkoek die over was en ging naar boven om even te slapen. Ondertussen deed ik wat administratie en ik had Vlinder al vroeg opgehaald, want het was woensdag. Jij had die dag sportdag van school, dus ik zou jou daar op gaan halen en daarna naar golfles brengen. Vlak voordat ik de deur uit wilde gaan om jou op te halen, stond Julie ineens bij de achterdeur. Ze wilde Vlinder ophalen om met haar te spelen. Dat komt goed uit, dacht ik, want dan kan Antonie nog wat langer slapen. Ik had met hem afgesproken dat ik hem wakker zou maken als ik de deur uit ging, zodat hij op Vlinder kon letten. Dus ik liep met Vlinder en Julie mee naar haar huis. Toen ik weer thuiskwam, schreef ik een briefje voor papa. Maar toen hoorde ik ineens gerommel boven. Dus ik liep naar de trap en riep hem. "Hé liefje, je bent wakker," zei ik. Hij verscheen in het trapgat. Ik vertelde dat ik jou op ging halen en dat Vlinder bij Julie was. Dat hij daar om half zes moest zijn om haar op te halen en dat hij dus nog even kon slapen als hij dat wilde. Op dat moment moet hij beseft hebben dat hij het huis een paar uur voor zichzelf zou hebben. Later zag ik in zijn computer dat hij had opgezocht hoe hij het het beste kon doen. En in zijn portemonnee vond ik een bonnetje, hij was er twee dagen eerder al voor naar een winkel gegaan. Ik zwaaide naar hem vanaf beneden. "Dag lief," zei ik en hij ging terug naar bed. Ik riep zelfs nog: "Slaap lekker." Toen ik jou had opgepikt, belandden we direct in een file. We zouden dus hopeloos te laat bij je golfles aankomen. Ik belde daarom papa om te vragen of hij een andere route wist, want ik ben nogal slecht in het vinden van de weg. Ik belde naar huis, maar de vaste lijn was in gesprek. Zijn mobiel nam hij niet op, dus ik sprak zijn voicemail in. Heel snel kreeg ik een berichtje van hem met de juiste weg. Ik bedankte hem en belde de golfclub dat we later kwamen. Achteraf bedenk je wat er thuis allemaal gebeurde. Antonie lag dus helemaal niet in bed. Hij stuurde wel een berichtje, maar wilde niet de telefoon opnemen. Hij had de hoorn ernaast gelegd. Jij ging je les doen en ik liep met je mee, ik sloeg af en toe ook een balletje en na je les gingen we samen nog een rondje lopen.'

'Ik weet echt niets meer van die dag,' zeg ik.

'Toen bedacht ik ineens dat ik was vergeten om eten uit de vriezer te halen. Dus ik belde Antonie, maar de vaste lijn was nog steeds in gesprek. Zijn mobiel nam hij weer niet op. Dat voelde helemaal niet oké. Maar ik was met jou, dus wat moest ik doen? M'n gevoel stopte ik weg, maar ik bleef ondertussen wel bellen. Ik weet nog dat jij vroeg wat ik steeds aan het doen was. Ik zei dat ik papa probeerde te bereiken, dat hij iets uit de diepvries moest halen. Weet je dat nog?'

'Ik kan me er niets van herinneren,' zeg ik.

'Ook in de auto op weg naar huis bleef ik bellen, maar ik kreeg geen reactie en jij vroeg natuurlijk wat er was. De dag ervoor had ik toevallig net aan een psychiater gevraagd wat ik precies met jou kon delen. Want jij kreeg natuurlijk best veel mee van alles. De psychiater zei dat hij niets zou vertellen. Maar toen je er in de auto naar vroeg, heb ik toch alles aan je verteld. Je luisterde heel goed en je stelde heel veel vragen. Ik vertelde dat papa heel erg ziek was, dat hij ongelukkig was, maar dat dat niet aan ons lag. Jij zei toen dat je je zo schuldig voelde, dat je veel liever voor papa had moeten zijn. Dat papa vaak met je wilde spelen en dat je daar dan geen zin in had, omdat je gewoon met je vriendjes buiten wilde spelen.'

Mama stopt even omdat ik ervan moet huilen. Ik zeg dat ze door moet vertellen.

'Ja?' vraagt ze.

'Ja,' zeg ik.

'Ik vertelde je over de hulp die we kregen. En dat we eruit probeerden te komen en dat dat vast ging lukken.'

Mijn moeder begint nu ook te huilen.

'Ik zal doorpraten,' zegt mama. 'En toen dacht ik ineens aan de moeder van Julie. Het was inmiddels half zeven 's avonds, dus Antonie moest daar zijn geweest om Vlinder op te halen. Ik belde en vroeg of Antonie was langs geweest. "Nee," antwoordde ze, "Vlinder is nog hier." Toen begon ik direct te shaken. Ze zei dat Antonie had gebeld dat hij het niet ging redden en dat ik haar zou komen ophalen. Ik knalde in elkaar. Maar dat kon ik niet laten merken, want ik zat naast een jochie van elf. Toen we thuiskwamen, gooide ik direct de auto open. Ik zei dat je moest blijven wachten, maar dat deed je niet. Ik rende door de deur de keuken binnen en had niet door dat jij achter me stond. Op de keukentafel lag een briefje, geschreven in roze letters. Dat ik de politie moest bellen en niet zelf moest gaan zoeken.'

'Met een hartje eronder,' zeg ik.

'Met drie hartjes eronder.'

'Ik herinner me dat briefje nog. Het enige wat ik me herinner is dat briefje.'

'Ik had dus niet door dat jij achter me stond. Dus ik pakte een mes. En de telefoon. Ik keek naar de toetsen en ik zei hardop: "Twee. Eén?" En toen klonk achter me ineens een stemmetje: "112." Jouw stemmetje. Dus ik belde 112 en ik zei tegen jou dat je naar het huis van Julie moest gaan, dat je haar vader deze kant op moest sturen omdat hij politieman was. Je vroeg wat ik ging doen en keek naar het mes. "Ik ga er alles aan doen om papa te redden," zei ik.'

'Hoe wist je dat je daar een mes voor nodig had?'

'Geen idee. Blijkbaar voelde ik aan dat ik dat nodig zou hebben.

Maar hoe resoluut ik ook was, ik weet nog wel dat ik doodsbang was toen ik de tuin in liep. Als ik op de snelweg langs een ongeluk rij, kijk ik ook altijd de andere kant op. Ik durf daar gewoon niet naar te kijken. Maar nu moest ik wel. Ik had inmiddels een mevrouw aan de telefoon die ik had uitgelegd dat er waarschijnlijk iets heel ergs met mijn man was gebeurd. En of ze alsjeblieft zo snel mogelijk konden komen. Ze bleef me vragen stellen – of ik papa al had gevonden – en ineens had ik door dat je nog steeds achter me stond. "Merlijn," zei ik, "je moet nu echt gaan."'

Ik zie ons weer staan samen, in de tuin. Die grote donkere vlakte. Het was nog geen zeven uur 's avonds, maar toch voelde het aardedonker om ons heen. Het enige geluid in die herinnering is de stilte, omdat mama naar de vrouw aan de telefoon moest luisteren. Ik besef nu pas dat ik daardoor al tien jaar bang ben voor het donker. Voor de stilte van de nacht. Waardoor ik ertegen op kan zien, vaak niet naar bed wil en niet kan slapen zonder licht en geluid. Wat raar dat ik me dat nu pas realiseer. Dat ik al die jaren niet heb beseft dat dat door die donkere stilte van toen komt.

'Ik had tot nu toe pas herinneringen vanaf het moment dat ik ben gaan rennen,' vertel ik. 'Ik weet nog dat ik via het park ging. Maar ik weet niet meer dat ik bij het huis van Julie en Mitchell aankwam en hun vader naar jou toe stuurde.'

'Ik hoorde later hoe lief je was tegen Vlinder. Dat ze wilde weten wat er was en dat je heel kalm bleef en haar uitlegde dat ze dat nog wel van mama zou horen. Dat je toen al je eigen paniek hebt onderdrukt.'

'Ik weet nog dat ik daar een tijdje ben geweest. Tot ik terug naar huis mocht lopen. Vanaf dan weet ik alles weer. Ons hele huis was blauwverlicht door alle zwaailichten.'

'Het werd omgedoopt tot plaats delict. In no time waren er mannen in witte pakken en werd alles afgezet. Overal liep politie. Papa was inderdaad in de schuur, maar ik kon niks meer voor hem doen. En ineens stond jij in de deuropening van de keuken. Toen kwam het besef als een mokerslag bij me binnen: je weet het nog niet. En ik had je een belofte gedaan voordat je wegrende. Ik had je beloofd dat ik er alles aan zou doen om papa te redden. Ik liep naar je toe en ik zei: "O schat, je weet het nog niet. Papa is dood." Ik wist niet hoe ik het anders moest zeggen. Je stortte je in mijn armen en begon zo hard te huilen. Tussen al die mensen.'

'Dat weet ik nog. Al zijn het meer flitsen dan herinneringen. Blauwe flitsen. Ik denk er iedere keer weer aan als ik 's avonds door de stad loop en een zwaailicht zie.'

'We gingen op de bank zitten, in de keuken, maar daar werden we steeds weggehaald door de politie omdat ze niet wilden dat we overal zo dicht op zaten. We zijn toen boven in bed gaan liggen samen. Uiteindelijk is papa die avond naar Leiden gebracht. Daar is hij nog een keer onderzocht.'

'Ze moesten natuurlijk onderzoeken of hij het wel echt zelf had gedaan, jij liep met een mes rond.'

Mijn moeder moet hard lachen. Ik ook. Het is fijn om tussen dit verdriet door even te lachen. Het is vooral fijn om mijn moeder te zien lachen. Daarna worden we stil. We kijken elkaar aan en lachen al niet meer. Maar we huilen ook niet. We zijn gewoon stil.

'Heftig hè?' zegt mama zacht.

'Ja,' antwoord ik.

'Dat je dus zo ver heen bent dat je echt denkt dat iedereen beter af is zonder jou.'

'Ben je opgelucht geweest dat hij dood is?' vraag ik voorzichtig.

'Ja. Ja, ook wel.'

Ze kijkt me een beetje verontschuldigend aan, maar dat hoeft helemaal niet. Ik vraag het haar omdat ik het snap.

'Vanwege de constante onzekerheid,' zegt ze, 'vanwege het niet weten hoe het met hem ging. Het ene moment was hij manisch, dan weer depressief. Dat manische was heel zwaar, dan deed hij zo raar. Er waren ruzies, terwijl we nooit ruzie hadden. Hij was toen niet wie hij was. Dan ging hij schreeuwen en leek hij woedend op mij: "Nu ben ik eindelijk vrolijk en is het weer niet goed." Ik weet nog een keer dat papa en ik weer zo'n heftige discussie hadden en toen kwam jij ineens de keuken binnen. Je was elf en je zei: "Vlinder zit bovenaan de trap te huilen, kunnen jullie alsjeblieft ophouden met ruziemaken?" Dat hoorde jij als kind helemaal niet te doen, het zou niet nodig moeten zijn dat zo'n jong jongetje zijn zusje beschermt. Maar na papa's dood ben je daarmee doorgegaan. Sterker nog: je begon ook mij te beschermen. Je zag wanneer ik het zwaar had en besloot jezelf opzij te zetten, je verdriet weg te slikken. Je bent veel te lang veel te lief geweest.'

Mama begint weer te huilen.

'Dat vind ik zo heftig,' zegt ze, 'dat ik dat niet heb gezien. Je bent geen puber geweest. Elke keer dat je kwaad werd, hield je je in. Je liet het pas zien op het allerlaatst. Je ergerde je aan iets wat ik zei. Toen werd je ineens heel erg kwaad op me, uit het niets. Daar schrok ik van. Maar toen je weg was gelopen, dacht ik: eindelijk. Eindelijk wordt hij eens kwaad. Dat zei ik later ook tegen je, dat ik blij was dat je eens kwaad werd. Na die ruzie was je twee uur weg en daarna kwam je zogenaamd terug om de was te halen. Je liep toen weer boos weg, het wasgoed belandde door het hele trappenhuis. Ik bleef met trillende handen achter, want ik kan niet tegen ruzie. Maar toen viel me op dat ik geen deur had horen dichtslaan. Ik vond je huilend in het trapgat. Ik zei toen tegen je – weet je het nog? – dat je niet verplicht bent om het met me uit te houden. Dat je ook boos op me mag zijn en dat het oké is als je me een tijdje niet wil zien. Toen moest je nog harder huilen. "Mam," zei je, "als ik het met jou niet meer uit kan houden, dan kan ik het met niemand." Dat vond ik zo lief en ontroerend.'

Nu begin ik ook te huilen.

'Waarom huil je?' vraagt mama.

'Ik weet het niet,' antwoord ik. 'Ik denk dat ik te veel heb opgekropt de laatste tijd. Daarom wilde ik niet met je praten. Omdat ik dan alles eruit zou janken.'

'We hebben een oer-connectie, die hebben we altijd gehad. Toen je nog heel jong was, zat ik met je op de bank, jij met die eeuwige fles van je in je mond. En dan kwam papa thuis en hij raakte daar ontroerd van. "Jullie zijn één," zei hij dan. "Jullie zijn echt één." En nog steeds kunnen we heel goed samen zijn, zonder dat we per se hoeven te praten. We kunnen ook goed stil zijn samen.'

De deur gaat open en mijn zusje loopt de kamer binnen, ze draagt een T-shirt en een kort rokje. Ik veeg snel de tranen uit mijn ogen.

'Wat ga je doen?' vraagt mama.

'Voetballen in de steeg,' antwoordt Vlinder.

'Heb je zonnebrand opgedaan?'

'Nee, dat hoeft niet, het is al het einde van de middag.'

'Neem dan een joggingbroek mee. In een tasje.'

'Hoeft niet,' zegt Vlinder.

'Maar misschien ga je toch verbranden,' probeert mama opnieuw.

Vlinder antwoordt al niet meer. Ze zoekt in een la naar iets. Als ik vraag wat ze zoekt, antwoordt ze niet.

'Ze hoort je niet,' zegt mama, 'ze zit in haar eigen wereld.'

Als mama na hard roepen toch doordringt, blijkt Vlinder de sleutels te zoeken die ze in haar hand heeft. Ze zwaait en gaat de straat op.

'Dag lieverdje,' roept mama, 'we appen nog, hè!'

Mama en ik moeten hard lachen als we de voordeur dicht horen slaan. Liefdevol lachen.

'Bij Vlinder denk ik soms: wie ben jij?' zegt mijn moeder. 'Vlinder lijkt vaak zo op Antonie. Ze kan net zo afwezig lijken, helemaal opgaan in haar eigen hoofd. Ik weet nog dat papa een keer heel lang onder de douche stond. Ik liep de badkamer in en vroeg waarom hij nog steeds onder de douche stond. "Ik heb een interview," antwoordde hij. "O," zei ik zo vrolijk mogelijk, "een leuk interview?" "Nee," zei hij, "het is vreselijk, ik word volledig afgezeken." Hij had niet door dat hij nog steeds onder de douche stond. Hij was er gewoon niet. Dat kan Vlinder ook hebben, dan heeft ze niks door van wat er om haar heen gebeurt. Jij hebt dat helemaal niet. Jij bent veel alerter, terwijl je wel dat dwarse hebt van papa. Vind jij dat je op hem lijkt?'

'Ja,' antwoord ik, 'maar soms twijfel ik daar ook weer aan. Misschien komt het doordat ik de afgelopen tijd zoveel met hem bezig ben geweest. Het is hetzelfde als wanneer je heel veel met een vriend omgaat, op een gegeven moment ga je trekjes overnemen. Misschien doe ik dat ook bij papa.'

'Dat snap ik. Denk je ook dat je depressief bent zoals hij?'

'Nee, absoluut niet. Soms ben ik wel eens somber of verdrietig of chagrijnig, maar ik ben niet depressief, hoor. Ik vind mezelf wel verschrikkelijk ingewikkeld. Ik vind mezelf sowieso verschrikkelijk.'

'Wat vind je verschrikkelijk aan jezelf?'

'Zoveel, ik weet het niet.'

'Dat is te makkelijk. Kom op.'

'Alleen al dat ik zeg dat ik mezelf verschrikkelijk vind en ik niet eens weet waarom ik mezelf verschrikkelijk vind.'

'Nou, denk er maar eens over na.'

'Dat doe ik al jaren, mam.'

'Je uiterlijk kan het niet zijn, dus je bedoelt je innerlijk.'

'Nee, mijn uiterlijk vind ik nog verschrikkelijker dan mijn innerlijk.'

'Hoezo? Je bent ontzettend knap!'

'Ik heb het hier niet eens met een psycholoog over, dus dan praat ik er ook niet over met jou.'

Mama kijkt me lang aan, we zeggen niks.

'Er gebeurt nu heel veel in je hoofd,' zegt mijn moeder.

'Ja,' zeg ik een beetje boos. 'Ik vind het verschrikkelijk aan mezelf dat ik altijd maar nadenk. Als ik naar vrienden kijk, dan benijd ik hun zorgeloosheid. In sommige hoofden lijkt gewoon precies niks te gebeuren. Mijn vrienden lijken gewoon totaal anders dan ik ben. Geen van hen heeft bijvoorbeeld ooit iemand verloren. Waardoor ze veel zorgelozer zijn dan ik. Ik wil ook zorgeloos zijn. Dat alles leuk is, dat het altijd een feestje is.'

'Je zou het leven wat simpeler willen zien.'

'Ja, wat leuker. Ik vind mezelf ook altijd veel te serieus. Als ik met een groepje vrienden ben, ben ik altijd het chagrijn. Dat zeggen ze ook tegen me, dat ik alles veel te serieus neem. Dat ik nergens de grap van inzie. Ik analyseer alles. En 's avonds in bed lig ik er nog steeds over na te denken.'

'En heb je het idee dat deze zoektocht naar papa helpt?'

'Nee, ik merk juist dat het nog erger is geworden. Ik ben nog zwaarder op de hand geworden. Een paar jaar geleden zei nooit iemand tegen me dat ik te serieus was, toen kon ik nog lol maken.'

'Komt het niet gewoon doordat je aan het rouwen bent? Voor het eerst. Dat je de afgelopen maanden papa hebt leren kennen en hem ook opnieuw bent kwijtgeraakt? Dat je daardoor somberder bent, is best logisch.'

'Dat vind ik zo'n rotwoord. Wat is er nou logisch aan? Ik heb er elke dag last van.'

'Van rouwen heb je ook een lange periode elke dag last. Het besef dat je hem nooit meer zal zien, nooit meer met hem kan praten. Dat is jouw proces, ik heb dat ook aan moeten gaan. Ik heb er drie jaar voor in therapie gezeten. In een van de eerste gesprekken zei ik dat er voor het eerst in mijn leven niks is onder de streep: ik kan het niet meer veranderen, ik kan er niet meer aan werken, ik kan hem niet meer helpen. We gaan nooit meer samen op vakantie, nooit meer praten, nooit meer vrijen, dat is opgehouden. Dat definitieve is zo ontzettend heftig. Zeker als je zo jong bent als jij. Als je jong bent, ligt de toekomst aan je voeten. Dan denk je niet aan dingen die ophouden. Maar papa is overleden, zijn leven is gestopt. En dat is zwaar kut en jij kon er niets aan veranderen. Daar zal je nog honderden keren om moeten huilen, Merlijn. Het is onuitstaanbaar. Papa en ik zouden oud worden samen. Dat was de deal. En hij had met jou ook nog dingen moeten doen. Reizen maken, ruziemaken.'

Ze heeft twee handen op haar gezicht om haar tranen op te vangen of te verbergen.

'Dat is je allemaal ontnomen en dat is oneerlijk. Dat gevoel ga je nog heel vaak hebben en ik hoop dat je dat toe durft te laten, dat je keihard durft te janken. Dat is minder erg dan het tegenhouden.'

'Dat weet ik inmiddels,' zeg ik verdrietig.

'Je gaat nog heel veel huilen, lieverd. Je hebt het tien jaar lang tegengehouden, maar geloof me dat het op een dag minder erg wordt. Het verdriet gaat niet weg, maar het wordt anders.'

'Blij verdrietig. Dat zei Ammie.'

'Dat zegt ze heel mooi. En durf het ook vooral tegen je vrienden te zeggen. Als ze je weer te zwaar vinden, zeg dan gewoon: "Geef me even, want ik moet hierdoorheen. Dat heb ik namelijk tien jaar lang niet gedaan."'

Ze kijkt me lief aan.

'Je bent nog zo jong: eenentwintig pas, bijna tweeëntwintig. Maar je gedraagt je al zo volwassen. Je bent al zo wijs en je verlangt zoveel van jezelf. Je gaat er echt nog wel achter komen hoe alles werkt en wie je bent, daar is nog tijd genoeg voor. Weet je wat ik altijd tegen papa zei? "Leer je eigen blauwdruk kennen." Dat zeg ik nu ook tegen jou, al heb jij veel minder haast. Neem er de tijd voor. Ga uitvinden wie je bent, wat je gelukkig maakt. Dat is het leuke aan volwassen worden, dat je erachter gaat komen wie je bent.'

EPILOOG

Zorgvlied

Bij de zijingang is het druk, er staan mensen te huilen. Ik weet niet meer welke ingang we gebruikten toen we nog samen naar het graf gingen. Om niet voor overlast te zorgen rij ik zo zachtjes mogelijk naar de hoofdingang. Ik zet m'n scooter op slot en zie dat een man me in de gaten houdt. Ik loop naar het traliehek dat op een kier staat en vraag aan de man – die ik nu pas herken als een bewaker – of ik naar binnen mag.

'Alleen als je een graf komt bezoeken,' zegt hij nors.

Ik knik zo vriendelijk mogelijk en zeg dat dat zo is. Ik sla direct het linkerpaadje in, omdat ik me herinner dat dat de weg naar papa's graf is. Ineens voel ik mijn hart sneller kloppen. Na er jarenlang tegen op te hebben gezien, ben ik er nu gewoon. Het is geen nare spanning die ik voel, eerder een soort enthousiasme. En opluchting. Ik merk dat ik zin heb om papa weer te zien, al weet ik dat hij hier ook niet echt is. Hoe meer stappen ik zet, hoe meer ontspannen ik raak. De lange grindpaden, de hoge bomen, zelfs de grafstenen vind ik op een bepaalde manier mooi. Ik zal het vast minder mooi vinden als het geen zomerdag is en de zon niet schijnt en de vogels niet fluiten, maar ik ben allang blij dat ik me hier nu prettig voel.

Ik herinner me dat ik de hoofdweg moet blijven volgen en er op een gegeven moment aan de linkerkant af moet. Na een paar meter zal ik vanzelf papa's graf zien. Er staat een grote paarse steen op, een amethist, die vroeger in de slaapkamer van papa en mama stond. Vlinder en ik kwamen met het idee om die als zijn grafsteen te gebruiken. Ik kijk over en langs de grafstenen, maar zie nergens de paarse steen. Hoe verder ik loop, hoe meer bezoekers ik tegenkom. Ik zie jonge mensen huilen, oudere mensen lopen hand in hand of helemaal in hun eentje. Pas na een tijdje valt me op dat veel mensen rondlopen met hun telefoon in hun hand. In de verte zie ik een vrouw iets in de grond voor een grafsteen steken, daarna knikt ze en loopt ze weg. Ik loop erheen en zie dat er honderden pennen in alle kleuren van de regenboog uit de aarde steken. Ook de grafsteen is kleurrijk, met blauwe, gele, roze en paarse tegeltjes. In blauw glas staat schots en scheef de naam Annie M.G. Schmidt geschreven, ze overleed in 1995. Ik glimlach omdat mensen vijfentwintig jaar na haar dood nog steeds een balpen meenemen naar Zorgvlied om die als eerbetoon – of uit dankbaarheid – bij haar achter te laten. Ik herinner me weer dat mijn vader vlak bij een beroemd iemand begraven ligt en dat dat best eens Annie M.G. Schmidt zou kunnen zijn, dus ik besluit de amethist te zoeken tussen de andere stenen.

Ik kom op een soort groene rotonde vol grafzerken. De paadjes worden steeds donkerder omdat de bomen hier minder licht toelaten. In een rijtje mooie witte grafstenen zie ik het graf van Harry Mulisch. Er ligt een uitgedroogde witte bloem op, het graf is besmeurd met vieze bladeren en vogelpoep. Tussen de vlekken door kan ik het nog net lezen. Ik loop weer verder omdat er twee mensen aankomen.

'Hier ligt Harry Mulisch en daar vlak tegenover Hans van Mierlo,' zegt de ene vrouw tegen de andere.

Ik realiseer me nu waarom er zoveel mensen op hun telefoon kijken, blijkbaar hebben ze een plattegrond. Ik pak mijn telefoon en zoek het op. Op de website worden me twee keuzes geboden: een normale plattegrond en een plattegrond met de graven van bekende Nederlanders. Ik kies voor de tweede optie. Het graf van Herman Brood is helemaal links bovenin, ik sta links onderin. Met mijn vinger ga ik naar boven over de kaart. Annie M.G. Schmidt, Martin Bril, Roef Ragas, Bobby Farrell, Ischa Meijer en dan zie ik papa's naam. Met een h geschreven, zoals hij door mijn grootouders is genoemd.

Anthonie Kamerling staat er, vlak bij het Pleintje Bouwmeester. Ik herinner me ineens weer dat hij vlak bij een pleintje ligt, waar bankjes staan. Ik doe de telefoon in mijn zak en loop terug naar het hoofdpad. Ik loop langs de balpennen en zie het graf van Martin Bril, waar in grote letters ENFIN op staat. Ik moet daarom glimlachen. Ik besluit links aan te houden, maar na een kwartier vermoed ik dat dat een verkeerde keus is geweest. Op mijn telefoon probeer ik te zien waar ik ben, maar ik heb geen idee. Ik sla een van de paadjes in. Het komt me ineens bekend voor en met elke stap die ik zet, gaat mijn hart sneller kloppen. Ik zoek tussen de graven links van me, maar omdat ik niet zeker weet of ik op het goede weggetje loop, kijk ik ook af en toe naar de andere kant. Daar zie ik ineens de steen, zo'n vijf meter voor me aan mijn rechterhand. Hij is niet paars, maar zwart. En groter dan ik me herinner. De steen steekt met twee grote punten boven de andere grafstenen uit. Ik loop naar het einde van het pad en loop het paadje van papa op, pas dan zie ik de binnenkant van de steen. Paars kristalachtig gesteente weerkaatst het zonlicht, waardoor papa's graf licht lijkt te geven. Zo somber als de steen aan de buitenkant is, zo mooi is die vanbinnen. Ik ga aan de voet van het graf staan. Aan niks is te zien dat papa hier ligt. Zijn naam, die door een bezoeker erop was gekalkt, is alweer verdwenen. Boven op het graf groeit een wirwar aan bloemen. Ik zie roze, paarse en blauwe bloemetjes. Ik bedenk nu pas dat ik helemaal niks heb meegenomen voor papa. Ik had best een bosje bloemen voor mijn eigen vader neer kunnen leggen. Ik kijk naar de graven naast dat van hem. Zijn buren zijn allebei overleden in 1942, waardoor het nog maar zo kort lijkt dat papa hier ligt. Ineens zie ik weer voor me hoe ik hem voor het laatst zag, op deze plek. Ik zie weer voor me hoe zijn kist over Zorgvlied werd gedragen en hoe hij hier in de aarde verdween. Sinds dat moment is alles anders. Sinds dat moment ben ik aan het zoeken, aan het wegkijken en vluchten. Maar sinds kort huil ik weer. Om alles wat mijn vader was en wat hij heeft gedaan. En af en toe huil ik ook om mezelf. Omdat ik soms gewoon niet meer weet wat ik moet doen. Vluchten is zo makkelijk, maar ik weet dat het me niets brengt. Ik wil mezelf aanpakken, maar ik weet niet zo goed hoe. Ik ben nog veel te onzeker en heb nog veel te veel faalangst om te durven kiezen. Nu weet ik wel dat papa ook geen idee had wat hij met het leven en zichzelf aan moest toen hij zo oud was als ik. Hij voelt daardoor als de enige die me echt had kunnen helpen, die me adviezen had kunnen geven waar ik wel iets aan zou hebben. Want de adviezen die ik van anderen krijg, helpen me niet. Omdat ze het niet begrijpen zoals papa het waarschijnlijk had begrepen. Ik neem hem dat kwalijk, merk ik terwijl ik hier sta. Ik neem het hem kwalijk dat ik het in mijn eentje op moet lossen, dat hij eruit is gestapt terwijl hij had kunnen weten dat er een kans bestond dat zijn kinderen een paar van zijn lastige eigenschappen konden hebben geërfd. Als hij nog zou leven, zouden we het er samen over kunnen hebben. Dan had ik hier niet gestaan, dan hadden we elkaar.

Er branden tranen in mijn ogen en dat wil ik niet. Ik loop weg en ga verderop op een bankje zitten. Ik begin te huilen, maar ik merk al snel dat ik niet huil zoals normaal. Normaal vind ik het vreselijk om te huilen, nu is het een soort opluchting. Opluchting omdat ik hierheen durfde en opluchting dat ik boosheid voel. Een beetje boosheid. Ik ben blij dat ik dat mag van mezelf, want dan gaat het misschien vanzelf weer weg, dat zei papa toch tegen Astrid Joosten? Terwijl ik mijn tranen wegveeg, trekt een zwarte steen links tegenover me mijn aandacht. Niet omdat hij heel groot is, maar omdat hij ook een beetje glinstert. Als er niemand in de buurt is, loop ik ernaartoe. *Leef!* staat er met grote letters op de marmeren steen, met daaronder de naam Ramses Shaffy. Ik moet een beetje lachen. Omdat dit misschien wel het beste advies is dat ik ooit van iemand heb gekregen. Nooit gedacht dat dat van Ramses Shaffy zou komen, papa's nieuwe buurman. Op het graf staan stenen beeldjes van engelen en er ligt een foto op van Liesbeth List, die nog met papa heeft opgetreden.

Ik loop terug naar het graf van papa. Van een afstand zie ik dat het best iets beter onderhouden mag worden. Het graf ziet er niet heel verzorgd uit. Het is mooi, maar niet perfect. Precies zoals mijn vader dus. En precies zoals ik. Een tak hangt over papa's steen heen. Ik duw hem weg, waardoor ik toch het gevoel heb dat ik iets voor hem heb gedaan vandaag. Met mijn handen doe ik de planten opzij om te kijken wat eronder ligt. Pas nu zie ik dat er ook brandnetels groeien. De volgende keer zal ik tuinhandschoenen meenemen zodat ik die eruit kan trekken, misschien vinden mama en Vlinder het dan fijn om mee te gaan. Tussen de brandnetels en bloemen zie ik ook een koperen waxinelichthoudertje staan, er zit een opgebrand kaarsje in. Kort vraag ik me af of papa de persoon heeft gekend die dit er neer heeft gezet en ik bedenk dat me dat niet uitmaakt. Ik neem me gelijk voor om de volgende keer een nieuw waxinelichtje mee te nemen.

Als ik wil weggaan voel ik me schuldig. Het voelt alsof ik hem achterlaat. Ik blijf nog even zitten en vertel mezelf dat hij het hier fijn heeft. Dat dit is wat hij wilde. Dat hij zijn rust heeft gevonden. Als ik nu aan hem denk en zijn stem hoor, zie ik hem voor me met halflang blond haar. Hij is niet verdrietig of depressief, want hij straalt. Hij lacht. Hij geeft misschien zelfs licht, zo hebben mensen hem eerder omschreven. Ik ga mijn best doen om dat licht ook te zien als ik aan hem denk.

'Dag pap,' zeg ik tegen de glinsteringen in zijn steen.

Wanneer ik wegloop, neem ik in mijn hoofd afscheid. Ik zeg tegen hem dat ik van hem hou, dat ik hem mis. Dat ik snel weer terugkom, met bloemen. Misschien blijf ik de volgende keer wel wat langer, omdat ik het hier de volgende keer misschien nog fijner vind dan vandaag. En dan moet ik lachen. Vanwege het besef dat ik het fijn vind hier. Dat had ik me een jaar geleden niet voor kunnen stellen. Nu kan ik me niet eens meer voorstellen wat ik toen deed. Ik was een jongen die zich afsloot, die altijd de andere kant op keek. Maar nu heb ik alles waar ik ooit bang voor ben geweest recht aangekeken. En het was helemaal niet zo eng als ik dacht. Ik wil niet meer wegkijken van alles wat me heeft gemaakt tot wie ik ben. Ik zag mijn vader en ik zie mezelf.

Dankwoord

Dit boek had ik nooit in mijn eentje kunnen maken, alleen al omdat er zoveel mensen zijn die tijd hebben vrijgemaakt om met me te praten. Om te beginnen wil ik daarom hier nogmaals graag iedereen bedanken die ik heb gesproken over mijn vader. Dus Kristiaan, Reinout Oerlemans, Olivier Tuinier, Peter Paul, John, Medina, Beau van Erven Dorens, Ammie, Simone Kleinsma, Marc Wemerman, Nick van Ormondt, Deborah Ligtenberg en mama, dankjewel. Dank voor jullie verhalen en inzichten en dank voor het beschikbaar stellen van foto's. Door jullie heb ik mijn vader zoveel beter leren kennen. Ook wil ik iedereen bedanken die op de achtergrond hiervoor dingen heeft geregeld, of dat nou een afspraak was of een televisiefragment – dankjewel.

Dank ook aan de fantastische fotograaf Mark Uyl. Mark heeft de foto van mijn vader achterop gemaakt en van mij voorop. Hij heeft ook alle foto's gemaakt die op de verschillende edities staan van *Toen ik je zag,* het boek van mijn moeder. Mark, dankjewel, door jou voel ik me gezien en ik weet dat mijn vader dat ook zo zag.

Verder wil ik mijn therapeut Tim Overdiek graag bedanken voor zijn meelevende begeleiding – door jou vond ik weer zelfvertrouwen en liep ik met een goed gevoel de deur uit, zelfs wanneer ik als ik binnenkwam nog dacht dat het niet meer ging.

Ook veel dank aan iedereen bij mijn uitgeverij Meulenhoff Boekerij, bij literair agentschap Sebes & Bisseling en bij Ruth Bergmans & Anna Drijver. En dan in het bijzonder de uitgever Paloma Sanchez van Dijck, literair agent Willem Bisseling, meer dan een agent, bureauredacteur Koen Lempers, publiciteitsmedewerker Elaine Stap en redacteur Willemijn Peene – jij en ik zitten op één lijn en het voelde vanaf het allereerste begin fijn en vertrouwd. Elke keer dat ik dacht dat iets niet goed zou komen, was jij er met een oplossing die bij me past.

Mijn grootste dank gaat uit naar Matthijs Kleyn. Hij heeft een onmisbare rol gespeeld en mijn stem weten te vangen op een manier die zo dicht bij mij ligt dat het bijna eng is – je bent een topper en ik ben blij met onze vriendschap en met dit prachtige boek. Zonder jou was dat er niet geweest. Dankjewel.

Natuurlijk wil ik ook graag mijn familie en vrienden bedanken, voor alles.

Dankjewel Vlinder en mama, voor jullie liefde en warmte. En dankjewel pap, voor je leven.

Merlijn Kamerling